12.90

beck'sche reihe

b^{sr}

Die Todesstrafe ist niemals nur ein strafrechtliches Instrument. Eingebettet in vielfältige Wahrnehmungs-, Deutungs- und Denkmuster, spiegelt sie auch das Weltbild der Gesellschaft, in der sie vollstreckt wird. Jürgen Martschukat schildert in seinem grundlegenden Buch die Geschichte der Todesstrafe in Nordamerika von der Kolonialzeit bis zur Gegenwart. Die religiösen und politischen Ordnungsvorstellungen, die sich mit der Todesstrafe verbinden, kommen dabei ebenso zur Sprache wie der historische Wandel der Hinrichtungsmethoden und die Rolle von „Rasse", „Klasse" und „Geschlecht" der Verurteilten. Darüber hinaus befasst sich das Werk mit den zahlreichen Bemühungen um die Abschaffung der Todesstrafe sowie mit der Repräsentation von Verbrechen und Strafen in Presse, Film und Fernsehen, aber auch in der Literatur.

Jürgen Martschukat, Dr. phil. habil., ist Privatdozent für Neuere Geschichte an der Universität Hamburg. Er hat zuletzt das Werk „Inszeniertes Töten. Eine Geschichte der Todesstrafe vom 17. bis zum 19. Jahrhundert" (2000) vorgelegt.

Jürgen Martschukat

Geschichte der Todesstrafe in Nordamerika

Von der Kolonialzeit bis
zur Gegenwart

Verlag C.H.Beck

Mit 4 Abbildungen

Die Deutsche Bibliothek – CIP-Einheitsaufnahme

Jürgen Martschukat:
Geschichte der Todesstrafe in Nordamerika : von der
Kolonialzeit bis zur Gegenwart / Jürgen Martschukat. –
Orig.-Ausg. – München : Beck, 2002
  (Beck'sche Reihe ; 1471)
  ISBN 3 406 47611 2

Originalausgabe

© Verlag C. H. Beck oHG, München 2002
Gesamtherstellung: Druckerei C. H. Beck, Nördlingen
Umschlagabbildung: Blick in die Gaskammer des
Hochsicherheitsgefängnisses in Florence, Arizona. Foto: dpa.
Umschlagentwurf: + malsy, Bremen
Printed in Germany
ISBN 3 406 47611 2

www.beck.de

Inhalt

Vorwort

Am 27. Juni 2001 sprach der Internationale Gerichtshof in Den Haag die USA schuldig, mit der Verurteilung und Exekution von Karl und Walter LaGrand gegen geltendes internationales Recht verstoßen zu haben. Den wegen Mordes angeklagten Brüdern LaGrand war konsularischer Beistand verweigert worden, und die deutschen Behörden erfuhren erst nach Abschluss des Prozesses, dass zwei deutschen Staatsbürgern in Arizona die Todesstrafe drohte. Karl LaGrand wurde am 24. Februar 1999 mit einer Giftspritze getötet. Die deutsche Intervention in Den Haag am Vortag der geplanten Hinrichtung seines Bruders Walter blieb erfolglos: Am 4. März 1999 wurde auch sein Todesurteil planmäßig vollzogen. Das in Arizona geltende Recht untersagt es sogar, einen abgeschlossenen Prozess nach einer bestimmten Frist wegen Verfahrensfehlern wieder aufzunehmen. Auch dieser Passus verstößt gegen internationales Recht, und mithin weist das Urteil aus Den Haag über den spezifischen Fall der LaGrands hinaus auf das gesamte US-amerikanische Todesstrafensystem.

Die Entscheidung des Internationalen Gerichtshofes fügt sich in die allgemein wachsende Kritik an den USA und ihrem Rechtswesen in einer Welt, in der die Todesstrafe zunehmend geächtet wird. Erst eine Woche vor dem Haager Urteil hatte die „Weltkonferenz gegen die Todesstrafe" in Straßburg die US-Praxis verurteilt. Die Mitgliedschaft in der Europäischen Union würde den Vereinigten Staaten ohnehin verweigert, da sie nach wie vor an der Todesstrafe festhalten. Durch ihre Rechtsordnung stehen die USA in einer Reihe mit Staaten, deren Gesellschaft sie ansonsten tunlichst zu vermeiden suchen. Jahr für Jahr werden dort in etwa so viele Menschen von Staats wegen getötet wie in der Demokratischen Republik Kongo, in Saudi-Arabien oder im Iran. Nur die Volksrepublik China und vermutlich auch der Irak lassen mehr Menschen hinrichten. Zudem waren mehr als 70 der derzeit über 3700 Häftlinge in US-amerikanischen Todeszellen zum Tatzeitpunkt jünger als 18 Jahre, und seit 1983 sind über 60

Menschen hingerichtet worden, die an einer diagnostizierten geistigen Behinderung litten.

Häufig wird das Vertrauen der USA in die Todesstrafe mit einer historisch gewachsenen Kultur der Gewalt erklärt. Physische Gewalt ist elementarer Bestandteil der US-amerikanischen Siedlungsgeschichte und eng mit dem Mythos der Nationsbildung verbunden. Vor allem durch die Kriege gegen die Ureinwohner und das Leben und Kämpfen an der so genannten „Frontier", also der Grenze zwischen „Zivilisation" und „Wildnis", habe sich ein besonderes US-amerikanisches Wesen herausgebildet, schrieb der Historiker Frederick Jackson Turner bereits am Ende des 19. Jahrhunderts. Dieses Wesen zeichne sich durch die Fähigkeit aus, Probleme in die eigenen Hände zu nehmen und schnelle und patente Lösungen zu finden, die bisweilen auch den Gebrauch der Waffe gutheißen. Wichtig ist in diesem Zusammenhang, dass die kontinentale Eroberung zwar am Ende des 19. Jahrhunderts abgeschlossen war, die „Frontier" als Konzept aber fortbestand. Bis zur Gegenwart spielt sie eine bedeutende Rolle im politischen und kulturellen Leben der USA und ist ein prägendes Element einer „weißen" US-amerikanischen Identität. Die Schusswaffenlobby übt großen Einfluss auf das politische Geschehen aus, und ehemalige Westerndarsteller wie Ronald Reagan werden zum Präsidenten gewählt. Insbesondere in der neoliberalen Gesellschaftsordnung seit der Reagan-Ära dient das historisch tradierte Muster des gewaltbereiten Einzelkämpfers im Sinne der guten Sache als ideale männliche Identifikationsfigur.

Darüber hinaus prägt der Glaube, als auserwähltes Volk angelsächsischer Herkunft Gottes Reich auf Erden in Amerika zu vollenden, das Verständnis von „gerechter" und „guter" Gewalt. Schon die ersten europäischen Siedler lebten in dieser Vorstellung, die über die Jahrhunderte hinweg den Status einer weithin geteilten Gewissheit angenommen hat. So wird der rigorose Kampf gegen das vermeintliche „Böse" bis heute religiös legitimiert und sogar regelrecht gefordert. Dies macht auch der Umgang mit der Todesstrafe deutlich. Vor allem in den letzten beiden Jahrzehnten waren wieder laute Stimmen zu vernehmen, die einen Sühnetod als Ausgleich von Schuld einfordern. Bekanntlich ist Texas die Hochburg der amerikanischen Todesstrafenmaschinerie und zugleich das Sinnbild des Westernmythos schlechthin. Dort treffen wie in kaum einem anderen US-Staat „Frontier"-Mentalität, christlicher Fundamentalismus und eine Strafideologie ausgleichender Gerechtigkeit aufeinander.

Obwohl die Diskussion über die Todesstrafe in den USA auf solche historisierenden Erklärungsmuster zurückgreift, fehlte bislang eine Überblicksdarstellung zu ihrer Geschichte sowohl im deutschen als auch im englischen Sprachraum. Das vorliegende Buch soll diese Lücke schließen. Es wird die Geschichte der Todesstrafe in den britischen Kolonien und den Vereinigten Staaten von Amerika erzählen. Mehr als 19 000 Menschen sind dort von der Kolonialzeit bis zum Jahr 2001 im Namen der Zivilgesellschaft hingerichtet worden.[1] Darüber hinaus werde ich auf die ca. 5000 Lynchmorde eingehen, die vorwiegend an afroamerikanischen Männern im Süden der USA begangen wurden. Diese Lynchings sind eine Form der „Bestrafung", die zwar nicht legal, aber vor allem im US-amerikanischen Süden in den Augen weiter gesellschaftlicher Kreise legitim war. Ebenso wie die strafrechtlich sanktionierte Todesstrafe stellen sie eine ultimative gesellschaftliche Zwangsmaßnahme dar, die der Kontrolle und Lenkung sowohl von einzelnen Menschen als auch von Kollektiven dient. Die Lynchings offenbaren zudem in aller Deutlichkeit den Rassismus, der die gesamte US-amerikanische Rechts- und Todesstrafenpraxis seit der Kolonialzeit bis zur Gegenwart prägt.

Die Todesstrafe ist mehr als ein strafrechtliches Instrument. Eingebettet in vielfältige Wahrnehmungs-, Deutungs- und Denkmuster, spiegelt sie die jeweils herrschenden Weltbilder. Daher knüpft die vorliegende Geschichte der Todesstrafe viele Verbindungen, die über die gesetzlichen Gegebenheiten, die Strafrechtsordnungen und die verfassungsrechtlichen Auseinandersetzungen hinausweisen. So stellt sie etwa die Argumente und Initiativen der verschiedenen Reformbewegungen dar. Auf dem Gebiet der Todesstrafenreform haben manche US-Staaten bis in das ausgehende 19. Jahrhundert im internationalen Vergleich durchaus eine Vorreiterrolle gespielt. Die vorliegende Geschichte zeigt auch, auf welche Weise die Todesstrafe mit unterschiedlichen religiösen und politischen Ordnungsvorstellungen verbunden war (und ist) und wie sich die Hinrichtungsmethoden verändert haben. Wann und warum sind der elektrische Stuhl, die Gaskammer und die Giftspritze eingeführt worden? Die Darstellung richtet den Blick auch auf die Instrumentalisierung der Todesstrafe in der politischen Arena. Politiker haben sich immer wieder als „verlässliche" Partner ihrer Wahlklientel inszeniert, indem sie mit dem Leben von Menschen spielen. Hierbei sind „Rasse", „Klasse" und „Geschlecht" ihrer Objekte von zentraler Bedeutung. Seit den Zeiten der Sklaverei erscheinen afroamerikanische Männer als größte Bedrohung einer „weiß" dominierten Sozialordnung, und eine diskriminierende Todesstrafenpraxis zieht sich durch die amerikanische Geschichte bis in die Gegenwart. Aus einem weiteren Blickwinkel schaut die vorliegende Geschichte auch auf die Repräsentation von Verbrechen und Strafen in den Medien, auf Flugschriften, Presse, Film, Fernsehen und Internet. Eine Faszination an Gewalt, Tod und Sterben spricht aus diesen Quellen, die die Todesstrafe häufig banalisieren. Durch die mediale Aufbereitung erscheint das Töten im Namen des Staates bisweilen nicht mehr als der Akt ultimativer Grausamkeit, der er eigentlich ist und der in einer menschenwürdigen und den Prinzipien der Aufklärung verpflichteten Gesellschaft keinen Raum finden sollte.

Ein solcher historischer Überblick muss mit ausgeprägten regionalen Differenzen umgehen. So weisen, um nur zwei Regionen herauszugreifen, Neuengland und der „tiefe Süden" mindestens ebenso viele Unterschiede wie Gemeinsamkeiten auf. Auch die Rechte der Einzelstaaten und des Bundes sind in der US-Geschichte regelmäßig aufeinander gestoßen, und diese Differenzen sind auch in der Geschichte der Todesstrafe immer wieder aufgetreten. Ihren bisherigen Höhepunkt haben sie in den 1970er Jahren erreicht, als der Oberste Gerichtshof der USA die Todesstrafenpraxis der Einzelstaaten für verfassungswidrig erklärte und auf deren erbitterten Widerstand stieß.

An dieser Stelle möchte ich mich bei denjenigen bedanken, die zu dem Gelingen dieses Projektes maßgeblich beigetragen haben. Zuvorderst seien die Studierenden der Universität Hamburg genannt, die mit mir über das Thema „Todesstrafe in den USA" diskutiert haben. Mein besonderer Dank gilt zudem Norbert Finzsch, Irene Martschukat, Olaf Stieglitz und Hermann Wellenreuther, die ebenso wie meine Frau Katharina Dahl verschiedene Teile des Manuskriptes gelesen, redigiert und mit mir besprochen haben. Ihre anregenden Kommentare und ihre Kritik haben mir sehr geholfen.

1. Todesstrafe in der Kolonialzeit

Todesstrafe als Teil einer transzendentalen Ordnung in Neuengland

Anfang der 1670er Jahre sorgte ein junger Mann namens Benjamin Goad für ständige Unruhe in Roxbury, einer puritanischen Gemeinde in der englischen Kolonie Massachusetts. Der Sohn gläubiger Eltern stand in dem Ruf, ein Faulpelz zu sein, der nur dann Energie entfaltete, wenn es galt, seine Verworfenheit unter Beweis zu stellen. Kleinere Diebstähle und Betrügereien sowie zahlreiche Vorfälle abweichenden sexuellen Verhaltens bildeten eine eindrucksvolle Bilanz. Die obrigkeitlichen Bemühungen, den jungen Mann zu disziplinieren, fruchteten nicht, und er setzte seiner langen Liste an Normverletzungen ein Ende, indem er seine sexuelle Lust zur Mittagszeit auf offenem Feld an einer Stute befriedigte. Auf ungehörige Weise hatte der junge Mann, so der puritanische Geistliche Samuel Danforth in seiner Galgenpredigt, „den Zorn Gottes" herausgefordert, der auf die gesamte Gemeinde niederzukommen drohte, wenn der verwerfliche Täter nicht der gerechten Strafe zugeführt würde. Nach mosaischem Recht wurde Benjamin Goad wegen seiner besonderen Verworfenheit und als „Furcht erregendes Beispiel göttlicher Rache", so abermals Danforth, am Galgen aufgehängt, „auf dass Dein Körper tot, tot, tot sein möge".[1]

Etwa fünfzig Jahre vor der Hinrichtung Benjamin Goads waren die ersten englischen Siedler in Neuengland in der späteren Kolonie Massachusetts gelandet. Viele waren als puritanische Glaubensflüchtlinge in die Region von Cape Cod südlich des heutigen Boston in die „Neue Welt" gekommen. Sie hatten England im Konflikt mit Krone und anglikanischer Kirche verlassen, um in Amerika ihre Vorstellungen eines gottgerechten Lebens zu verwirklichen. Puritanisch rein sollte das Dasein in der neuen Kolonie werden, und exponiert wie eine „city upon a hill" würde man sich unter den Augen Gottes und den Blicken der ganzen Welt als vorbildliche christliche Gemeinde erweisen. Ein Scheitern der Mission würde den Zorn und die Rache des Herrn hervorrufen, mahnte John Winthrop, der erste Gouverneur der „Massachusetts Bay Colony" im Jahr 1630, und er erinnerte an die theokratischen Grundsätze und die hierarchische Ordnung der Kolonie, die ein Leben in Fruchtbarkeit und Wohlstand eröffnen sollten. Dass die Siedler im Laufe der Zeit keineswegs eine homogene religiöse Gemeinde darstellten – nicht in Neuengland und schon gar nicht in den anderen Kolonien –, machte diese Aufgabe nicht gerade leichter.[2]

Die erste größere Einwanderungswelle ließ nicht lange auf sich warten, und nach einem Jahrzehnt siedelten etwa 14 000 Europäer in Neuengland. Nicht alle, die kamen, waren Anhänger eines strikten, kalvinistisch getragenen Glaubens, doch die puritanische Oberhand über die Geschäfte der Kolonie, deren grundlegende Entscheidungen und Institutionen war unumstritten. Insgesamt standen die Neuengland-Kolonien unter der politischen, ökonomischen und moralischen Führung einer religiösen Elite, in deren Weltordnung Sünde und Verbrechen nicht voneinander getrennt werden konnten. Dementsprechend waren moralische Kodizes und säkulare Gesetzgebung eins, und eine der obersten Aufgaben der kolonialen Autoritäten bestand darin, eine moralisch einwandfreie Lebensführung der Siedlerinnen und Siedler im Sinne der biblischen Weisungen zu gewährleisten. Die Rechts- und Verfahrensordnung, die einerseits aus dem englischen Mutterland mitgebracht (hier seien beispielsweise das Jury-System und die Rolle der Magistrate genannt) und andererseits an die Daseinsumstände in der Kolonie angepasst worden war, stand im Dienst der göttlichen Mission. Die puritanischen Richter waren unerschütterlich in ihrem Glauben, dass sie im Namen Gottes das Leben auf Erden kontrollierten und reglementierten. Hierbei kam der Richter einem Inquisitor gleich, der allein die Aufgabe hatte, die Umstände eines Verbrechens zu ermitteln und die Wahrheit zu erforschen. Waren die Verdachtsgründe hinreichend, so wurde ein Verfahren eingeleitet, das den Sünder oder die Sünderin nicht nur bestrafen sollte, sondern einem Menschen wie Benjamin Goad auch Gelegenheit zu Reue und Reinigung eröffnete. Zum einen konnte so ein verlorenes Schaf in die Herde zurückgeführt werden, zum anderen bewies die Gemeinde durch die Bestrafung gegenüber Gott, dass sie ihre religiöse Mission erfüllte und Frieden und Wohlstand verdiente.[3]

Mithin stellten in der damaligen Weltordnung Kirche, Politik und Gesellschaft keine getrennten Sphären dar. Deren Ausdifferenzierung sollte erst während der Aufklärung des 18. Jahrhunderts voranschreiten. Vielmehr lebten die Menschen in den nordamerikanischen Kolonien – und in den Kolonien in Neuengland im Besonderen – in einer transzendental begründeten Seinsordnung, in der die menschliche Existenz und die gesellschaftliche Ordnung als gottgegeben aufgefasst wurden. Die führenden Kräfte galten als Auserwählte, die als Stellvertreter Gottes auf Erden dafür Sorge tragen mussten, dass alles seinen rechten Gang ging, also ein gottgefälliges Leben ohne Sünde geführt wurde. Folglich war die Bestrafung eines Verbrechens ein religiöser Imperativ, und die zeitgenössischen Gesetzes- und Strafkodizes wie die „Laws and Liberties of Massachusetts" aus der Mitte des 17. Jahrhunderts beriefen sich auf göttliche Weisungen und begründeten Kapitalstrafen durch den Bezug auf Bibelstellen.[4]

Ein Verstoß gegen die gesellschaftlichen Regeln entsprach demnach einem Aufruhr gegen Gott und die von ihm auferlegte soziale Ordnung. Daher definierten die zeitgenössischen Rechtsordnungen nicht nur Mord, Hochverrat und Brandstiftung, sondern auch andere Verstöße gegen den göttlichen Schöpfungsplan wie Gotteslästerung, ungebührliches Verhalten gegenüber den Eltern, Unzucht, Ehebruch und Sodomie (die sich in dieser Zeit insbesondere auf homosexuellen Geschlechtsverkehr bezog) als todeswürdige Handlungsweisen. Grundsätzlich fanden sich ähnliche Strafkataloge auch auf dem europäischen Kontinent und im englischen Mutterland. Differenzen bestanden in Hinblick auf einzelne Tatbestände und in der Graduierung und der Vehemenz des religiösen Imperativs. Letztlich wurden diese Verordnungen auch in den Kolonien in der Rechtspraxis weniger strikt gehandhabt, doch wenn sexuell abweichendes Verhalten als besonders schwerwiegend erachtet wurde, konnte es in der Tat die Todesstrafe nach sich ziehen, wie das Beispiel Benjamin Goads zeigt. Zunächst jedoch wurden moralische Vergehen in der Regel durch andere Strafen wie Auspeitschungen und Prangerstehen geahndet, die den Tätern und Täterinnen eine Lehre sein, sie zur Reue zwingen und ein öffentliches Zeichen ihrer Schuld und Verfehlung darbieten sollten. Dies galt auch für andere Taten wie Diebstahl, der in den Neuengland-Kolonien erst im späteren 17. Jahrhundert ab einer gewissen Größenordnung und im Wiederholungsfall als todeswürdiges Verbrechen klassifiziert wurde. Die Bestrafung des Dienstboten Samuel Powell, der ein Paar Kniebundhosen gestohlen hatte, vermag den exemplarischen Charakter der Strafen zu verdeutlichen, denn er musste am heiligen Sonntag vom Morgengebet bis zur Abendmesse mit den Hosen um den Hals am Pranger stehen. Auf diese Weise war er eine Botschaft obrigkeitlicher und somit göttlicher Strenge und Gerechtigkeit, ein Herold seines Vergehens und ein Zeichen seiner Schuld, ein abschreckendes Exempel, das sich gleichwohl durch das Geständnis und die Strafe von den Verfehlungen reinigen konnte. Um sowohl die Verfehlungen als auch die Reue sichtbar zu machen, zuweilen vorübergehend, zuweilen auch dauerhaft, mussten die Strafen öffentlich vollzogen werden. Körperliche Verstümmelungen und Brandmarken erinnerten ein Leben lang an eine Untat: Ein A stand für „adultery" (Ehebruch), ein B für „burglary" (Einbruch), ein T für „thievery" (Diebstahl). So wurde in den kleinen kolonialen Gemeinden eine Form der sozialen Kontrolle erzwungen, die nicht zuletzt über Sichtbarkeit und nachbarschaftliches Wissen funktionierte. Bemerkenswert ist, dass auch häufig Geldstrafen verhängt wurden. Sie waren allerdings solchen Menschen vorbehalten, die aufgrund ihres Vermögensstandes in der Lage waren, ihre Schuld mit Barem oder in Form von Sachwerten zu begleichen. Körperstrafen und Schandstrafen wie das Prangerstehen trafen im Gegensatz dazu überwiegend die Mittellosen. Diejenigen, die offensichtlich und wiederholt keine Reue zeigten, wurden schließlich aus der Gemeinde verwiesen und somit ihrer sozialen und ökonomischen Lebensgrundlage enthoben.[5]

Eine schlimmere Strafe als der Verweis aus der Gemeinde war nur der Tod, weshalb der Rechtshistoriker Lawrence Friedman die Todesstrafe auch als „ultimative Form der Verbannung" bezeichnet. Wie bereits zu sehen war, drohte gemäß der Statuten auf viele Handlungsweisen der Tod, und die Richtlinien waren in der Regel die mosaischen Gesetze. In der Strafpraxis wurden jedoch primär Mord und Vergewaltigung mit dem Tod geahndet, aber auch wiederholter Raub und Diebstahl sowie Brandstiftung. Letztlich wurden Todesurteile, vor allem im Vergleich zu dem extensiven Strafkatalog, in den Kolonien vergleichsweise selten ausgesprochen, und sie wurden noch seltener vollstreckt (in den südlichen Kolonien, auf die ich später eingehen werde, waren Todesstrafen häufiger als in den nördlichen). Begnadigungen durch den Gouverneur waren durchaus üblich und wurden in bis zu 50 % der Fälle ausgesprochen. So sind beispielsweise für den Zeitraum von 1630 bis 1692 für Massachusetts 56 Hinrichtungen registriert. Hierbei ist allerdings in Betracht zu ziehen, wie klein und verstreut die kolonialen Gemeinden vor allem im 17. Jahrhundert noch waren.[6]

Wollte ein Gericht ein Todesurteil fällen, so bedurfte es der Aussage zweier Zeugen, die die Schuld des Beklagten glaubwürdig zu bekunden vermochten. Besser war allerdings ein Geständnis des oder der Angeklagten, denn erstens konnten dadurch weitere Einzelheiten des Falles geklärt werden, und zweitens war ein Geständnis ein wichtiger Schritt auf dem Weg zu Reue und somit zu individueller wie auch kollektiver Reinigung von Schuld. Die Folter, die im Kontinentaleuropa dieser Zeit ein etabliertes Mittel der Rechtsfindung war, kam in den Kolonien nicht zur Anwendung. Vollstreckt wurden Todesurteile wie im englischen Mutterland öffentlich und in aller Regel am Galgen. Dort ließ man die Körper der Hingerichteten zur Abschreckung und als Zeichen der gerechten und strengen Justiz häufig für Wochen und Monate hängen. Öffentliche Hinrichtungen gehörten zu den Ereignissen, die in der Bevölkerung der kleinen kolonialen Gemeinden auf gespanntes Interesse stießen. Schon im 17. Jahrhundert sprachen zeitgenössische Berichte von zuweilen über tausend Zuschauern jeden Alters, beiderlei Geschlechts und aus allen Ständen, die zu Fuß oder mit dem Pferdewagen zum Teil weite Wege zurücklegten, um einer Strafvollstreckung beiwohnen zu können. „Wenn der Tag der Hinrichtung kommt, dann strömen Menschenmassen, Menschenmassen zusammen", beobachtete beispielsweise Reverend Eliphalet Adams im Jahr 1738 die Zustände in Neuengland. Ein zentraler Bestandteil des Strafrituals war die so genannte „Galgenpredigt", die bis in die ersten Dekaden des 19. Jahrhunderts am Sonntag vor der Hinrichtung oder am Morgen der Exekution von einem Geistlichen gehalten wurde, während der Sünder oder die Sünderin auf dem Schafott der zuschauenden Masse präsentiert wurde. Die „execution sermons" vermögen zu verdeutlichen, welche Ziele die Strafjustiz verfolgte und welche Denk- und Wahrnehmungsweise ihr zu Grunde lag. Zudem waren die Galgenpredigten neben dem Gerede in den Dörfern im 17. Jahrhundert das einzige Medium, aus dem die Menschen über Verbrechen und Strafen erfuhren, was sie erfahren wollten und sollten, und häufig wurden sie auch gedruckt und verkauft. Die Inhalte blieben bis etwa zur Mitte des 18. Jahrhunderts relativ unverändert, erst von diesem Zeitpunkt an begannen säkulare Begründungen von Todesurteilen – wie kollektive Selbstverteidigung – in den Vordergrund zu rücken.[7]

Bis dahin sollten die Predigten vor allem dazu beitragen, das schreckliche Schauspiel in ein erbauliches Ereignis zu wenden, das der Rettung sowohl der verurteilten als auch der zuschauenden Seelen diente. Das Schicksal der oder des Verurteilten wurde erörtert und gescholten, und es wurde von einer kriminellen Biografie berichtet, die geprägt war von Sünde, Geständnis, Reue, Konversion und Tod. Eine solche Biografie stand exemplarisch für die Verworfenheit einer sündigen Menschheit, und ganz gleich, als wie schrecklich das konkrete Verbrechen erachtet wurde, das letztlich den Ausschlag für das Todesurteil gegeben hatte – die tiefere Ursache fand man in der Sündhaftigkeit des gesamten Menschengeschlechts, in der Verderbtheit der menschlichen Natur und in der teuflischen Verführung. Kleinere Fehltritte galten als erste Schritte auf dem Weg zum kapitalen Verbrechen, und dies verkündeten Prediger auch als Warnung an das Publikum: „Deine Sünde war Unkeuschheit; wiederholte Unkeuschheit, unverschämte Unkeuschheit; mörderische Unkeuschheit", redete der berühmte Reverend von „Boston's Second Church", Cotton Mather, im Jahr 1693 einer verurteilten Kindsmörderin und der lauschenden Gemeinde in das Gewissen. So sollten die Fehltritte einer Missetäterin zur gesellschaftlichen Stabilisierung und zur Festigung der Sozialordnung genutzt werden, indem der öffentliche Vollzug eines Todesurteils als kollektiver Kampf gegen die Sünde inszeniert und zudem die Zuschauenden und Zuhörenden zu einem bibeltreuen, gottgefälligen und rechtschaffenen Leben angehalten wurden. „Nun kommt zusammen zur Quelle des Blutes, die da eröffnet wird, um Euch darin zu reinigen; das Blut des Herrn Christus wird Euch Gnade und Heilung gewähren", forderten die Predigten das Publikum zur kollektiven Reinigung auf. Denn wenn die böse Tat im Sündenfall begründet lag, dann zeichnete sich ein Täter wie besagter Benjamin Goad aus Roxbury durch keine moralische Besonderheit aus. Er illustrierte vielmehr die möglichen Folgen der grundsätzlichen menschlichen Verworfenheit, die alle im Publikum in sich trugen. Für die Obrigkeiten und die Kirchenführer war es die doppelte Pflicht zum Gehorsam gegenüber den göttlichen Weisungen und zur Fürsorge gegenüber der Gemeinde, die sie dazu nötigte, Verbrechen zu bestrafen und dem Publikum zu predigen. Die Bestrafungen kamen insgesamt einem sozialen und religiösen Drama gleich, das die zuschauenden Menschen über gut und böse und „den verdienten Lohn des Sünders" aufklärte. Die gesetzlich verordnete Tötung eines Menschen war die rituelle Antwort auf das Übel in der Welt. Als öffentliche Inszenierung reproduzierte sie die herrschenden religiösen und säkularen Lebensregeln und zementierte das bestehende soziale Gefüge.[8]

Paradigmatisch für ein solches Rechtswesen, das auf der Vorstellung eines permanenten Ringens zwischen teuflischer Verführung und Gottgefälligkeit gründete, ist die Anklage wegen Hexerei und teuflischer Besessenheit. Hexenprozesse sind kein Phänomen, das aus den etablierten Mustern der kolonialen Justiz ausbricht, vielmehr lassen sich in ihnen viele der Stränge bündeln, die prägend für das damalige Strafwesen waren. Der bei weitem prominenteste Fall von Hexenverfolgung im kolonialen Nordamerika hat sich 1692 in Salem, Massachusetts ereignet. In einer Welle von Beschuldigungen und Anklagen in der Gemeinde nördlich von Boston wurden 175 Menschen inhaftiert, und über zwanzig von ihnen mussten sterben. Angefangen hatten die unseligen Ereignisse mit einigen Mädchen und jungen Frauen, die in Konvulsionen verfielen und angeblich Zeichen teuflischer Besessenheit zeigten. Untersuchungen begannen, Menschen wurden beschuldigt, und man forschte nach Körpermalen, die einen Pakt mit dem Teufel dokumentieren konnten. Nicht zuletzt das Eingreifen des neuen Gouverneurs von Massachusetts, William Phips, und die erneut aufgeworfene Frage nach juristisch verwertbaren Beweisen ließen die Hexenjagd nach mehr als einem Jahr abebben. Die Ereignisse in Salem waren bei weitem nicht die einzigen Hexenverfolgungen in Neuengland. Derartige Geschehnisse sind von den 1630er Jahren an registriert, und auch in Kodizes wie den „Laws and Liberties of Massachusetts" von 1648 war Hexerei mit Verweis auf das Alte Testament als todeswürdige Tat aufgeführt. Die Strafe in den Kolonien war der Galgen und niemals der Scheiterhaufen, der aus den europäischen Hexenjagden bekannt ist.[9]

Häufig gründeten die unmittelbaren Anschuldigungen wegen Hexerei in sozialen Spannungen und nachbarschaftlichen Konflikten. Eingebettet waren solche Klagen und Verfahren in das zeitgenössisch etablierte „Wissen" um die Existenz eines Satans, der als Gegenspieler des Herrn das rechte und gottgefällige Leben zu durchkreuzen und das Böse nicht zuletzt über die Hexen in die Gemeinde hineinzutragen suchte, wie unter anderem Cotton Mather in seinen „Wonders of the Invisible World" aus dem Jahr 1692 betonte. Häufig waren unerklärbare persönliche Erfahrungen, wie eine Krankheit oder der plötzliche Tod des eigenen Viehs, konkreter Anlass, eine Person der Hexerei zu beschuldigen. Oft war dem eine Auseinandersetzung zwischen den beiden Konfliktparteien vorausgegangen. So hatte es sich auch zwischen Martha Carrier und Benjamin Abbott in Andover, einem Nachbardorf von Salem, im August 1692 zugetragen. Carrier stammte aus einer armen, randständigen Familie, und sie geriet mit Abbott über die Nutzung eines Stückes Land in einen Streit, in dessen Verlauf sie offenbar Furcht einflößende Drohungen gegen Abbott aussprach. Als dieser bald darauf unter starken Schmerzen an Fuß und Hüfte litt und eitrige Wunden mehrfach behandelt werden mussten und als dann zu allem Überfluss plötzlich und unerklärlich auch sein Vieh erkrankte, führte er sein Leid auf ein Bündnis zurück, das Martha Carrier mit dem Teufel eingegangen war, um ihn, Benjamin Abbott, ins Verderben zu führen. Als er sich an der Schwelle zum Tod glaubte, wurde Martha Carrier in Haft genommen, und Abbott betonte im Prozess gegen Carrier, von dem Augenblick an habe sich sein Zustand ständig gebessert. Der Fall zeigt exemplarisch, dass vor allem diejenigen, die am Rande der sozialen Ordnung standen und/oder das etablierte Gefüge in der Gemeinde zu stören drohten, Gefahr liefen, der Hexerei beschuldigt zu werden. In dieses Erklärungsmuster fügt sich auch, dass mit ca. 80 % der weitaus größte Teil der Angeklagten Frauen waren, die darüber hinaus in einem eventuellen Verfahren in der

Regel härter bestraft wurden. Die Historikerin Carol Karlsen hat dargelegt, wie der Vorwurf der Hexerei vor allem dann instrumentalisiert wurde, wenn die Autoritätsverhältnisse in einer patriarchalischen Gesellschaft von einer Frau in Frage gestellt wurden. In den verschiedenen Prozessen war regelmäßig das Bild der Hexe im Gewand der lüsternen und lasterhaften Frau gegenwärtig, die durch sexuelle Ausschweifungen gegen die gesellschaftlichen Konventionen verstieß und somit als besessene Grenzgängerin markiert werden konnte. Sie drohte, den Männern die Sünde und der Welt das Verderben zu bringen. Als Verbündete des Teufels erschütterte sie die bestehende Ordnung, an deren unterem Ende in der zeitgenössischen und insbesondere der puritanischen Hierarchie die Frau stand.[10]

Landadel und „Slave Codes" in den Kolonien des Südens

Das Strafrechtswesen der Neuengland-Kolonien weist Züge auf, die charakteristisch für das gesamte britische Kolonialgebiet in Nordamerika waren. Hierzu zählen die Prominenz von Todesstrafen in einem körperfokussierten Rechtssystem und deren Einbindung in eine transzendentale Weltordnung. Gleichwohl sollte nicht vergessen werden, dass sich die Kolonialzeit über etwa 150 Jahre erstreckt und in diesem Zeitraum freilich auch das Rechtswesen einige Veränderungen durchlaufen hat, die hier nur angedeutet werden können. Auch auf einer synchronen Ebene war das englische Kolonialreich in Nordamerika kein gänzlich homogenes Gebilde, sondern durchaus von unterschiedlichen Wirkkräften und variablen Rechtskonzeptionen getragen, wie einige Spezifika des Strafrechtswesens in den südlichen Kolonien zeigen werden. Der Fokus der folgenden Betrachtungen wird auf Virginia liegen, das einerseits seit dem ausgehenden 17. Jahrhundert von Sklaverei und insgesamt vom Plantagensystem geprägt war, andererseits in der zweiten Hälfte des 18. Jahrhunderts die Revolution und die mit ihr einhergehenden Rechtsreformen maßgeblich vorantrieb.

Im heutigen Virginia in der Region um die „Chesapeake Bay" waren die ersten englischen Siedlungen in Nordamerika errichtet worden. Noch bevor die Pilgerväter in Neuengland landeten, hatte der englische König James I. ambitionierten Kaufleuten und Aristokraten, die sich zu der „Virginia Company of London" zusammengeschlossen hatten, das Recht gewährt, ein riesiges Gebiet in der Neuen Welt zu nutzen, das sich vom heutigen North Carolina bis zum Süden New Yorks erstreckte. Die Teilhaber der Handelsfirma versprachen nicht nur lohnende Geschäfte, sondern auch den christlichen Glauben in der Neuen Welt zu verbreiten. Zunächst errichtete man im Jahr 1607 einige Handelsposten in Virginia, doch die ersten Jahre in dem bewaldeten und sumpfigen Gebiet waren von äußerster Armut, Krankheit, Hunger und Tod bestimmt. Schon bald jedoch wurde der Anbau von Tabak in der neuen Kolonie zu einem Erfolg versprechenden Projekt, bereits nach wenigen Jahren wurde „Virginia Tobacco" nach London geschifft, und es bedurfte neuer Siedler, um die anstehende Arbeit zu erledigen. Als 1619 mit dem Kommandanten eines holländischen Kriegsschiffes Lebensmittel gegen „twenty Negars" eingetauscht wurden, lebten und arbeiteten auch bereits 32 afrikanischstämmige Menschen in den nordamerikanischen Tabakfeldern.[11]

Obschon Krankheiten wie Malaria die Menschen in Virginia im gesamten 17. Jahrhundert plagten, zog vor allem die wirtschaftliche Perspektive bis zum Jahr 1700 über 80 000 vornehmlich englische Siedler an. Die meisten von ihnen kamen aus den niederen Ständen als so genannte „indentured servants" in die Neue Welt, d. h., sie erkauften sich ihre Schiffspassage, indem sie sich für zumeist vier bis fünf Jahre bedingungslos in den Dienst eines Pflanzers stellten. Auch lebten in der Mitte des 17. Jahrhunderts etwa 300 bis 400 Afrikaner in den Kolonien um den Chesapeake, also in Virginia und Maryland. Die meisten arbeiteten auf den Tabakplantagen der Pflanzeraristokratie und hatten einen Status, der mit dem der „indentured servants" vergleichbar ist. Noch wurden Unterschiede zwischen Menschen zwar primär durch deren Glauben markiert, doch auch im kolonialen Amerika des früheren 17. Jahrhunderts definierte man Afrikanerinnen und Afrikaner bereits über ihre Hautfarbe, ihren Körperbau und ihre Sprache als andersartig. In der zweiten Hälfte des 17. Jahrhunderts wurde die Physis zum entscheidenden Kriterium. Neue Gesetzgebungen in Virginia beendeten die Möglichkeiten schwarzer Diener, jemals die Freiheit zu erlangen, indem sie zum Christentum konvertierten. Die lebenslange Sklaverei war legalisiert. Ab der

Mitte der 1670er Jahre wurden Tausende von Afrikanern importiert, da sie zunehmend billiger als englischstämmige „indentured servants" waren, weniger Rechte hatten und strikter diszipliniert werden konnten. Die Rechtsordnung schrieb den Status des schwarzen, abhängigen Arbeiters als dauerhaft und erblich fest, und 1705 definierte ein Statut in Virginia afrikanischstämmige Menschen als Sklaven: Die „chattel slavery" war etabliert. Vor allem im 18. Jahrhundert sollte der Anteil schwarzer Sklaven an der nordamerikanischen Gesamtbevölkerung rapide ansteigen. In Virginia belief sich im Jahr 1712 die afrikanischstämmige Bevölkerung auf 12 000 Menschen, in den gesamten nordamerikanischen Kolonien lebten etwa 50 000 Afrikanerinnen und Afrikaner. In der Mitte des 18. Jahrhunderts waren es schon fast 250 000, und die meisten von ihnen arbeiteten auf den Plantagen im Süden.

Die Kolonie Virginia war demnach von anderen Strukturmerkmalen geprägt als die Neuengland-Kolonien, und auch die Strafsysteme setzten partiell andere Akzente. Grundsätzlich jedoch dachten, lebten und handelten auch die Menschen in Virginia in einer göttlich begründeten Seinsordnung. Dies vermag die erste Strafrechtsordnung Virginias zu verdeutlichen, die nominell von 1610 bis 1619 in Kraft war und nicht nur für Hochverrat, Mord, Raub, Vergewaltigung, Sodomie, Falschaussage vor Gericht, unbefugten Handel mit den „Native Americans" oder unbefugtes Jagen den Tod androhte, sondern an erster Stelle auch für Gotteslästerung und dreimaliges Fehlen beim sonntäglichen Gottesdienst. Zwar kritisierten bereits die Zeitgenossen diesen so genannten „Dale's Code" als überaus harsch, zugleich jedoch betonten sie die Notwendigkeit, den ersten Siedlern einzuschärfen, dass in der Neuen Welt kein Zustand der Gesetzlosigkeit herrschte. Spätere Kodizes waren zwar weniger drastisch, doch auch in ihnen waren Körper- und Todesstrafen vorherrschend. Gleichermaßen waren auch hier so genannte moralische Vergehen wie Ehebruch und Trunkenheit eine Angelegenheit der Kriminaljustiz, die auf eine Sühne der Schuld durch körperliches Leid ausgerichtet war.[12]

In der Rechtspraxis der Chesapeake-Kolonien schlugen sich demographische Faktoren wie ein hoher Überschuss männlicher Siedler, viele mittellose „indentured servants" sowie eine hohe Sterbe- und niedrige Geburtenrate nieder. Unter diesen schwierigen Bedingungen wurden Moralverstöße letztlich nur vergleichs-weise selten vor Gerichten verhandelt, vielmehr war die Nachbar-schaft das vorrangige Medium sozialer Kontrolle. Klagen über die laxe Handhabung der Gesetze dokumentieren dies. Die häufig mühselige Anreise zu Gerichtssitzungen insbesondere in Kapi-talverfahren, die in der Regel in den kolonialen Hauptstädten abgehalten wurden, mag zu einer zurückhaltenden formellen Rechtspraxis beigetragen haben. Die Historikerin Donna Spindel hat dies für die Kolonie North Carolina gezeigt, und das Tage-buch des politisch einflussreichen Großgrundbesitzers William Byrd II. dokumentiert, dass ein regelmäßiges Gebet und ein mo-ralisch freizügiges Leben in Virginias „Upperclass" durchaus mit-einander vereinbar waren. Auch haben sich in den Kriminalakten der Chesapeake-Kolonien kaum Fälle von „Unzucht" niederge-schlagen, und wenn, dann wurden Freie für moralische Vergehen seltener bestraft als „indentured servants". Zugleich gibt es Hin-weise darauf, dass etwa ein Drittel der Einwanderinnen bereits zum Zeitpunkt der Eheschließung schwanger war und der Zeu-gungsakt somit ein Unzuchtsdelikt dargestellt hatte, das gemäß der Statuten hätte gerichtlich verfolgt werden müssen. Offenbar war jedoch beinahe jede Geburt, ob durch die Ehe legitimiert oder nicht, ein Grund zur Freude und eine Aussicht auf wirt-schaftlichen Profit, weshalb man hier einen gewissen Pragmatis-mus an den Tag legte.[13]

Auch der Blick über die Grundsätze der (im engeren Sinne) moralischen Ordnung hinaus offenbart eine gewisse Ambivalenz von kodifiziertem Recht und Justizpraxis. Obschon im 17. und 18. Jahrhundert wie im englischen Mutterland auf eine Vielzahl von Taten wie Hochverrat, Mord, Brandstiftung, Raub, Einbruch, Diebstahl, Münzfälschung, Hexerei oder Körperverletzung je nach Schwere der Tat der Tod oder verschiedene Arten der kör-perlichen Züchtigung und Verstümmelung vorgesehen waren, ist auch hier ein flexibler Umgang mit den strafrechtlich fixierten Normen dokumentiert. Generell ist festzuhalten, dass in den Chesapeake-Kolonien die Todesstrafe hauptsächlich für Mord und Diebstahl ausgesprochen wurde.[14]

Am deutlichsten unterschied sich eine südliche Kolonie wie Virginia von einer nördlichen Kolonie wie Massachusetts durch die ständig wachsende Zahl versklavter Menschen. Zwar wurden auch in den nördlichen Kolonien Sklavinnen und Sklaven gehalten, und Händler in Hafenstädten wie Boston, Philadelphia und New York profitierten vom zunehmenden Sklavenhandel. Doch nur im Süden entwickelte sich die Sklaverei auf den Großplantagen zum tragenden Faktor der ökonomischen und sozialen Gesellschaftsstruktur und somit zur so genannten „besonderen Institution" des Südens.[15] Dies manifestierte sich auch im Rechtswesen und in den Disziplinartechniken. Das vorrangige Mittel, schwarze und weiße Unterworfene zu kontrollieren und zu maßregeln, war die Peitsche, und dies galt zumindest in Hinblick auf die Mittellosen auch für das institutionalisierte Rechtswesen. Waren beispielsweise „master" und „servant" wegen eines Verbrechens gemeinsam angeklagt, so konnte der wohlhabendere Plantagenbesitzer seine Schuld häufig durch Tabaklieferungen begleichen, während der mittellose „servant" mit Peitschenschlägen oder einer Verlängerung der Dienstzeit büßen musste. Letztere Form der Bestrafung entfiel mit der Legalisierung der lebenslangen Sklaverei für Afrikanerinnen und Afrikaner in Virginia im Jahr 1661. Körperliche Züchtigung setzte sich nun noch deutlicher als strafrechtliche Disziplinarmaßnahme durch. Der Sach- und Eigentumsstatus schwarzer Menschen wird insbesondere durch eine Regelung deutlich, die in Virginia ab den 1670er Jahren griff: Eigner, die einen ihrer Sklaven zu Tode peitschten, blieben straffrei, da unterstellt wurde, dass sich niemand durch die Zerstörung des eigenen Besitzes mit Absicht selber schädigte. Im Jahr 1680 verabschiedete der Rat Virginias zudem den ersten so genannten „Slave Code" Nordamerikas, d.h. eine eigene Gesetzgebung zur Kontrolle und Disziplinierung der afrikanischen Sklaven. Deren ständig wachsende Zahl hatte die Sorge der lokalen Eliten vergrößert. Auch wurden nun sexuelle Beziehungen zwischen Menschen unterschiedlicher Hautfarbe mit zunehmender Vehemenz bekämpft. Eheschließungen von schwarz und weiß wurden gesetzlich verboten, und insbesondere Beziehungen zwischen weißen Frauen und schwarzen Männern galt es zu unterbinden: Harte Geld- und Arbeitsstrafen drohten einer weißen Frau, die das Kind eines schwarzen Vaters gebar. Auch wurden die ohnehin wenigen verbleibenden Freiheiten der Sklaven eingeschränkt, so durften sie beispielsweise nicht zur Jagd gehen oder sich ohne schriftliche Erlaubnis von der Plantage entfernen. Für

Widerstand drohte Prügel, auf Flucht, Rebellion oder Verbrechen gegen Weiße stand der Tod, wobei zur weiteren Abschreckung die Köpfe der Hingerichteten abgetrennt und auf Pfähle gesteckt werden sollten. Besitzern, die durch die Hinrichtung eines Sklaven oder einer Sklavin Eigentum verloren hatten, stand von der Kolonie eine Entschädigung zu.[16]

Noch drastischer wurde die Situation tiefer im Süden in den Carolinas. Das Wohl der 1663 gegründeten Kolonie basierte von Anfang an auf der Sklaverei, Afrikanerinnen und Afrikaner waren hier schon bald in der Überzahl, und die Sorge vor Unruhen war ständig präsent. In der Mitte des 18. Jahrhunderts machten die afrikanischen Sklaven 70% der Bevölkerung aus, in der Region der Hauptstadt South Carolinas, Charleston, wo die wohlhabendsten Plantagen zu finden waren, sogar 90%. Auf den riesigen Plantagen und unter dem Joch der „chattel slavery" entdeckten Afrikaner verschiedener Herkunft eine gewisse kulturelle Homogenität. Dadurch entwickelte sich eine Gruppendynamik innerhalb der afrikanischen Bevölkerung, die das Unsicherheitsgefühl der Sklavenbesitzer zusätzlich verstärkte. Dies fand nicht zuletzt in dem „slave code" Carolinas von 1696 Ausdruck. Das Gesetz zur Haltung und Beaufsichtigung der Sklaven operierte mit rigiden Züchtigungen: Auspeitschen und Brandmarken standen auf Widerspenstigkeit oder Diebstahl, und wer sich körperlich zu widersetzen versuchte, dem sollte das rechte Ohr abgeschnitten werden. Auf schwerere Vergehen stand der Tod bei Kompensation des Eigners, während das Töten eines Sklaven nicht sanktioniert wurde.[17]

Im 18. Jahrhundert nahmen die „Slave Codes" in den Carolinas und den anderen Kolonien des Südens an Schärfe weiter zu. Abermals wurde angestrebt, das tägliche Leben zu regeln und vor allem eventuellen Aufständen der wachsenden Sklavenpopulation vorzubeugen. Dabei sollten die wirtschaftlichen Verluste der Eigentümer durch die Bestrafungen möglichst in Grenzen gehalten werden. Auf Konspiration jedoch stand bedingungslos der Tod, Ähnliches galt für Diebstahl, Vergewaltigung oder körperlichen Widerstand gegen den „master". Dennoch kam es im Jahr 1739 in South Carolina, wo wohl der harscheste aller „Slave Codes" herrschte, zu dem bekanntesten Sklavenaufstand der nordamerikanischen Kolonialgeschichte. Die so genannte „Stono Rebellion" wurde zwar recht schnell niedergeschlagen, es waren jedoch auch Tote unter den Weißen zu beklagen. Die überlebenden Sklaven wurden mit Verbrennung, Verstümmelung und qualvollem Tod bestraft, indem sie festgekettet und Vögeln und anderen Tieren zum Fraß dargeboten wurden. In Folge der Rebellion und der auch von vielen Zeitgenossen als überaus brutal erachteten Strafen wurde im Jahr 1740 in South Carolina ein neues Gesetz erlassen, das den Beziehungen zwischen Sklavenhaltern und Sklaven eine veränderte rechtliche Grundlage geben sollte. Die Grundzüge des so genannten „Gesetzes zur besseren Leitung und Regierung von Negern und anderen Sklaven" sollten in den kommenden 125 Jahren bis zum Ende des Bürgerkrieges für die rechtlichen Verhältnisse in der Sklavenhaltergesellschaft paradigmatisch sein, wenn freilich auch Unterschiede in den einzelnen Kolonien bestanden. Ein Passus, der besagte, dass Besitzer ihre Sklavinnen und Sklaven nicht mehr willenlos verstümmeln, kastrieren und brandmarken dürften, lässt Rückschlüsse auf die etablierten Praktiken zu. In der Regel, so schrieb der Kodex vor, sei mit der Peitsche oder der Kerkerhaft zu strafen, um die Sklaven in „angemessener Unterwerfung und Gehorsam" zu halten. Wer sich jedoch körperlich widersetze, der sei ohne Umstände zu töten. Ansonsten sollten Sklavinnen und Sklaven vor die koloniale Justiz gebracht werden, wenn sie ein Verbrechen begangen hatten, auf das der Tod stand. Zu diesen Verbrechen gehörten neben Verschwörung und der Tötung vor allem eines weißen Menschen auch Vergewaltigung, Brandstiftung, Diebstahl oder die Entführung eines anderen Sklaven. Dass angesichts einer aus weißen, freien Männern aus dem Umland bestehenden Jury die Perspektiven schwarzer Angeklagter vor Gericht alles andere als aussichtsreich waren, bedarf kaum der weiteren Erörterung. Festzuhalten bleibt, dass vor allem im Süden der nordamerikanischen Kolonien eine Rechtsordnung Bestand hatte, in der die Hautfarbe eines Menschen über seinen persönlichen und rechtlichen Status entschied und somit auch darüber, wie schnell ihn der Tod als Strafe ereilen konnte. Erläuternd sei erwähnt, dass in North Carolina in den 24 Jahren zwischen 1748 und 1772 über einhundert Sklaven wegen krimineller Handlungen hingerichtet wurden, während von der Gründung der Carolinas im Jahr 1663 bis zur Revolution im Jahr 1776 42 freie Weiße erfasst sind, die ohne die Möglichkeit zur Begnadigung zum Tode verurteilt wurden.[18]

Pennsylvania

Um eine dritte Perspektive auf Recht und Todesstrafe in den nordamerikanischen Kolonien zu eröffnen, soll nun der Blick auf die 1682 gegründete Kolonie Pennsylvania gelenkt werden. Sie sollte als Zentrum reformerischer Bestrebungen für die weitere Geschichte der Todesstrafe bedeutend werden. In einem großen Gebiet westlich des Flusses Delaware wollte der Quäker William Penn ein Refugium für die Mitglieder seiner christlichen Religionsgemeinschaft schaffen, die für Gleichheit, Gewaltfreiheit und Toleranz eintrat. Mit ihren Werten stand die so genannte „Society of Friends" in Opposition zur anglikanischen Kirche und war in England weit reichenden Repressionen und Verfolgungen ausgesetzt. Die Überzeugungen der Quäker und insbesondere William Penns egalitäre Gesellschaftskonzeption spiegelten sich im ersten Strafkodex Pennsylvanias wider, in dem die Todesstrafe einzig für Mord und Hochverrat vorgesehen war. Im ausgehenden 17. Jahrhundert kam es beinahe einer Revolution gleich, dass Eigentumsdelikte, Brandstiftungen und Fälschungen durch finanzielle Entschädigung abgegolten und Vergewaltigung und Sodomie durch Auspeitschen und Haft bestraft werden sollten. Zweifelsohne muss das erste Strafsystem der Quäkerkolonie als außergewöhnlich bezeichnet werden. Doch mit Beginn des 18. Jahrhunderts nahm auch die dortige Justiz die überregionalen Prägungen des zeitgenössischen Rechts an. Die Klagen über Verbrechen und moralischen Verfall stiegen und führten letztlich dazu, dass Körperstrafen, Brandmarken, Kastration und der Verkauf eines Missetäters in die Sklaverei (zum finanziellen Vorteil des Geschädigten) im neuen Strafkodex aus dem Jahr 1700 verankert wurden. Auch die Todesstrafe war nicht mehr auf Mord und Hochverrat beschränkt. Sie stand vielmehr auf eine Vielzahl von Taten wie Vergewaltigung, Brandstiftung, Raub, Einbruch, Pferdediebstahl und Münzfälschung. Weitere 18 Jahre darauf schloss sich Pennsylvania dem Strafgesetz des englischen Mutterlandes an, das die Todesstrafe in noch extensiverem Maße vorsah.[19]

Für die Zeit von der Gründung der Kolonie bis zum Beginn des Revolutionskrieges 1776 sind in Pennsylania 94 Hinrichtungen (81 Männer, 13 Frauen) erfasst, davon jeweils ein gutes Drittel wegen Mordes und wegen Raubes. 41-mal ist das öffentliche Ritual von Macht, Sühne, Unterwerfung und Tod in Pennsylvanias Hauptstadt Philadelphia, der Stadt der brüderlichen Liebe, vollzogen worden. Ihren letzten Weg durch die Stadt legten die Verurteilten vom Gefängnis zum Galgen zurück, von Gesang begleitet, von Geistlichen, Richtern und dem Sheriff eskortiert. Auch hier säumte ein großes Publikum die Straßen und den Ort der Hinrichtung, und es lauschte gespannt den letzten Worten der Sünderinnen und Sünder. Waren die Verurteilten in der Haft mit Erfolg präpariert worden, so ermahnten sie die Zuschauenden zu einem wohlgefälligen Leben ohne Sünde und Laster – nicht ganz so ausgefeilt, aber doch ähnlich wie in den Galgenpredigten Neuenglands. Als zum Beispiel die beiden Räuber John Whatnell und Michael MacDeirmatt am 5. Mai 1736 in Philadelphia vor das wartende Publikum traten, sich bußfertig zeigten, um Gnade baten und die Zuschauenden vor einem ähnlich miserablen Ende warnten, war die Inszenierung des Sterbens gelungen. Die Aufmerksamkeit des Publikums war gewiss und die Gemeinde vor Gottes Zorn bewahrt. Zwei Menschen waren beseitigt, die als Gefahr für die Stabilität der Gesellschaft gegolten hatten. Ihre Körper hingen nun als Zeichen der politischen und sozialen Ordnung am Galgen. Doch auch wenn die Obrigkeiten Gnade gewährten, was zuweilen sogar im letzten Augenblick vorkam, setzten sie sich selbst als Herren über Leben und Tod in Szene.[20]

2. Aufklärung, Revolution und Verfassungsgebung

Bei allen beschriebenen Unterschieden war den Kolonien ein transzendental begründetes Strafwesen gemein, das die Schuld der Verurteilten häufig durch körperliches Leid abzugelten forderte. Die ultimative Strafe in diesem System war die Todesstrafe, die in einem öffentlichen Ritual vor zuweilen Tausenden von Zuschauenden vollzogen wurde. Dieses Gesellschafts- und Strafsystem war in der zweiten Hälfte des 18. Jahrhunderts wachsender Kritik ausgesetzt. Zumindest partiell wurde diese Kritik im Zuge von Revolution und Verfassungsgebung, im Grundrechtskatalog und durch die ersten postkolonialen Strafrechtsreformen in die Praxis umgesetzt. Der konzeptionelle und institutionelle Wandel führte zu einer Beschränkung der Todesstrafen, aber auch zu einer veränderten Definition von Verbrechen und Verbrechern. Sie zeigte sich nicht zuletzt in neuen Bezugspunkten der Schafottliteratur.

Aufklärerische Kritik am Gesellschafts- und Strafsystem

Die intellektuellen Zirkel der europäischen und der nordamerikanischen Aufklärung stellten die Idee einer göttlich bestimmten Ordnung des menschlichen Zusammenlebens und somit auch das Konzept einer sühnenden Strafjustiz in Frage. Eine veränderte Erklärung von gesellschaftlicher Existenz setzte sich durch, der Gesellschaftsvertrag trat als theoretischer Entwurf in der Mitte des 18. Jahrhunderts in eine Phase historisch-spezifischer Konjunktur ein. Vor diesem Hintergrund konnte das Strafrecht nicht mehr als gottgegebenes Regelwerk erachtet werden. Vielmehr schien es in einem Zusammenschluss von zunächst freien, sich selbst gehörenden Menschen zu gründen, die sich mit dem Ziel vereint hatten, ihr Dasein zu schützen und zu bewahren. Eine solche Vereinigung erforderte, dass die Menschen zumindest einen Teil ihrer naturgegebenen Rechte an eine souveräne Instanz der kollektiven Gewalt delegierten, die mit gebündelter Kraft die Rechte des Einzelnen in der Gruppe zu schützen und zu wahren hatte. Folglich erschienen Recht und Gesetz nicht mehr als unveränderliche Wirklichkeit, sondern vielmehr als nützliche Konstruktion, „um die partikularen Interessen vereint zu halten, welche sonst in den vormaligen Zustand der Ungeselligkeit zurückfallen würden", wie der Mailänder Aufklärer Cesare Beccaria formulierte. Recht und Gewalt gingen aus der Mitte des sozialen Verbandes hervor, aus den Bürgern selbst, die einen Teil ihrer naturgegebenen Rechte an den Souverän delegiert hatten.[1]

Der Gesellschaftsvertrag bot die Möglichkeit, die Todesstrafe sowohl zu rechtfertigen als auch zu verwerfen. Als ein Beispiel für deren Rechtfertigung mag die Argumentation Jean-Jacques Rousseaus in seiner Schrift über den „contrat sociale" angeführt werden. Rousseau ging davon aus, dass der Einzelne vollkommen im Kollektiv aufgehe und aufgehen müsse. Dies implizierte, dass der Mensch seine naturgegebenen Rechte ohne jede Einschränkung an den Souverän abtrat. Daher verfügte dieser auch über das unabdingbare Recht, den Vertragspartnern das Leben zu nehmen. Ein prägnanter Vertreter der Gegenposition war Cesare Beccaria, dessen Schrift „Von Verbrechen und Strafen" aus dem Jahr 1764 zu einem der markantesten Texte der Strafrechtsdebatte in Europa und Nordamerika wurde.[2]

Beccaria stellte den Nutzen von Strafen für die gesellschaftliche Ordnung und somit deren präventive Wirkung in das Zentrum seiner Erwägungen. Daher forderte Beccaria, dass Strafen exakt auf das Verbrechen abgestimmt waren, mit Gewissheit vollstreckt und nicht bloß angedroht wurden und dauerhaft wirkten. Exzessive Strafen, die die Körper der Verurteilten zum Ausgleich der Tat quälten, um die Gemeinschaft vor göttlicher Rache zu schützen, waren für Beccaria unvernünftig und geradezu absurd. Die Todesstrafe lehnte er ab, da er sie als nicht effektiv erachtete. Die öffentlichen Hinrichtungen kritisierte er als Spektakel von kurzfristiger Wirkung, denn „nicht das schreckliche, aber vorübergehende Schauspiel des Todes eines Verbrechers, sondern das lange und fortwährende Beispiel eines der Freiheit beraubten Menschen, der, zum dienstbaren Tier geworden, durch seine Arbeit die von ihm beleidigte Gesellschaft entschädigt, hält am stärksten vom Verbrechen ab". Beccaria erachtete Todesstrafen sogar als kontraproduktiv, da die öffentliche Darbietung tödlicher Gewalt das Publikum verhärtete. Somit mehrte sie Gewalttätigkeit und Verbrechen und diskreditierte zudem in den Augen der aufgeklärten und mitfühlenden Menschen die Obrigkeiten als grausam und machtbesessen. Darüber hinaus war die Todesstrafe in den Augen Cesare Beccarias nicht nur unzweckmäßig, sondern auch unrechtmäßig, da sie gegen den Gesellschaftsvertrag verstieß. Der Mensch, so Beccaria, strebe natürlicherweise nach einem Maximum an persönlicher Freiheit. Folglich gebe er nur den kleinstmöglichen Teil seiner Freiheit auf, wenn er in die Vertragsgesellschaft eintrete. Daher, so Beccaria, werde ein Mensch niemals sein Leben in die Waagschale legen, da mit dem Tod alle Freiheiten hinfällig würden. Folglich war die Strafe des Todes in Beccarias Denkgebäude wider den Gesellschaftsvertrag.[3]

Die Schrift Beccarias war in dieser Zeit nur eine von vielen Kritiken am bestehenden Strafrechtssystem. Dennoch wurde gerade sein Text in der Folgezeit außergewöhnlich stark rezipiert und von der Toskana über das Alte Reich und Frankreich bis nach Russland und Nordamerika gelesen und gelobt. Schon wenige Jahre nach der ersten Veröffentlichung war „Von Verbrechen und Strafen" in zwanzig verschiedene europäische Sprachen übersetzt, 1767 erstmals in das Englische. Nicht nur die russische Zarin Katharina II. hofierte Beccaria, sondern auch die französischen Enzyklopädisten ebenso wie die intellektuellen und strafrechtlich gebildeten Zirkel Nordamerikas. 1773 wurde sein Text in New York verlegt, 1777 in Charlestown publiziert, ein Jahr darauf in Philadelphia. Zudem wurde aus dem „Essay on Crimes and Punishments" im Prozess um das „Boston Massacre" zitiert, und in den 1780er Jahren erschien er sogar als Serie in Zeitungen.[4]

Nicht zuletzt Thomas Jefferson, eine der schillernden Figuren der Amerikanischen Revolution und der frühen Republik, hat „On Crimes and Punishment" gewissenhaft gelesen. Im Jahr 1807, während seiner Zeit als Präsident der Vereinigten Staaten, nannte Jefferson den Essay Beccarias einen der sechs bedeutendsten Texte über die Kunst der bürgerlichen Regierung – und Jefferson war ein belesener Mann, dessen Bibliothek über 6500 Bände zählte. Weitere vierzehn Jahre später, als Thomas Jefferson an seinen Memoiren arbeitete, schwelgte er abermals in lobenden Worten für den Mailänder Aufklärer. Mittlerweile lag die erste

Publikation des Textes über fünfzig Jahre zurück, und Jefferson schrieb immer noch voller Begeisterung, Beccaria habe die denkende Welt auf das Unrecht und die Unwirksamkeit der Todesstrafe aufmerksam gemacht. Zudem heißt es, Jefferson habe zur Zeit der Amerikanischen Revolution seitenlange Passagen aus Beccarias Schrift in sein Tagebuch übertragen, und während der Revolution war er in seiner Heimatkolonie Virginia mit der Entwicklung eines neuen Strafgesetzbuches befasst, das den Geist Beccarias verkörpern sollte.[5]

Revolution, Verfassung und Grundrechtskatalog

Thomas Jefferson hatte als junger Pflanzer aus Virginia dazu beigetragen, den nordamerikanischen Widerstand gegen die Kolonialpolitik des englischen Mutterlandes zu verschärfen. Er war einer der Delegierten der zwölf Kolonien, die sich im Sommer 1776 in Philadelphia im „Continental Congress" zusammenfanden, um über die weitere Politik gegenüber der englischen Krone zu beraten. Zu diesem Zeitpunkt war der Widerstand gegen England bereits seit über einem Jahr in eine Auseinandersetzung gemündet, die mit Waffengewalt ausgefochten wurde. Mit der „Schlacht von Lexington" im April 1775 waren aus den Patrioten Rebellen geworden, und spätestens seit diesem Zeitpunkt begingen die Aufständischen Hochverrat, worauf die Todesstrafe stand. Zudem legte im Kontinentalkongress die Delegation Virginias die entscheidende Resolution vor, die die Kolonien als frei und unabhängig erklärte. Zwei Tage später, am 4. Juli 1776, wurde die „Declaration of Independence" von allen Beteiligten unterzeichnet; als ihr Verfasser gilt Thomas Jefferson. Das Dokument beschreibt ein Verhältnis von Bürgern und Regierung, das von John Lockes Texten über den Gesellschaftsvertrag und die Ausübung der Regierungsgewalt in Treuhänderschaft maßgeblich geprägt ist. Zugleich ist zu sehen, wie sich in der Unabhängigkeitserklärung ein gesellschaftliches Selbstverständnis wiederfindet, das auch aus Beccarias Schriften spricht. So heißt es dort, dass alle Menschen gleich geschaffen und mit unveränderlichen Rechten ausgestattet seien, die Regierung ihre Rechte und ihre Macht aus den Händen der Regierten erhalten und als wichtigsten Auftrag die Sicherheit und das Glück der Menschen zu gewährleisten habe. Bekanntermaßen blieb die weit gehende Rechtlosigkeit und Unfreiheit der afrikanischstämmigen Menschen von der Unabhängigkeitserklärung unberührt. Thomas Jefferson selbst nannte über einhundert Sklavinnen und Sklaven sein Eigen, und auch in den Nordstaaten sollte sich die Freilassung versklavter Schwarzer von 1784 an über mehrere Jahrzehnte hinziehen. Noch im Jahr 1810 lebten ca. 30 000 Sklavinnen und Sklaven im Norden, dies waren etwa 25 % der dortigen afroamerikanischen Bevölkerung.[6]

In den Jahren nach der „Declaration of Independence" tobte auf dem nordamerikanischen Kontinent der Unabhängigkeitskrieg, der erst im September 1783 im Frieden von Paris beendet wurde. Während der militärischen Auseinandersetzungen zwischen britischen Truppen und Loyalisten auf der einen Seite und den so genannten „Patrioten" auf der anderen Seite war die Todesstrafe als strafrechtliches Instrument kein vordringliches Thema. Gleichwohl trugen die Revolutionskämpfe zu einer wachsenden Sensibilität der Amerikaner gegenüber Todesstrafe und Hinrichtungen bei. Während die Patrioten sich selbst als wohlwollende Menschenfreunde erachteten, die im Dienst der guten Sache, der Freiheit und der jungen Republik kämpften, wurden die Briten und die Loyalisten als unterdrückerische und barbarische Unmenschen stigmatisiert. Die Verwüstung von Land und Eigentum, die Vergewaltigungen patriotischer Frauen, die brutale Behandlung von Gefangenen durch Briten und Loyalisten waren von einem Aufschrei der Entrüstung begleitet. Exemplarisch mag hier die Hinrichtung des Patrioten Joshua Huddy in New Jersey angeführt werden. Der Captain der Miliz war in die Hände der Loyalisten geraten und ohne große Umschweife am 12. April 1782 als Rache für „die grausamen Morde an unseren Brüdern" am Galgen aufgeknüpft worden. Für die Reaktion der amerikanischen Revolutionäre soll stellvertretend Thomas Paine stehen, dessen Traktat „Common Sense" als eine der einflussreichsten Schriften dieser Zeit gilt. Paine bezeichnete das Vorgehen im Fall Huddy als symptomatisch für den barbarischen britischen Feind, und die Hinrichtung Huddys beschrieb er mit ironisch-sarkastischem Unterton als „ein authentisches Ereignis in der Geschichte zivilisierter Barbaren und durch und durch britisch".

Exekutionen wurden von amerikanisch-patriotischer Seite zunehmend als Ereignisse erachtet, die sozial schädlich und mit einem aufgeklärten und republikanischen Wesen nicht in Einklang zu bringen waren, obschon sie während der Revolution von beiden Kriegsparteien vollstreckt wurden.[7]

Diese republikanischen Werte, die man in der jungen Nation propagierte, bedurften der Kodifizierung. Bereits 1776, unmittelbar nach der Erklärung der Unabhängigkeit und zu Beginn des Krieges, hatten einzelne ehemalige Kolonien begonnen, sich Verfassungen zu geben und an entsprechend veränderten Strafrechtskatalogen zu arbeiten. Auf der Bundesebene schlossen sich die ehemaligen Kolonien am 1. März 1781 durch die „Articles of Confederation" zu einer Föderation aus dreizehn souveränen Staaten zusammen. Schon bald stellte sich aber heraus, dass die Befugnisse der föderalen Regierung zu gering waren, als dass sie die mannigfaltigen Probleme des Bundes hätte meistern können. Daher kamen von Mai bis September 1787 abermals Delegationen von zwölf Staaten in Philadelphia zusammen (nur Rhode Island war der Einladung nicht gefolgt), um über eine Erweiterung der Bundeskompetenzen zu beraten. Die US-amerikanische Verfassung wurde hier entworfen und bis zum September 1788 in elf der dreizehn Staaten ratifiziert, North Carolina und Rhode Island zogen 1789 bzw. 1790 nach. Gleichwohl wurde über die Bundesverfassung und vor allem über die Machtfülle der Bundesregierung weiterhin heftig diskutiert, und einige Konvente der Einzelstaaten forderten eine Nachbesserung. Über 200 Ergänzungsvorschläge wurden in den folgenden Jahren verhandelt, die insbesondere darauf abzielten, die Rechte des Einzelnen zu schützen. Schließlich wurden zehn Zusätze zur Verfassung formuliert, so genannte „Amendments", die einen Katalog der bürgerlichen Grundrechte bildeten und am 15. Dezember 1791 zum festen Bestandteil der Bundesverfassung erklärt wurden. Obschon einige Einzelstaaten, wie beispielsweise Virginia, schon vor dem Bund einen Grundrechtskatalog erstellt hatten, wurde die so genannte „Bill of Rights" des Bundes nach 1791 zu dem Modell, an das sich die meisten Staaten anlehnten. Die Grundrechte als solche stehen über den einzelstaatlichen Rechtsordnungen. Sie garantieren unter anderem freie Religionsausübung, Freiheit der Meinungsäußerung, das Recht des Bürgers, Waffen zu tragen, Sicherheit vor willkürlichen Haussuchungen, das Recht auf ein Geschworenengericht, das Recht, nie häufiger als einmal wegen derselben Anklage vor Gericht stehen zu müssen, und das Recht auf Aussageverweigerung. Dem achten Zusatz zur Verfassung kommt in der Geschichte der Todesstrafe in den Vereinigten Staaten eine besondere Bedeutung zu, denn er untersagt „cruel and unusual punishment".[8]

Was „grausam und ungewöhnlich" ist, lässt sich nur im Kontext der kulturell etablierten Deutungsmuster bestimmen. Diese Relationalität sollte den achten Verfassungszusatz insbesondere im späten 19. Jahrhundert und nach dem Zweiten Weltkrieg zu einem zentralen Punkt in der Auseinandersetzung um die Todesstrafe werden lassen. Doch auch zur Zeit von Revolution und Verfassungsgebung gehörte die Ablehnung grausamer Strafen zu den tragenden Komponenten eines zivilisierten Selbstverständnisses. Gewalt und Grausamkeit wurden als Elemente barbarischer Vorzeiten oder unzivilisierter Kulturen gebrandmarkt. Für sich selbst nahmen die meisten Philosophen, Staats- und Strafrechtler in Anspruch, diese Zeiten überwunden zu haben. Auf diese Weise wurde eine Differenz geschaffen zu anderen Kulturen, die eben als nicht gleichermaßen fortgeschritten und zivilisiert wahrgenommen wurden. Die eigene Entwicklung zu individuell wie kollektiv angeblich höheren Stufen menschlichen Daseins wurde dergestalt über das Strafwesen und über den Grad seiner Grausamkeit konstatiert.[9]

Gleichwohl verdeutlichen die zeitgenössischen Debatten um die Todesstrafe und um besagten achten Verfassungszusatz die Elastizität des Begriffspaares „grausam und ungewöhnlich". Zunächst einmal haben die US-amerikanischen Gründerväter die „cruel and unusual punishment"-Klausel nicht erfunden. Schon die englische „Bill of Rights" von 1689 beinhaltet eine beinahe identische Formulierung, und auch sie greift auf Traditionen zurück. Gleichwohl waren Todesstrafen im englischen Strafrechtskatalog dieser Zeit überaus präsent, schon wiederholte Unzucht oder der Diebstahl eines silbernen Löffels konnten das Leben kosten. Wie zu sehen war, drohten auch die Kolonien in Nordamerika mit dem Tod als Strafe für zahlreiche Taten, obschon eben die „Bill of Rights" des englischen Mutterlandes „grausame und ungewöhnliche Strafen" untersagte. Von der Behandlung der afrikanischen Sklavinnen und Sklaven vor allem in den südlichen Kolonien ist hier noch nicht einmal die Rede, und auch dies ist für die Kontextualisierung von „grausam und ungewöhnlich" von Bedeutung. Ein Sklavenstaat wie Virginia entwarf im Zuge der Revolution einen Grundrechtskatalog, der in der Folgezeit sogar Modellcharakter erhalten sollte. Als Patrick Henry, Revolutionsheld aus Virginia, Mitglied des dortigen Konvents und des Kontinentalkongresses, während der Debatten um die Bundesverfassung mahnend daran erinnerte, dass es an einer Absicherung gegen grausame Strafen des Bundes mangele und somit einer rückhaltlosen Härte im Strafen Tür und Tor geöffnet werde, wandte er sich nicht gegen die Todesstrafe per se. Auch die Delegierten aus Massachusetts kritisierten, dass die Verfassung den neuen US-Kongress nicht davon abhalten könne, „grausame und unbekannte Strafen" zu erfinden. Auch hier war nicht die Todesstrafe als solche die Stoßrichtung der Verfassungskritik, da sie keineswegs „unbekannt" war. Vielmehr fürchtete man neue Strafen und auch neue Vollstreckungsarten der Todesstrafe. Dass die Todesstrafe an sich im zeitgenössischen Denk- und Wahrnehmungshorizont nicht zu den „grausamen" und schon gar nicht zu den „ungewöhnlichen" Strafen gehörte, vermag auch der fünfte Verfassungszusatz zu verdeutlichen. Dort wird die Möglichkeit der Todesstrafe expressis verbis erwähnt, denn unter anderem heißt es, dass keine Person zweimal wegen desselben Vergehens vor ein Strafgericht gestellt werden und somit zweimal in Gefahr geraten dürfe, an „Leib und Leben" gestraft zu werden. Folglich stuften die Zeitgenossen den Tod nicht als verfassungswidrige Strafe ein.[10]

Darüber hinaus hat der erste Kongress der Vereinigten Staaten und somit genau die Körperschaft, die die Verfassungszusätze entworfen hat, im April 1790 ein Gesetz erlassen, das Mord, Münzfälschung, Raub und Vergewaltigung auf der Bundesebene unter Todesstrafe stellte. Etwa zur selben Zeit betonte James Wilson, der als einer der führenden Verfassungsväter und als einer der versiertesten Juristen seiner Zeit gilt, es seien sich „alle" einig, dass die Todesstrafe für Mord fraglos unverzichtbar sei. Im Folgenden wird zu sehen sein, dass es auch Ausnahmen gab und keineswegs „alle" in dieser Meinung konform gingen, wie Wilson vorgab. Gerade aus Wilsons Heimatstaat Pennsylvania waren auch Stimmen zu vernehmen, die sich gegen die Todesstrafe aussprachen.[11]

Todesstrafe in der jungen Republik zwischen Kritik und Tradition

In der Revolutionszeit und in der jungen Republik waren die bestehenden Strafrechtsordnungen vielen kritischen Fragen unterworfen. Thomas Jefferson war einer der Skeptiker. Schon im Jahr der Unabhängigkeitserklärung war er in Virginia damit befasst, einen neuen Strafkodex zu entwerfen. Im Sinne Cesare Beccarias plädierte Jefferson für eine enge Orientierung der Strafen an den Verbrechen und für deren gewissen Vollzug. „Angemessen und milde" sollte das System sein, das ihm vorschwebte, doch dies bedeutete im Denkgebäude Jeffersons auch, Vergewaltigung oder Sodomie durch Kastration bestrafen zu wollen. Ansonsten gab Jefferson Arbeitsstrafen den Vorzug, „nur" auf Hochverrat und Mord sollte weiterhin der Tod stehen. Durch die Beschränkung der Todesstrafe auf einige wenige Verbrechen wollte er sicherstellen, dass sie im entsprechenden Fall auch gewiss vollstreckt wurde. Nur so meinten Jefferson und seine Mitstreiter im Einklang mit Beccaria und anderen Strafrechtskundlern die Glaubwürdigkeit von Justiz, Recht und Gesetz bewahren zu können. Wie konkret dieses Problem war, vermögen einige Zahlen aus Virginia zu illustrieren. In den neun Jahren vor Beginn der Revolution hatten dort 240 Personen unter dem dringenden Verdacht gestanden, ein Kapitalverbrechen begangen zu haben: 227 von ihnen wurden angeklagt, davon über ein Drittel (79) freigesprochen, 51 aus den verschiedensten Gründen begnadigt und 17 gehängt – über die restlichen Prozesse (76) fehlen die weiteren Informationen. Bestehende Statuten und konkrete Justizpraxis fielen in Hinblick auf die Anwendung der Todesstrafe offenbar auseinander. Thomas Jefferson reflektierte mit seinem Entwurf einer Strafrechtsordnung den Stand der aktuellen zeitgenössischen Debatten, er bewegte sich in einem Staat mit ausgeprägtem Reformklima und ging akute Strafrechtsprobleme in Virginia an. Gleichwohl sollte der Entwurf in der gesetzgebenden Versammlung mit einer Stimme scheitern und niemals zu kodifiziertem Recht werden. Doch zwei Jahrzehnte später wurde in Virginia ein Strafrecht erlassen, das den Tod „nur" noch als Strafe für einen vorsätzlichen Mord beibehielt – zumindest für freie Menschen. Die Einführung des neuen Strafgesetzbuches in Virginia im Jahr 1796 dokumentiert ein verändertes Selbstverständnis in weiten Teilen der jungen Republik, wo weniger ein unterworfenes und gottgefälliges, sondern vielmehr ein tugendhaftes Dasein das hehre Lebensziel eines veränderten Menschentyps sein sollte. „Republican virtue" war das neue Schlagwort, und neben Virginia nahm Pennsylvania in dieser Hinsicht eine Vorreiterrolle ein. Reformer aus Virginia mussten schließlich sogar mit Bedauern anerkennen, dass Pennsylvania im „Wettkampf der Weichherzigen" zwischenzeitlich die Nase vorn hatte.[12]

Aus Philadelphia in Pennsylvania stammte auch der vielleicht einflussreichste Strafrechtstheoretiker dieser Zeit, Benjamin Rush. Rush war von John Locke und von der schottischen Moralphilosophie beeinflusst, die sich vor allem Fragen der Rezeption, der Charakterbildung und der Empfindsamkeit des Menschen zuwandten und maßgeblich dazu beitrugen, die Denkströmungen ihrer Zeit zu prägen. Als aktiver Politiker hatte Rush die Unabhängigkeitserklärung mitgetragen. Er gehörte somit zum Zirkel der Gründerväter und bewegte sich in einer strafrechtlichen und gesellschaftstheoretischen Debatte, in der sich auch Thomas Jefferson, Benjamin Franklin oder William Bradford, der Oberstaatsanwalt unter Präsident George Washington, zu Wort meldeten.[13]

Rush kann als profiliertester Abolitionist in den USA des ausgehenden 18. Jahrhunderts bezeichnet werden. In der Abschaffung der Todesstrafe und der öffentlichen Strafen überhaupt sah er den Schlüssel zu einer geordneten und moralischen Gesellschaft in einem neuen Amerika. Seine Erörterungen wurden in Philadelphia gehört, in Periodika oder als Pamphlete veröffentlicht, sie wurden sogar in andere Sprachen übersetzt und stießen auch in Europa auf Resonanz.[14]

Rush betonte wie Beccaria, dass nicht die bedingungslose Härte, sondern vielmehr die Gewissheit der Bestrafung das maßgebliche Kriterium für deren Wirksamkeit sei. Zudem kritisierte auch er das bestehende Strafsystem als wenig abschreckend und sogar verbrechensfördernd, weil es die Menschen unempfindsam gegenüber Gewalt, Grausamkeit und Verwerflichkeit mache. Darüber hinaus verbreite es erst das Wissen um die Möglichkeit krimineller Handlungsweisen. Exemplarisch verwies er auf die

Situation in England, wo im vorangegangenen Jahrhundert sage und schreibe 70 000 öffentliche Hinrichtungen vollzogen worden seien, viele von ihnen wegen Diebstahls.[15] Dennoch sei am Tag einer Exekution unter dem Galgen der beliebteste Tummelplatz für Taschendiebe und anderes kriminelles Volk. Und wenn sich tatsächlich ein Zuschauer mit dem Verurteilten identifiziere, dann verspüre er Mitleid und Sympathie, er gelange aber keinesfalls zur Einsicht in die Verworfenheit des Sünders oder zu einer reinigenden Selbsterkenntnis. Die bestehende Form der Rechtspflege widerspreche folglich dem Gesellschaftsinteresse, und endlich müssten Philosophie und ein aufgeklärtes, auf Nächstenliebe gründendes Christentum Weisheit und Menschlichkeit im Staatswesen etablieren. Dann, so Rush, sei „die Zeit nicht sehr entfernt, da der Galgen, der Pranger, die Blöcke, die Peitschsäule und die Karre [ausschließlich] als Beweise der Barbarey" verstanden würden.[16]

Eine wahre Republik musste das gemeinsame Ringen um das kollektive Wohl zum Eckstein des politischen Universums erheben und auf der Tugendhaftigkeit ihrer Bürger aufgebaut sein. Daher müsse mit der politischen Revolution und der Veränderung der Regierungsform auch „eine Revolution der Prinzipien, Meinungen und Verhaltensweisen" einhergehen, schrieb Rush 1789 an den Vizepräsidenten der neuen Republik, John Adams. Die Kultivierung des Lebens und der Freiheit müsse an die Stelle des Todes und der Tyrannei treten. Nicht zuletzt deshalb müssten die Regierungen mit der Todesstrafe als ultimativer Verkörperung der tyrannischen Herrschaft und Symbol der Macht des Despoten über das Leben seiner Untertanen brechen. Um die Kolonialzeit unter dem englischen König endgültig zu beenden und sich deutlich sichtbar von den barbarischen Briten abzuheben, müsse die Todesstrafe in jedem der dreizehn Staaten abgeschafft und ein Strafsystem eingeführt werden, das der grundsätzlichen und unabdingbaren Wertschätzung menschlichen Lebens in einer Republik Rechnung trage und so wiederum die Tugendhaftigkeit des Einzelnen und des Kollektivs fördere.[17]

In der Konsequenz seines Denkens und seiner Argumentation war Benjamin Rush sicherlich eine Ausnahmeerscheinung. Gleichwohl argumentierte er innerhalb von Denkmustern, die von Virginia bis Neuengland durchaus verbreitet waren. Staatliche Gewaltausübung gegen die eigenen Bürger als Ausdruck einer barbarischen Geistes- und Gesellschaftsverfassung abzulehnen, war ebenso wie das Ringen um republikanische Werte Bestandteil einer weit reichenden Aufbruchsstimmung nach dem Ende der Kolonialzeit. Nicht nur Virginia hatte erste Reformen der Strafgesetze in den 1790er Jahren durchgeführt. Pennsylvania hatte bereits 1786 einen neuen Strafrechtskodex erlassen, der die Todesstrafe für Raub, Einbruch und „widernatürliche Unzucht" abschaffte. In der Präambel stand zu lesen, es müsse „das Bestreben einer jeden guten Regierung sein, zu kultivieren und nicht zu zerstören". Acht Jahre darauf beschränkte Pennsylvania die Todesstrafe auf das Verbrechen des vorsätzlichen Mordes. 1796 orientierte sich New York an diesem Beispiel, schaffte die Peitsche als Instrument der Strafe ab und reduzierte die Anzahl der Kapitalverbrechen von dreizehn auf zwei, nämlich Hochverrat und Mord. Wie gesehen, folgten Virginia, aber auch Kentucky und Vermont in den kommenden Jahren, Maryland, New Hampshire und Ohio schlossen sich bis zum Jahr 1815 an. Die Legislativen vieler anderer US-Staaten folgten dem Reformtrend jedoch nicht oder nur in geringem Maße. Sie behielten den Tod als Strafe für zahlreiche Verbrechen bei, unter anderem für Raub, Münzfälschung oder Sodomie.[18]

Die Geburt des Horrors

Nicht nur in den Reformen der Rechtsordnungen, sondern auch im konkreten Vollzug von Todesurteilen manifestierte sich die veränderte Gesellschafts- und Strafkonzeption. Es mag zunächst etwas paradox erscheinen, dass sich eine neue Strafratio gerade dann artikulierte, wenn eine Hinrichtung vollzogen wurde. Doch die Inszenierung auf dem Schafott, die in der Kolonialzeit eine transzendentale Seinsordnung repräsentiert hatte, begann sich im späteren 18. Jahrhundert zu ändern. Sicherlich schilderten die Schafottreden und Galgenpredigten nach wie vor auch traditionelle religiöse Zusammenhänge. Zugleich aber verlagerte sich das Gewicht der Darlegungen zunehmend auf säkulare Aussagen. Selbst in den Predigten traten Abschreckung und das Recht des Kollektivs, durch Hinrichtungen das Gemeinwohl zu sichern, in den Vordergrund. In diesem Sinne hob zum Beispiel der Geistliche Noah Hobart aus Neuengland bereits im Jahr 1768 hervor, das Maß der Strafe richte sich nach der Größe des verbrecherischen Übels, nach dessen Wirkung auf das öffentliche Wohl, auf die Sicherheit und das Glück der Gesellschaft. Ähnlich hieß es in einer Galgenpredigt von 1788, dass Verbrechen nicht deshalb bestraft würden, weil sie Sünden gegen Gott darstellten, sondern vielmehr, weil sie Sünden gegen die menschliche Gesellschaft waren – „sins against society". Es fügte sich in dieses veränderte Schema, dass Strafen auch von Predigern nicht mehr ausschließlich durch Verweise auf das mosaische, gottgegebene Recht begründet wurden. Vielmehr betonten sie am Schafott gegenüber den zuhörenden Massen, dass es die irdischen Gesetze seien, die gerechterweise den Tod als Strafe vorsahen. Beispielsweise verkündete Moses C. Welch 1805 dem todgeweihten Samuel Freeman in Ashford, Connecticut, die Todesstrafe stehe ihm nun „gemäß den Gesetzen unseres Landes" bevor.[19]

Zudem stellten Galgenpredigt und Schafottrede nicht mehr die einzigen Medien dar, durch die das Publikum von Verbrechen und Strafen erfuhr. War dies noch in der Kolonialzeit weitestgehend der Fall gewesen, so befanden sich im ausgehenden 18. Jahrhundert säkulare Verbrechensreportagen in etwa so zahlreich im Umlauf wie Galgenpredigten. Sie wurden sogar in Anthologien zusammengestellt, die sich durch viel versprechende Titel wie „Das Verzeichnis amerikanischer Bluttaten" von 1784 die Aufmerksamkeit des Publikums sicherten.[20]

Diese „Reportagen" zeichneten ein grundlegend anderes Bild des Verbrechens und des Verbrechers als die Galgenpredigten der Kolonialzeit. Sie präsentierten die Verurteilten nicht mehr als symptomatisch für die Verworfenheit und Sündhaftigkeit der gesamten Menschheit. Vielmehr bezogen sie sich ausführlich auf den biografischen Hintergrund des Täters oder der Täterin sowie auf den präzisen Ablauf der Ereignisse, der in einer Schilderung der Mordtat kulminierte. Detailgetreu wurde das Lesepublikum über die, wie man eindrücklich betonte, „schlimmsten Taten der Menschheitsgeschichte" informiert, um es in ein durchaus wohliges Erschrecken zu versetzen, in dem sich auch die Verfasser zu wähnen vorgaben. So hob zum Beispiel der Autor des „Kurzen Berichtes über das Leben und das Geständnis von Barnett Davenport" von 1780 hervor, „mein Herz zittert und ist zutiefst bewegt, wenn ich an diese ungeheuerlichste, grausamste, blutigste und faszinierendste aller Mordszenen denke".[21]

Die „Geburt des Horrors", wie die US-amerikanische Historikerin Karen Halttunen das hier beschriebene Phänomen bezeichnet, korrespondierte mit Veränderungen der Transportmöglichkeiten und der Lesegewohnheiten im Amerika des ausgehenden 18. Jahrhunderts. Verbesserte Kommunikationsnetzwerke machten den Predigern das kulturelle Monopol auf die Definition von Verbrechen und Strafen streitig. Zugleich rückte das extensive Lesen von allerlei Berichten und Geschichten an die Stelle des vormals intensiven Studiums des zumeist biblischen Textes. Nun wurden Verbrechen als singuläre Phänomene präsentiert und konsumiert, als außergewöhnliche Ereignisse. Mit ihnen formte sich ein Bild des delinquenten Menschen als Abweichler von der Norm der Vernunft, der Menschlichkeit und der Natur. Dergestalt verfestigte sich die Wahrnehmung des mordenden Menschen als monströser Gegenentwurf einer rationalen sowie von Tugendhaftig- und Strebsamkeit geprägten Weltordnung, wie sie von der Aufklärung postuliert wurde. Solche Berichte faszinierten die lesenden Menschen, und deren Verfasser traten in einen regelrechten Wettbewerb ein um die schrecklichste aller Geschichten, um „den Furcht einflößendsten Mord, der jemals begangen worden ist", um „die schockierendste, unmenschlichste und unnatürlichste Tat". Diese „authentischen" Geschichten trugen dazu bei, einen regelrechten „Kult des Horrors" zu prägen.[22]

Dass ein mordendes „Monster" sterben musste, war an der Wende vom 18. zum 19. Jahrhundert weit reichender Konsens. Freilich gab es Ausnahmen der einen oder anderen Art, die entweder grundsätzlich gegen die Todesstrafe votierten oder nach wie vor den Tod als Strafe auf zahlreiche Handlungen verordnet wissen wollten. Gleichwohl lässt sich ein Trend zur Beschränkung der Todesstrafe auf Mord ablesen. Der Mörder galt als derart bedrohliche Abweichung von der Norm, dass nur sein Tod die Sicherheit der Gesellschaft zu gewähren können schien. Skeptiker weiter reichender Strafrechtsreformen betonten, eine vollständige Beseitigung der Todesstrafe erfordere zunächst die Erfindung eines gänzlich neuen Menschentyps.[23]

3. Todesstrafe und alternative Strafentwürfe
in der jungen Republik

Das Gefängnis

Wie jedoch sollte die neue Gesellschaft mit solchen Menschen verfahren, die zwar gegen die Gesetze verstoßen, aber nicht gemordet hatten? Abermals war es Benjamin Rush, der sich am Ende des 18. Jahrhunderts hervortat und betonte, Strafe sollte nicht auf die Vergangenheit, sondern auf die Zukunft gerichtet sein. Die Verurteilten sollten durch Strafe wieder auf den Weg der Tugend zurückgeführt und als nützliche Glieder in die Gemeinschaft reintegriert werden. Ein Weg der Entbehrung durch eine „totale Institution" der vollkommenen Kontrolle, in der Körper und Geist geprägt und gestaltet werden konnten, war das, was dem Reformer vorschwebte. Er entwarf ein „Haus der Reue", in dem Reinlichkeit und die rechte Diät, aber vor allem Arbeit, Einsamkeit und Stillschweigen die Insassen zu Selbsterkenntnis und Disziplin anhalten und sie so zu einem gehorsamen Subjekt formen würden. Schlafentzug und körperliche Schmerzen sollten die zunächst Undisziplinierbaren gefügig machen, so dass sie sich in den Ablauf und die Erfordernisse eines solchen Hauses einfügten. Letztlich, betonte Rush, sei die Resozialisierung dieser Menschen beinahe gewiss, und die Rückkehr in die menschliche Gesellschaft und den Kreis der Lieben werde zu einem Feiertag. Der Kontrast zwischen einer solchen Strafe und den öffentlichen Hinrichtungsfesten, die das Publikum angeblich dazu trieben, sich an den Leiden ihrer Mitmenschen zu ergötzen, konnte kaum deutlicher sein.[1]

Was Benjamin Rush hier darstellte, war nichts anderes als ein Entwurf des modernen Gefängnisses. Folgt man dem französischen Philosophen Michel Foucault, so ist dessen „Geburt" auf das ausgehende 18. und frühe 19. Jahrhundert zu datieren. Foucault versteht das Gefängnis als exemplarisch für eine Gesellschaft, die auf die Normierung und Normalisierung des Individuums ausgerichtet ist – eines Individuums, das als gehorsamer und leistungsträchtiger Teil einer Gemeinschaft funktionieren soll. Zwar hat es Einrichtungen, in denen Straftäter und -täterinnen festgehalten wurden, im kolonialen Amerika oder im frühneuzeitlichen Europa gegeben. Primär dienten sie jedoch als Aufbewahrungsorte für solche Menschen, die aufgegriffen worden waren und für die möglicherweise Fluchtgefahr bestand, z. B. für entflohene Sklaven, entlaufene „indentured servants", säumige Schuldner. Oder sie waren als Ort „zur Bewahrung derjenigen, die auf ihre gerechte und verdiente Strafe warten", vorgesehen, wie es in der entsprechenden Verordnung von 1640 aus Connecticut hieß. Mit der zunehmenden Abhängigkeit der nordamerikanischen Wirtschaft von versklavter oder unterworfener Arbeit wuchs auch die Bedeutung dieser Gewahrsamshäuser. In den 1720er Jahren hatte beinahe jede Stadt und jeder Bezirk eine solche Einrichtung. Gleichwohl fungierte die Haft als solche in den seltensten Fällen als Teil einer Strafe für kriminelle Handlungen. In der Regel warteten die Inhaftierten für kürzere Zeiträume in überfüllten, schmutzigen und im Sommer überhitzten Zellen, die oft so klein waren, dass sich ein erwachsener Mensch kaum niederlegen konnte, auf ihre Strafe.[2]

Auch gab es seit den 1670er Jahren in verschiedenen Kolonien Armen-, Arbeits- oder Korrektionshäuser, die primär der Aufbewahrung und Kontrolle randständiger Menschen dienten. Mit der Vorstellung jedoch, eine Zeit hinter Gittern könne zur Besserung und Wiedereingliederung in die Gemeinschaft beitragen, hatten auch diese zumeist überfüllten Häuser wenig gemein. Das Konzept von Anstalten zur Besserung von Verurteilten begann sich erst im ausgehenden 18. Jahrhundert zu verfestigen, als sich auch die Kritik am Zustand der bestehenden Einrichtungen mehrte. Hier tat sich vor allem John Howard aus England hervor, wo man unter besonderem Reformdruck stand, weil verurteilte Kriminelle nun nicht mehr in die nordamerikanischen Kolonien verschifft werden konnten. Die Haftanstalten auf den britischen Inseln waren Stätten des Elends, die vielleicht sogar mehr Tote forderten als der Galgen. Howard rief nach besserer Verpflegung, Organisation und Ordnung der Anstalten, damit dort nicht Faulheit und Übel kultiviert würden. Zudem plädierte er für Einzelhaft und absolute Stille, um Kriminelle zur Selbstbesinnung und Reue zu veranlassen und in tugendhafte Bürger zu verwandeln.[3]

Die Erörterungen Howards und Rushs trafen in der US-amerikanischen Republik und insbesondere in Pennsylvania auf offene Ohren. Eine große Strafreform wurde in die Wege geleitet. Bereits im Jahr der Unabhängigkeitserklärung war in der neuen Verfassung Pennsylvanias der Gedanke der Korrektionshäuser gestärkt worden, und 1790 schließlich wurde das „Walnut Street Prison" in Philadelphia in ein entsprechendes „Penitentiary" umgebaut, in dem eben „penitents", also „reuige Missetäter", produziert werden sollten. Dort, so meinte man in Philadelphias philanthropischen Kreisen, könne Strafe durch Arbeit, Einsamkeit und Disziplin endlich „zur Triebkraft von Glück und Tugendhaftigkeit" werden. Vor allem die New Yorker zeigten sich beeindruckt von dem neuen Strafsystem. Im Zuge einer ähnlichen Reform wurde am östlichen Ufer des Hudson River ein Gebäude mit zwei Flügeln errichtet, in dem getrennt nach Geschlechtern nur Schwerverbrecher und -verbrecherinnen durch Arbeit, Schweigen und Unterricht geläutert werden sollten – keine Armen, Schuldner oder Vaganten. Auch in Charlestown in Massachusetts oder in Richmond in Virginia wurden bald „State Penitentiaries" geschaffen, die ähnliche Ziele verfolgten.[4]

Unruhen und Unregelmäßigkeiten in den bestehenden Institutionen führten zu einer Reihe von Änderungen im frühen 19. Jahrhundert. Neue Haftanstalten mit noch schärferer Disziplin wurden gegründet, und insbesondere das „Mount Pleasant Prison" in New York, besser bekannt unter dem Namen „Sing Sing", war für seine Rigidität sowie auch für seine Rentabilität ebenso berühmt wie berüchtigt. Alexis de Tocqueville und Gustave de Beaumont waren von der Disziplin und Stille in diesem riesigen System mit über eintausend Zellen ehrfürchtig berührt. Sie notierten, dass sie „glaubten, in Gräbnissen zu wandeln". Militärischer Drill, Hunger und brutale körperliche Züchtigungen an einem so genannten „Peitschpfahl" gehörten in vielen Anstalten und insbesondere in Sing Sing zum Alltag, von wo auch eine überdurchschnittlich hohe Sterblichkeitsrate überliefert ist.[5]

1829 wurde auch in Pennsylvania eine neue Modellanstalt eröffnet, das „Cherry Hill Prison" in Philadelphia. Seine gigantische Architektur bringt das Ziel der permanenten akustischen und visuellen Kontrolle von parzellierten Menschen in ästhetisierter Form zum Ausdruck, und zwar so treffend, dass Architekturkritiker des 20. Jahrhunderts „Cherry Hill" mit einem Kunstwerk verglichen. Auch den Filmemacher Terry Gilliam zog es dorthin, um düstere und zugleich panoptische Visionen einer vollkommen kontrollierten Existenz in einer isolierten Welt in dem Film „Twelve Monkeys" zu realisieren. Absolute Isolation war das Rezept in „Cherry Hill", jedweder Kontakt auch innerhalb der Anstalt wurde unterbunden. Alle Häftlinge sollten das gleiche Äußere haben, sie trugen gar eine schwarze Kappe über dem Kopf, bis sie in ihre Zelle gebracht waren. Dort wurde gegessen, geschlafen, gewaschen, in der Bibel gelesen, gedacht, geschrieben und gearbeitet: Tag für Tag, Woche für Woche, Monat für Monat, Jahr für Jahr. Hier war Arbeit keine Strafe, sondern eine Belohnung für die Gefangenen, die vielleicht helfen konnte, das Abgleiten in den Wahnsinn abzuwenden. Als der englische Schriftsteller Charles Dickens „Cherry Hill" besuchte, war er schockiert, und er empfand das Pennsylvania-System als „grausam" und „falsch". Das langsame und tägliche Ringen mit den Mysterien des eigenen Seins sei schlimmer als jede körperliche Folter, betonte Dickens. Die Wunden der Isolation lägen unter der Körperoberfläche und mithin tiefer als Narben auf der Haut. Sie seien nicht zu sehen und die Schreie der Verletzten nur selten zu hören.[6]

Nicht nur Pennsylvania und New York, sondern weite Teile der USA überzog ein Klima der Strafreform. In dieser Hinsicht nahm das postkoloniale Amerika eine internationale Vorreiterstellung ein. Zugleich aber entfaltete das Reformklima in manchen US-Staaten nur vergleichsweise geringe Wirkungen. So hatte Ohio zwar einen Strafkodex, der für seine Milde berühmt war, zugleich aber auch Gefängnisse, die für ihre Zustände berüchtigt waren. Ähnliches war von vielen Staaten des Südens zu berichten. In South Carolina erstreckte sich der Strafkatalog weiterhin auf Peitschen- und Schandstrafen sowie den Galgen. Für Sklavinnen und Sklaven schienen Körperstrafen ohnehin unverzichtbar, und von dem Ziel der „Resozialisierung" eines Individuums durch Strafe kann in ihrem Lebenszusammenhang kaum die Rede sein. Trotz dieser Einschränkungen verweisen die Gefängnisreformen dieser Zeit insgesamt auf ein verändertes Strafdenken, das auch die Todesstrafe und ihren Vollzug betraf. Deren Beschränkung auf Mord und Hochverrat verdeutlicht nicht zuletzt eine andere Zielsetzung von Todesstrafen. Sie dienten der Beseitigung eines Gesellschaftsmitgliedes, das eben als nicht mehr reformierbar galt oder von dem man meinte, es habe eine solch schwere Schuld auf sich geladen, dass ihm die Chance zur Reform verweigern werden müsse.

Die Opposition gegen die Todesstrafe und Edward Livingstons Entwurf eines Strafgesetzbuches für Louisiana

Eingangs des 19. Jahrhunderts waren auch vermehrt solche Stimmen zu vernehmen, die die völlige Abschaffung der Todesstrafe forderten. Abermals wurden Reformbemühungen in Pennsylvania initiiert, und Gouverneur Simon Snyder höchstpersönlich unterstützte eine Initiative zur Abschaffung der Todesstrafe in seiner Jahresbotschaft von 1809, die jedoch vom Senat blockiert wurde. Drei Jahre darauf scheiterte auch der New Yorker Gouverneur Daniel D. Tompkins an den gesetzgebenden Organen, als er sich dafür einsetzte, die Todesstrafe, dieses „Rudiment der Barbarei", aus dem Strafrechtskatalog zu streichen.[7]

Solchen Bemühungen auf höchster politischer Ebene lag eine weiträumige öffentliche Debatte über die Todesstrafe zu Grunde. Sie wurde in den ersten Dekaden des 19. Jahrhunderts nicht nur in Pennsylvania und New York, sondern auch in anderen Staaten wie Ohio oder Maryland geführt. Roland Diller stellte deren Argumente 1825 in seinem „Diskurs über die Todesstrafe" zusammen. Auch in den Kirchen wurde über das Recht des Staates, seine Bürger zu töten, nun vermehrt gestritten, Kleriker wie Charles Spear wetterten gegen das verordnete Töten. Besondere Prominenz erlangten die Reformargumente häufig dann, wenn eine Hinrichtung bevorstand.[8]

Der wahrscheinlich bekannteste Abolitionist dieser Periode war Edward Livingston. Der New Yorker konnte bereits auf eine ansehnliche politische und juristische Karriere zurückschauen, als er sich Anfang des 19. Jahrhunderts in New Orleans, der größten Stadt des 1803 von Frankreich erworbenen Territoriums „Louisiana", niederließ. Das Gebiet „Louisiana" erstreckte sich vom Mississippi bis zu den Rocky Mountains. Es eröffnete nicht nur einen riesigen geografischen Raum zur Expansion und Be-

siedlung, sondern auch einen virtuellen Raum, in dem gesellschaftliche Utopien gedeihen konnten. Im Jahr 1812 wurde die
südliche Spitze dieses Landgebietes als Staat „Louisiana" in die
Union aufgenommen. Acht Jahre später trat Edward Livingston
in die gesetzgebende Versammlung ein, und 1822 legte er seinen
„Bericht über den Plan eines Strafgesetzbuches" für den Staat
Louisiana vor. Weitere Entwürfe folgten, doch keiner von Livingstons Reformplänen ist jemals zu kodifiziertem Recht geworden.
Dennoch sollte insbesondere seine Kritik an der Todesstrafe von
Reformern in Amerika und Europa immer wieder aufgegriffen
und zur Untermauerung ihrer eigenen Positionen herangezogen
werden. Die Argumente Edward Livingstons und teilweise auch
seine wortwörtlichen Formulierungen durchdrangen die Bewegung gegen die Todesstrafe, die vor allem in den 1830er und
1840er Jahren an Vehemenz gewinnen sollte.[9]

Edward Livingston hob in seinem Bericht an die gesetzgebende
Versammlung Louisianas hervor, nach allen objektiven Erwägungen sei er zu der Schlussfolgerung gelangt, dass „die Todesstrafe
in dem neuen Kodex keinen Platz haben sollte". Es sei nun an der
Zeit, die Mission des Mailänder Aufklärers Cesare Beccaria zu
einem erfolgreichen Ende zu bringen. Als Erstes von drei Haupt-
argumenten gegen die Todesstrafe führte Livingston an, dass
sie keinerlei abschreckende und somit auch keine generalpräventive Wirkung ausstrahle. Die Furcht vor dem Tod könne weder
die politische Antriebskraft des Hochverräters noch die Habgier
oder Leidenschaft des Mörders zügeln. Ein effizienter Strafkatalog und eine zweckorientierte Gesellschaft müssten daher bemüht
sein, derartige Verirrungen erst gar nicht aufkommen zu lassen
oder gegebenenfalls die Irrläufer wieder auf den rechten Weg
zu führen.[10]

Als zweites Hauptargument führte Livingston die Möglichkeit
von Fehlurteilen ins Feld. Selbst wenn die Todesstrafe ansonsten
die beste aller möglichen Strafen wäre, müsste sie dennoch verworfen werden, wenn es in einem ganzen Jahrhundert nur einen
einzigen unschuldig Exekutierten gäbe. Livingston illustrierte
diesen Punkt mit dem Beispiel eines letztlich sogar geständi-
gen Mannes, dessen angebliches Mordopfer aber wenige Tage vor
der angesetzten Hinrichtung durch Zufall bei bester Gesundheit
angetroffen wurde.

Drittens, so Livingston, führe die Todesstrafe zur Gewöhnung an Gewalt und Tod. Sie müsse folglich zunehmend häufig vollzogen werden, um den Blutdurst zu löschen, den sie erst hervorgerufen habe. Insbesondere in Republiken wie in den Staaten der jungen USA sei diese Wirkungskette gefährlich, da dort eben die Macht beim Volk liege. Aber auch wenn Hinrichtungen nur äußerst selten vor den Augen der Bürgerinnen und Bürger vollzogen würden, sei die Wirkung eines solchen Schauspiels nachteilig für das Staats- und das Rechtswesen. Dann werde der Hinzurichtende zu einem Helden stilisiert, zu einem leidenden Märtyrer, der bewundert und bemitleidet werde, „wie schwer auch immer sein Verbrechen war". Vor allem dieses dritte Argument sollte in der Folgezeit eine zentrale Stellung in der Debatte um die Todesstrafe einnehmen.

In Erwägung aller Argumente stand für Livingston zweifelsfrei fest, dass eine derart ineffiziente und demoralisierende Maßnahme wie die Todesstrafe eine „nutzlose Vergeudung menschlichen Lebens" sei. In Livingstons Augen formulierten die Befürworter der Todesstrafe keinerlei überzeugende Gegenargumente. Die Heilige Schrift, in der zwar das „Auge um Auge", das „Zahn um Zahn" gefordert werde, könne ebenso gut – wenn nicht gar besser – gegen die Todesstrafe gewendet werden. Das gesamte Neue Testament komme einem Plädoyer für Nächstenliebe, Milde und Menschenfreundlichkeit gleich, und ein Strafsystem der Rache, des Zorns und der Gewalt könne auf dessen Grundlage nicht errichtet werden. Auch das zweite Gegenargument der Befürworter, nämlich dass es die Todesstrafe in allen Gesellschaften und zu allen Zeiten gegeben habe, erachtete Livingston in einer demokratischen Republik mit einer repräsentativen Regierung als hinfällig. Schließlich seien insbesondere die Tortur und die Todesstrafe die Instrumente tyrannischer Regimes in einer despotischen Welt, die man in den jungen USA endlich hinter sich gelassen hatte. In diesem Sinne wandte er sich auch gegen das dritte Argument, das die Fürsprecher der Todesstrafe bemühten, nämlich die angebliche Gefahr, die von jeder Innovation herrührte und die Stabilität und Ordnung eines Gemeinwesens bedrohte. Nur solche Männer, die ihren Einfluss und Reichtum auf die Privilegien ihrer ständischen Herkunft und die dunklen Machenschaften eines autokratischen Systems zurückführten, könnten ein solches Argument vertreten. Ein Land wie die USA habe jedoch mit überkommenen Machtmissbräuchen gebrochen und Innovation gleichsam zum Prinzip der kollektiven wie individuellen Existenz erhoben. Hier sei es geradezu absurd zu behaupten, dass die tradierten Institutionen und ältesten Gesetze unbedingt die besten seien. Daher, so Livingston, müsse der Tod als Strafe hier endgültig verworfen werden. Die Todesstrafe sei nicht mehr als ein grausames Experiment, das seit Tausenden von Jahren erprobt worden sei. Nun sei der Zeitpunkt gekommen, endlich dessen Scheitern einzugestehen.

Edward Livingstons Entwurf für ein Strafgesetzbuch in Louisiana ist niemals in die Praxis umgesetzt worden, und als er 1836 in New York starb, hatte kein einziger der US-amerikanischen Staaten die Todesstrafe abgeschafft. Gleichwohl hat er die Aussagen, die in der strafrechtskundlichen Auseinandersetzung seit Beccaria zirkulierten, in einer Art und Weise gebündelt, dass sie für andere Reformer leichter zugänglich und vertretbar wurden. So war der Einfluss Livingstons und seiner Texte deutlich spürbar, als die Bewegung gegen die Todesstrafe 1827 in Pennsylvania neue Schubkraft erhielt, 1831 in Massachusetts, 1832 in Tennessee und New York, wo verschiedene Komitees Berichte gegen den Galgen verfassten und immer wieder auf den Reformer aus Louisiana Bezug nahmen.[11]

Auch der vielleicht profilierteste Kämpfer gegen die Todesstrafe in den späteren 1830er Jahren, der jüngere Robert Rantoul, war stark von Cesare Beccaria und Edward Livingston beeinflusst. In seinen Plädoyers gegen den Galgen, die er in die gesetzgebende Versammlung von Massachusetts einbrachte, rekurrierte Rantoul primär auf die Unrechtmäßigkeit der Todesstrafe in einer Vertragsgesellschaft. Ganz im Sinne und stellenweise sogar im Duktus Beccarias hob Rantoul hervor, dass ein Individuum lediglich den kleinstmöglichen Teil der Freiheit aufgebe, wenn es in die Vertragsgesellschaft eintrete, und daher dürfe keiner der Vertragspartner das Recht beanspruchen, den anderen Vertragspartner „zielgerichtet, zeremoniell und kaltblütig" zu strangulieren. Gerade in den USA sei der Gesellschaftsvertrag erstmals in der Weltgeschichte nicht bloß ein theoretisches Konstrukt, sondern wirklich geschlossen worden, und daher müsse dort mit der tyrannischen Rechtspraxis gebrochen werden. Zudem, so betonte Rantoul wie Beccaria und Livingston, führe die rituelle Präsentation der tödlichen Gewalt auf dem Schafott nur „zur Verrohung der Bevölkerung, zum Verfall der Moral und zur Geringschätzung des Lebens".[12]

Doch wie bei den meisten seiner Mitstreiter in anderen Staaten auch waren die Anstrengungen Robert Rantouls letztlich nicht von unmittelbarem Erfolg gekrönt. Anders war es in Maine im Norden Neuenglands, wo sich mit Senator Tobias Purrington und Philosophieprofessor Thomas C. Upham reformorientierte Kräfte ebenfalls lautstark zu Wort meldeten. Dort traf die Reformdebatte auf verschiedene Umstände, die einen größeren Erfolg als in anderen Staaten ermöglichten. Zum einen war in Maine von der Staatsgründung im Jahr 1820 bis 1835 nur ein einziger Mensch exekutiert worden. Als dann Anfang Januar 1835 in Augusta die Hinrichtung Joseph Sagers bevorstand, harrten trotz Kälte und Schneefalls über 5000 Menschen für mehrere Stunden aus, um den Mann sterben zu sehen, der seine Ehefrau Phoebe vergiftet hatte. Manche Berichte sprechen sogar von mehr als 10 000 Zuschauerinnen und Zuschauern. In den Tagen nach der Hinrichtung mehrten sich die Klagen über das Schauspiel und das Betragen des Publikums. „Einen Tag der Trunkenheit und des ungebührlichen Verhaltens" habe man in Augusta erlebt, lautete das offizielle Resümee. Das große Interesse wie das allgemeine Chaos während und nach der Hinrichtung hinterließen bei den politischen Instanzen ein ungutes Gefühl. Mindestens ebenso beunruhigend war, dass in der Zeit nach der Exekution vier Mordtaten registriert wurden. Die Exekution Joseph Sagers hatte die Argumente gegen die Todesstrafe bekräftigt. Im März 1837 wurde in Maine ein Gesetz erlassen, das letztlich dem Ende der Todesstrafe nahe kam. Von nun an musste jeder zum Tode Verurteilte zunächst ein volles Jahr im Staatsgefängnis verbringen, bevor der Gouverneur die Strafe entweder vollstrecken oder aussetzen ließ. Im Gegensatz zu ihren heutigen Kollegen waren die damaligen Gouverneure zögerlich mit ihrer Unterschrift, wenn sie den Vollzug einer Hinrichtung bedeutete, und in Maine wurde danach in 27 Jahren kein Todesurteil vollstreckt. Erst am 24. Juni 1864 wurde wieder ein Mensch gehenkt, nämlich der Häftling Francis C. Spencer, weil er den Gefängniswärter Richard Tinker getötet hatte. Die Exekution Spencers fand im Gefängnishof statt, denn die angeblich degenerierenden Effekte öffentlicher Hinrichtungen waren mittlerweile so anerkannt, dass sie zu Konsequenzen geführt hatten.[13]

4. Der Vollzug von Hinrichtungen in den Gefängnissen

Die „Geburt des Gefängnisses" war Ausdruck einer neuen Innenorientierung von Strafe, und zwar in zweifachem Sinne. Erstens zielte eine solche Strafe auf das Innere des Bestraften und weniger auf dessen Körper. Zweitens wurde eine Haftstrafe nicht vor einem massenhaften Publikum inszeniert, sondern den Blicken einer unbeschränkten Öffentlichkeit entzogen. Allerdings durchlief das Konzept der „Öffentlichkeit" in dieser Zeit einen „Strukturwandel", um den von Jürgen Habermas geprägten Begriff zu benutzen. In der westlichen Welt, so Habermas, habe sich Öffentlichkeit seit dem späteren 18. Jahrhundert zunehmend über den Austausch von Argumenten in Wort und Schrift konstituiert. „Öffentlichkeit" artikulierte sich nun vor allem in einer politisch relevanten und wirkungsvollen „öffentlichen Meinung". Mit der „Öffentlichkeit" einer Hinrichtung in der Kolonialzeit, die leibhaftig und unvermittelt die Dokumentation und Reproduktion von Macht und Herrschaft bezeugte, hat diese Form der „Öffentlichkeit" wenig gemein. Einerseits gründete diese neue „Öffentlichkeit" in der Weiträumigkeit des politischen Meinungsbildungsprozesses, und sie impliziert eine gesellschaftliche Demokratisierung. Beispielsweise waren Strafrechtsreformen, Todesstrafe und Gefängnisse Themen umfassender Debatten, die „öffentlich" geführt wurden. Andererseits hat eine solche „Öffentlichkeit" überaus elitäre Züge. Weite, nichtlesende Teile der Bevölkerung waren nun ausgeschlossen, die noch in den vorbürgerlichen Gesellschaften eine zweifelsfrei politische Funktion hatten, wenn sie sich als Publikum versammelten, nämlich Macht und Herrschaft zu bestätigen.[1]

Nun strömten im frühen 19. Jahrhundert trotz dieses „Strukturwandels der Öffentlichkeit" weiterhin Menschenmassen zu den Hinrichtungen, die immer noch auf frei zugänglichen Plätzen vollzogen wurden. Dort bildeten sich also „Öffentlichkeiten", die sich nicht mehr in die Gesellschaftskonzeption dieser Zeit einfügten. In diesem Sinne hatte sich seit den 1820er Jahren die Kritik an der Todesstrafe insbesondere auf den Charakter von Hinrichtungen als Massenveranstaltungen bezogen. Letztlich trug diese Kritik dazu bei, dass ein unbeschränktes Publikum vom Vollzug des Urteils ausgeschlossen wurde. Die Todesstrafe aber bestand fort, wie im Weiteren zu sehen sein wird.

Der Vollzug von Hinrichtungen hinter den Gefängnismauern

Schon Benjamin Rush hatte im ausgehenden 18. Jahrhundert das System öffentlicher Strafen scharf kritisiert. Rushs Kritik wandte sich vor allem gegen die Häftlingsgruppen, die seit dem neuen Strafrechtskodex des Jahres 1786 in Pennsylvania über das Land zogen und Arbeiten verrichteten. Zugleich war Rush aber auch ein erklärter Gegner der Todesstrafe, und dies nicht zuletzt deshalb, weil ihre Grausamkeit und Schamlosigkeit in seinen Augen negativ auf die Zuschauenden wirkte. Wie viele seiner Mitstreiter argumentierte Rush auf der Grundlage eines neuen Menschenbildes, das nun immer deutlicher zum Tragen kam. Der Entwurf des empfindsamen Menschen kann als geistiges Allgemeingut dieser Zeit beschrieben werden. Die Wesensart dieses neuen Menschentyps wurde über die Sinnesorgane und die Nervenbahnen durch Gewohnheiten und äußere Eindrücke geprägt. Die äußere und die innere Welt eines Menschen galten nun als miteinander verschmolzen, und folglich wirkte jeder äußere Einfluss auf den Charakter. Vor diesem Hintergrund musste die öffentliche Zurschaustellung von Gewalt und Grausamkeit den moralischen Verfall von Individuum und Kollektiv bewirken.[2]

Auch in den Debatten um den Vollzug von Todesurteilen spielte der sinnlich dominierte Mensch eine zunehmend bedeutende Rolle. Verdorben werde er durch die öffentlichen Gewaltpräsentationen, und vor allem die Schaulust treibe das Publikum zusammen und nicht die Suche nach Erbauung und Gerechtigkeit, bemerkten die Kritiker. In diesem Licht erschienen die öffentlichen Hinrichtungen mehr und mehr als Festivals der Unordnung, die die öffentliche Moral unterwanderten und die Zahl der Verbrechen vergrößerten. Nachdrücklich wurde der Einwand erhoben, Unruhen, allgemeine Trunkenheit und jedwedes weitere Laster würden im Gefolge der Hinrichtungszeremonien kultiviert. Angeblich wandten sich Hunderte dem Alkohol zu und bändelten mit Prostituierten an, während vielleicht ein einziger Mensch durch eine öffentliche Hinrichtung zu einem anständigen Leben angehalten werde. Demnach förderten die Strafzeremonien den moralischen und gesellschaftlichen Verfall und somit das Ende der Republik. In diesem Sinne bemerkte 1825 der Priester Jonathan Going anlässlich einer Hinrichtung, „das Ansinnen der Justiz würde eher erreicht, wenn man die Exekutionen in den Gefängnishöfen vollstreckte".[3]

Vor allem den Angehörigen einer neuen Mittel- und Oberschicht, die zunehmend den Werten von Ordnung, Disziplin, Sauberkeit, Keuschheit und Körperlosigkeit anhingen, waren die öffentlichen Strafspektakel mittlerweile zuwider. Obschon auch Menschen aus diesen Kreisen den Hinrichtungen beiwohnten, entdeckten sie im Publikum das pöbelnde niedere Volk, das in einer republikanischen Gesellschaft das Überbleibsel einer barbarisch-archaischen Zeit verkörperte. In den Augen der Zeitgenossen trugen die Gewaltschauspiele maßgeblich dazu bei, die in ihren Augen niederen und verrohten Schichten der Bevölkerung zu mehren. Nach Meinung der gebildeten bürgerlichen Kreise, die auch die Reformdiskussion führten und die entsprechenden Kommissionen, Ausschüsse und gesetzgebenden Versammlungen besetzten, brachten die öffentlichen Hinrichtungen eine Verworfenheit des Pöbels zu Tage, die nicht mehr tragbar war. Von einer gesellschaftlich stabilisierenden Wirkung öffentlicher Hinrichtungen konnte nicht mehr die Rede sein. Andererseits schien die Todesstrafe den meisten Gesetzgebern und Rechtsgelehrten immer noch unverzichtbar zu sein, um gerade die unteren Schichten kontrollieren zu können. Die Lösung dieses Problems lag auf der Hand: Das Publikum der Exekutionen musste beschränkt werden, und eine Auswahl von „ehrenwerten" Bürgern sollte den Vollzug einer Todesstrafe stellvertretend für die Masse des Volkes bezeugen. Die Öffentlichkeit wollte man über Druck-Erzeugnisse herstellen, in denen die Hinrichtung bekannt gegeben werden sollte. Auf diese Weise, so wurde versichert, wäre eine Exekution auch keineswegs „geheim". Dies durfte sie nämlich nicht sein, wäre sie doch dann Zeichen einer tyrannischen Staatsform, in der ein absoluter Souverän vielleicht nur persönliche Rache an einem Gegenspieler verübte. Eine solche Strafe war in einer Republik undenkbar.[4]

Der irrationale Pöbel war der Gegenentwurf bürgerlicher Ordnung und republikanischer Werte. Er musste kontrolliert werden, anstatt sein Zusammenkommen als potenziell gefährliche Masse durch Ereignisse wie öffentliche Hinrichtungen zu fördern. Bedrohliche Menschenmassen waren in den 1820er und insbesondere in den 1830er Jahren nicht nur im Zusammenhang mit den Todesstrafen gefürchtet. Arbeiterunruhen und „race riots" beunruhigten vor allem im Nordosten der USA, und diese Entwicklung ging zudem mit bedeutenden demographischen Veränderungen einher. Nicht zuletzt die wachsende Zahl an Einwanderern ließ in der ersten Hälfte des 19. Jahrhunderts Großstädte entstehen. So stieg die Einwohnerzahl von New York City zwischen 1790 und 1830 von ca. 30 000 auf ca. 200 000 Menschen an. Das Übel, so die Furcht der lokalen Eliten, schien sich wie ein gewaltiger Strom in die Städte zu ergießen. Kriminalität, Prostitution und Armut schienen sich unaufhaltsam auszubreiten. Unter solchen Bedingungen war es zweifellos bedenklich, die Menschen aus den „gefährlichen Kreisen" massenhaft zu einem öffentlichen Strafspektakel einzuladen, von dem man meinte, dass es die Lust auf Gewalt und Zerstörung noch förderte. Darüber hinaus stammten die zum Tode Verurteilten zumeist aus der Mitte des gefürchteten „Pöbels", und auch aus diesem Grund hielt man es für nötig, die unteren Schichten von den Strafvollstreckungen auszuschließen.[5]

Es vermag kaum mehr zu verwundern, dass der Staat Pennsylvania auch in der Umsetzung dieser Erwägungen eine Vorreiterrolle spielte. Anstoß war die Hinrichtung John Lechlers am 25. Oktober 1822 in Lancaster, Pennsylvania. Über 15 000 Zuschauer und Zuschauerinnen waren anwesend, manche Berichte sprechen sogar von 40 000. Die Hinrichtung war in wahre Werbefeldzüge eingebunden, der örtliche Einzelhandel stritt um das Verkaufsgeschäft. Die Presse konzentrierte sich anschließend darauf, die degenerierenden Effekte der Veranstaltung zu beschreiben. Die Kritik, aber auch das öffentliche Interesse an der Darbietung waren groß, und dies, obschon dafür gesorgt worden war, die Grausamkeit dieses Todes im Rahmen der Möglichkeiten den Augen des Volkes vorzuenthalten. Der Galgen war mit einer Falltür versehen worden, durch die der Verurteilte in den Tod stürzte. Dadurch blieben die oft qualvollen Zuckungen des Sterbenden dem Publikum verborgen. Dies war aber nicht genug. In der gesetzgebenden Versammlung Pennsylvanias hieß es, die öffentliche Moral habe durch diese Darbietung Schaden genommen, die abwegigsten Leidenschaften seien gefördert und der „Pöbel" zu einer noch stärkeren Bedrohung der anständigen Bürger geworden. Allein während der Exekution seien 28 Menschen wegen verbrecherischer Handlungen bis hin zum Mord festgenommen worden, und dies, obwohl der Bürgermeister ein Alkohol-, Spiel- und Tanzverbot ausgesprochen hatte. Zu allem Überfluss liege, wenn exekutiert werde, die Arbeit in einer ganzen Region danieder, und dies sei eine weitere überaus negative Folge.[6]

Doch die Entscheidung in Pennsylvania musste noch einige Jahre reifen, denn schließlich würde der „private" Vollzug von Todesurteilen ein grundlegendes Prinzip der bisherigen Strafrechtspflege aus den Angeln heben. Zudem existierte bislang in keinem der europäischen Staaten ein Präzedenzfall, der vielleicht genauere Prognosen über die Folgen eines solchen Schrittes zugelassen hätte. Auch waren immer noch Stimmen zu vernehmen, die orakelten, nichtöffentliche Hinrichtungen würden dem Missbrauch durch die Obrigkeit Tür und Tor öffnen. „Öffentlichkeit ist das Prinzip unserer Regierung", monierten Kritiker in Massachusetts, wo eine ähnliche Diskussion geführt wurde wie in Pennsylvania. Daher sei eine solche Art der „geheimen" Urteilsvollstreckung untragbar und nicht mit einer republikanischen Regierungsform in Einklang zu bringen. Auch Abolitionisten wie Thomas Upham wandten sich gegen eine solche Reform. Alles, so Upham, geschehe in dieser Republik öffentlich, „doch wenn ein Leben genommen wird, wenn ein menschliches Wesen abgeschlachtet wird wie ein Ochse, wenn eine Seele gewalttätig in die Ewigkeit geschleudert wird [...], dann soll die Öffentlichkeit ausgeschlossen werden! Wenn man schon meint, solche Dinge tun zu müssen, dann bitte auch am helllichten Tag. Wenn die Fortexistenz der Todesstrafe von ihrem privaten Vollzug abhängt, so kann es als sicher erachtet werden, dass sie in diesem Land nicht mehr lange bestehen wird."[7]

Nachdem mehrere Versuche, die öffentlichen Hinrichtungen abzuschaffen, gescheitert waren, erließ Pennsylvania 1834 ein neues Gesetz über den Vollzug von Todesurteilen. Die Hinrichtung sei „innerhalb der Mauern oder des Hofes des Gefängnisses" zu vollstrecken, schrieb das Gesetz vor, und zwar vor dem Staatsanwalt, einem Arzt und zwölf Zeugen „von untadeligem Leumund", deren Auswahl dem Sheriff überlassen war. Unmündige und Frauen waren ausgeschlossen. Schon im Jahr darauf wurden ähnliche Gesetze in den Staaten New York, New Jersey und Massachusetts verabschiedet, und bis 1845 sollten alle Staaten in Neuengland und an der nördlichen Ostküste diesem Beispiel folgen.[8]

Nun setzte sich das Publikum nur noch aus etablierten Mitgliedern der Gesellschaft zusammen. Es war die vermeintliche Elite, die darüber wachte, dass eine Todesstrafe auch ordnungsgemäß vollzogen wurde. Gleichwohl blieb das Publikum nur in den seltensten Fällen auf die Pflichtzeugen beschränkt. Regelmäßig sprechen die Berichte von einhundert bis dreihundert, zuweilen gar von über tausend angesehenen Männern, die zumeist vom Sheriff teure Eintrittskarten erworben hatten und sich nun in den Höfen der Bezirksgefängnisse drängelten, um bei den Exekutionen zuzuschauen. Auch vor den Gefängnismauern versammelte sich ein großes Publikum, wenn drinnen eine Hinrichtung vollstreckt wurde. Manche kletterten auf Häuserdächer oder Bäume, um einen Blick auf das Geschehen im Gefängnishof werfen zu können. Manchmal ließen die lokalen Autoritäten den Galgen sogar in einer solchen Höhe errichten, dass das Geschehen auch über die Mauern hinweg beobachtet werden konnte. Der allgemeine Rummel und der Andrang des Volkes veranlassten so manchen Kritiker, den Ausdruck „private" Hinrichtungen zu verwerfen. So beharrte Francis Lieber, ein Professor für Volkswirtschaftslehre, auf der Umschreibung „inwärtige Art der Hinrichtung Krimineller", weil er es für schlichtweg falsch hielt, die Hinrichtungen als „nichtöffentlich" zu bezeichnen.[9]

Gleichwohl war nun der unmittelbare Besuch von derlei Veranstaltungen zahllosen Menschen untersagt. Frauen und Kinder wurden fortan prinzipiell ausgeschlossen. Dem weiblichen Geschlecht wurde eine größere natürliche Empfindsamkeit und emotionale Instabilität zugeschrieben, und es hieß, die Begegnung mit derart gewalttätigen, erregenden Ereignissen würde ein weibliches Wesen überfordern. Der Ausschluss von den Hinrichtungen sollte demnach ihrem Schutz dienen. Zudem verkörperten vor allem die bürgerlichen Frauen im späteren 18. und 19. Jahrhundert Häuslichkeit, Tugendhaftigkeit, Moralität und Gefühl. Im Gegensatz dazu bedurfte das Handeln in der Öffentlichkeit der Vernunft und Selbstbeherrschung, und beides waren Wesenszüge, die angeblich „natürlicherweise" nur dem männlichen Charakter zu Eigen waren. Insofern entsprach es den zeitgenössischen Geschlechtsdefinitionen, wenn Frauen vom Vollzug der Todesstrafen ausgeschlossen wurden. Schließlich wurden Hinrichtungen nur noch von „geeigneten" Repräsentanten stellvertretend für die Gesamtgesellschaft bezeugt. Die Beobachtung einer Hinrichtung, so hieß es, erforderte einen kühlen Kopf, Rationalität und Standhaftigkeit – dies war also nichts für die Masse des Volkes, nichts für Kinder und nichts für Frauen.[10]

Diese Dichotomisierung von öffentlich = männlich und privat = weiblich wurde nicht ohne Widerspruch hingenommen. In der zeitgenössischen Lebenswirklichkeit war sie keineswegs so dominant, wie es die normative Ebene suggerieren könnte. US-amerikanische Frauen wie die Publizistin Lydia Maria Child waren sehr wohl im öffentlichen Raum aktiv, zum Beispiel im Kampf gegen die Sklaverei. Allerdings wurde Child deshalb auch gescholten, sie lege ein „unweibliches" Engagement in politischen Fragen an den Tag. Gleichwohl sollte sie auch gegen die Todesstrafe angehen, die sie als „kaltblütigen, legalisierten Mord" bezeichnete. Sie kritisierte auch den Ausschluss der angeblich so schwächlichen Frauen von Exekutionen als unsinnig und ungerechtfertigt – eine solche Regelung verkörpere „eine falsch verstandene Galanterie" der Männer.[11]

Was Child als „Galanterie" bezeichnete, fügte sich in die gesellschaftlichen Machtverhältnisse und die kulturell verfestigten Zuschreibungen. Mit zeitlicher Verzögerung vollzog sich auch diesseits des Atlantiks eine ähnliche Entwicklung, in den deutschen Hoheitsgebieten wurden die Hinrichtungen ab den 1850er Jahren sukzessive hinter die Gefängnismauern verlegt, und die USA wurden hier durchaus als Vorbild gesehen. Sie galten als Ursprungsland des nichtöffentlichen Vollzugs von Todesurteilen, so dass sogar von „der amerikanischen Hinrichtungsweise" die Rede war. Auch wenn in den USA Hinrichtungstage immer

noch große Spektakel mit Gedränge und bis zu tausend Zuschauern seien, wurden die nichtöffentlichen Strafvollstreckungen dennoch als Fortschritt gegenüber dem traditionellen Prozedere wahrgenommen. Man schaute von Deutschland aus auf die Entwicklungen an der US-amerikanischen Ostküste, nicht nur auf die
Gefängnisse, sondern auch auf den Vollzug von Todesstrafen.
Doch auch hier manifestierte sich die weit reichende Autonomie
der US-Einzelstaaten, und die regionalen Differenzen im Vollstre-
ckungsmodus waren innerhalb der USA groß. Mancherorts wurde noch bis in das 20. Jahrhundert hinein öffentlich exekutiert.
Die letzte öffentliche Hinrichtung fand im August 1936 vor
20 000 Menschen in Owensboro in Kentucky statt.[12]

Die Berichterstattung in der Presse und die „Pornografie der Gewalt"

Die neue Form der Öffentlichkeit, die sich durch Kommunika-
tion und weniger durch leibhaftiges Dabeisein konstituierte, wird
für gewöhnlich mit größerer Vernunft in Verbindung gebracht.
Schaut man nun genauer auf die zeitgenössischen Berichte über
Gewaltverbrechen und Strafen, so ist diese Annahme fragwürdig.
Zunächst ist in Betracht zu ziehen, dass sich während der 1830er
Jahre in den Vereinigten Staaten ein grundlegender Wandel im
Bereich der Druck-Erzeugnisse vollzog. Neue dampfbetriebene
Druckerpressen ermöglichten ein stärker automatisiertes Verfahren und eine wesentlich zügigere Produktion. Zudem konnte
nun auf billigeres Papier zugegriffen werden, so dass die Preise
für Gedrucktes sanken. Die ersten Massenzeitungen entstanden,
die statt sechs nur noch einen Cent kosteten. Die so genannte
„Penny Press" war geboren. Eines der erfolgreichsten Produkte
der „Penny Press" war die 1833 erstmals erschienene „New York
Sun". Sie stellte Sensations- und Gewaltnachrichten sowie so genannte „human interest stories" in den Vordergrund. Zwei Jahre
darauf wurde erstmals der „New York Herald" verkauft, der vor
allem durch seine Verbrechensberichte großen Erfolg hatte. Mit
ihrer Machart und ihrer Kommerzialität richteten sich die beiden
Blätter an ein riesiges Publikum, und sie wurden zu den größten
Tageszeitungen New Yorks und der Welt.[13]

Bahnbrechend für den „Herald" und die „Sun" sowie symptomatisch für die Berichterstattung über Gewalttaten in dieser Zeit war der Mordfall Helen Jewett im Jahr 1836. Die dreiundzwanzig Jahre alte Prostituierte war eines Morgens mit eingeschlagenem Schädel in ihrem brennenden Zimmer in einem Bordell in Manhattan aufgefunden worden. Als Täter verdächtig war sofort ihr 19-jähriger Verehrer Richard Robinson, dessen Schuld jedoch niemals erwiesen wurde. Der Mordfall Jewett und der Prozess gegen Robinson wurden täglich und bis in die allerkleinsten Details in der Presse verhandelt. Das Bild sexueller Verwerflichkeit und moralischen Verfalls, das in der gewalttätigen Katastrophe endete, faszinierte die Massen, so dass sie die täglichen Reportagen gefesselt verfolgten. Übertroffen wurden die Zeitungsberichte nur noch von manchen Pamphleten, die im Gegensatz zu den Presseerzeugnissen mit Illustrationen geschmückt waren. Diese zeigten auf dem Titelblatt eine halb nackte Helen Jewett auf ihrem Bett, während ihre Liebeshöhle in Flammen stand. Unter dem Bild wurden den Leserinnen und Lesern „interessante Details" über die „Lasterhaftigkeit und Unzüchtigkeit der Ermordeten" sowie über „Sünde, Schande und Leid" versprochen.[14]

Derartige Berichte über Mordtaten, Sex, Verbrechen und Verurteilungen wurden seit einigen Jahren in zunehmendem Maße publiziert. Sie schienen eine gewisse nicht neue, aber sehr wohl neuartige Lust an der Gewalt zu bedienen und zu kultivieren, die sich seit dem ausgehenden 18. Jahrhundert verfestigte. Dieselbe Generation, die den Schmerz als unerträgliches Übel und den Tod als abstoßend empfand und die sich der Sorge um das leibliche Wohl ihrer Mitmenschen verschrieben hatte, entdeckte auch die pornografische Seite der Gewalt. Nun, da Gewalt- und Schmerzdarstellungen als verboten und obszön definiert waren, besaßen sie einen neuartigen „Schockwert", und sie konnten nicht nur auf-, sondern auch erregend wirken. Schmerz und Horror wurden nun bewusst eingesetzt, um das Interesse und das Gefallen des Lesepublikums zu wecken, das in den Zeiten expandierender Massendruck-Erzeugnisse schnell und beständig wuchs. Während den Menschen reale Gewaltdarbietungen zunehmend vorenthalten wurden, wurden zugleich die Leser als imaginierte Zuschauer von Gewalttaten inthronisiert. Zuweilen in die Perspektive des Täters versetzt, konnten sie die detailliert beschriebenen Verlet-

The Thomas Street TRAGEDY.

TRIAL OF ROBINSON!

Murder of Ellen Jewett.

INTERESTING PARTICULARS
Connected with the APPALLING TRAGEDY, and

Trial of the Prisoner;
AN IMPRESSIVE WARNING
To Youth ; affording striking Evidence of the Misery resulting from Licentiousness, and that Sin, and Shame, and Sorrow, await the Frequenters of

DENS OF INFAMY!

" Remember thy Creator in the days of thy youth "

NEW-YORK:
PRINTED FOR AND SOLD BY THE BOOKSELLERS
1836.

Der Mordfall Helen Jewitt, Flugschrift, 1836.

zungen der Mordopfer als ihr eigenes Werk empfinden. Die Ambivalenz, die dem bürgerlich-viktorianischen Verhältnis zu Gewalt, Schmerz und Tod innewohnte und die bis in unsere Gegenwart hineinreicht, wird hier deutlich. Eine offenbar gewachsene Lust an bildhaft beschriebenen Details sprach auch aus solchen Schriften, die gegen die Gewalt zu Felde zogen und sich gegen die Sklaverei oder auch gegen die Todesstrafe aussprachen. Hier durfte man dann nicht nur mitfühlen, sondern auch der Lust an der Gewalt frönen und sich zugleich an der eigenen Tugendhaftigkeit und vorbildlichen Geisteshaltung erfreuen.[15]

Die Opposition gegen die Todesstrafe bis zum Bürgerkrieg

Die Abolitionisten begegneten der Verlagerung der Hinrichtungen hinter die Gefängnismauern mit gemischten Gefühlen. Einerseits hieß es, durch den „nichtöffentlichen" Vollzug werde das Grauen und die Unmenschlichkeit der Todesstrafe kaschiert, und dies sei alles andere als wünschenswert und würde möglicherweise der Bewegung gegen die Todesstrafe einen Teil der öffentlichen Unterstützung nehmen. Andererseits schrieb der neue Exekutionsmodus schon bald in fünfzehn US-amerikanischen Staaten genau das fest, was die Reformbewegung seit Jahrzehnten postuliert hatte: Öffentlich präsentierte Gewalt hatte keine gesellschaftlich stabilisierenden Effekte.[16]

Nach einer etwas schwächeren Phase in den späten 1830er Jahren waren die 1840er Jahre wieder eine Zeit großen Engagements gegen die Todesstrafe. Einer der Agitatoren war der Anwalt, Journalist und Abgeordnete des Staates New York John L. O'Sullivan. Er ist in der US-amerikanischen Geschichte vor allem deshalb in Erinnerung geblieben, weil er den Begriff der „Manifest Destiny" prägte, also der angeblich gottgewollten Bestimmung der US-Amerikaner, den ganzen nordamerikanischen Kontinent zu besiedeln. Zwischen 1840 und 1842 legte O'Sullivan der New Yorker Legislative mehrfach einen buchdicken Gesetzentwurf gegen die Todesstrafe vor, der allerdings mit knapper Marge scheiterte. O'Sullivan argumentierte mit dem biblischen Verbot zu töten, und er bestritt wiederum die generalpräventive Wirkung von Todesstrafen. Zu-

dem konstatierte er eine allgemeine Abscheu gegen diese Straf-
form in der Bevölkerung, weshalb viele Jurys bei Todesurteilen
äußerst zurückhaltend seien. Die Folge sei nicht selten ein juristisch eigentlich unhaltbarer Freispruch, so dass die Todesstrafe
letztlich das Rechtssystem schwäche und zuweilen sogar außer
Kraft setze.[17]

Auch der Dichter Walt Whitman oder Horace Greely, der Herausgeber der einflussreichen „New York Tribune", engagierten
sich gegen die Todesstrafe. Greely war schon in den 1830er Jahren
in der Reformbewegung aktiv gewesen, doch erst in den 1840ern
wurde er zu einer ihrer tragenden Kräfte. Gemeinsam mit John L.
O'Sullivan rief er die „New York State Society for the Abolition
of Capital Punishment" ins Leben, die den institutionellen Hintergrund für die Organisation von Vorträgen und die Publikation
von Texten gegen die Todesstrafe bot. Die größte Berühmtheit
als Abolitionist erlangte in dieser Zeit aber der Prediger Charles
Spear. Spear gründete mit der „Massachusetts Society for the
Abolition of Capital Punishment" eines von vielen Pendants der
New Yorker Gesellschaft. Im November 1845 formierte sich in
Philadelphia sogar ein nationaler Dachverband, dem der US-Vize-
präsident George M. Dallas und somit ein Mann aus der Spitze
der Bundespolitik vorstand.[18]

Charles Spear kämpfte zeit seines Lebens für Strafrechtsreformen, indem er ohne Unterhalt predigte und schrieb. Seine be-
rühmteste Schrift waren die „Essays über die Strafe des Todes",
die noch im Jahr ihres Erscheinens, 1844, über 5000-mal verkauft wurden und in mehrere Auflagen gingen. Spear jubelte:
„Das Thema Todesstrafe ist gegenwärtig eines der populärsten
überhaupt." Darüber hinaus gab Spear seit 1845 die ebenfalls sehr
erfolgreiche Zeitschrift „Der Henker" heraus, die sich in der
Hauptsache dem Kampf gegen die Todesstrafe widmete und später in „Des Häftlings Freund" umbenannt wurde. In seinen über
zweihundert Seiten umfassenden „Essays" fasste Spear sämtliche
bekannten säkularen Argumente gegen die Todesstrafe zusammen, vom Gesellschaftsvertrag über die mangelnde Abschreckung
bis zur sozialen Verrohung. Er formulierte zudem eine umfassende religiöse Kritik an der Todesstrafe, die auf das Alte wie das
Neue Testament zurückgriff und zur christlichen Nächstenliebe
ermahnte. In den predigtähnlichen Passagen entfaltete Spear seine

größten Talente. Er gilt als derjenige, der den Kampf gegen die Todesstrafe als besten Weg zu einer moralisch vollkommeneren Gesellschaft propagiert hat.[19]

Trotz zahlreicher Pamphlete, Diskussionen und Gesetzeseingaben blieben die markierbaren Erfolge der Bewegung gegen die Todesstrafe gering. Letztendlich entschieden sich die gesetzgebenden Organe für deren Beibehaltung, wenn auch häufig mit nur wenigen Stimmen. Sowohl in New York als auch in Pennsylvania, Massachusetts, Vermont, Connecticut, New Hampshire und Maine – samt und sonders also Staaten, die in diesen Jahren zum „nichtöffentlichen" Urteilsvollzug übergingen – scheiterten die Reformbewegungen. Zudem waren gerade im Nordosten der USA laute klerikale Stimmen zu vernehmen, die sich vehement für die Beibehaltung der Todesstrafe für Mord einsetzten. Die Beziehung zwischen Todesstrafe und Klerus war so eng, dass Reformer sich zielgerichtet gegen „die Vereinigung von Galgen und Gospel" wandten. Der bekannteste unter den Geistlichen, die für die Todesstrafe eintraten, war George B. Cheever aus dem Staat New York, „der Champion des Galgens in Amerika", wie Spear ihn nannte. In den gesamten USA war Cheevers zweifelhafter Ruhm verbreitet, der unter anderem auf seine Schrift „Die Strafe des Todes" von 1842 zurückging. Dort beschrieb er die Todesstrafe als einzig adäquate Sühne für einen Mord. Daher sei sie auch eine gesellschaftlich bewusstseinsbildende Maßnahme, denn ihre Einzigartigkeit und Besonderheit stelle die Heiligkeit des menschlichen Lebens heraus, die ein Mörder eben missachtet habe. Und nicht zuletzt, so Cheever, sei der Tod das schrecklichste aller Übel und daher die Todesstrafe „die wirksamste aller Strafen, um vom Verbrechen des Mordes abzuschrecken; sie muss deshalb zum Guten der Gesellschaft praktiziert werden". Cheever hatte in jedem Staat insbesondere des Nordostens Gesinnungsgenossen, die mit ihm für den Erhalt der Todesstrafe fochten.

Als deren Führungsperson stritt er sich an drei Abenden im Januar und Februar 1843 in einer der damals so beliebten Diskussionsveranstaltungen mit John L. O'Sullivan in New York über die Frage: „Sollte die Todesstrafe abgeschafft werden?" Bemerkenswert ist insgesamt, dass sich der Todesstrafengegner O'Sullivan auf christliche Nächstenliebe und das biblische Tötungsverbot berief, während sich Cheever ebenfalls auf den Willen Gottes bezog, um die Todesstrafe zu rechtfertigen. Er verband mit dem göttlichen Willen eine abstrakte Form von Gerechtigkeit, die durch Strafe hergestellt werden sollte. Somit verfolgte eine derart begründete Strafe abseits aller pönologischen Lehrmeinungen den simplen Zweck, ein moralisch begründetes Rechtsempfinden zu befriedigen und einen Täter der „gerechten Strafe" zuzuführen – und dies, so Cheever, sei für einen Mord eben der Tod. Cheevers Mitstreiter Leonard Bacon stufte das Bedürfnis nach Vergeltung auf Seiten der Betroffenen sogar so hoch ein, dass er die Wiederkehr der Blutrache prognostizierte, würde die Todesstrafe wirklich abgeschafft werden.[20]

Was die Reformbewegung im Nordosten nicht schaffte, gelang nur wenige Jahre nach den Cheever-O'Sullivan-Debatten in Michigan. Michigan war im Januar 1847 der erste Staat in der Union, der die Todesstrafe abschaffte. Kurz zuvor war unmittelbar hinter der Staatsgrenze Michigans im kanadischen Ontario ein Mann hingerichtet worden, dessen Unschuld sich bald darauf herausstellte. Sofort wurde eine Gesetzesvorlage gegen die Todesstrafe in beiden legislativen Kammern Michigans unterstützt. Dieser Erfolg mag darauf zurückzuführen sein, dass die Todesstrafe in Michigan selbst keine lange Tradition hatte. Konkret war sie dort sechzehn Jahre zuvor letztmals angewendet worden, als das Gebiet noch den Status eines Territoriums hatte. Folglich mussten Reformer hier weniger eine Veränderung erreichen, als vielmehr den Status quo festschreiben. 1852 schaffte mit Rhode Island ein zweiter Staat die Todesstrafe ab. Rhode Island war ein traditionell eher moderat strafender Staat und hatte schon als Kolonie seine Existenz dem Widerstand gegen die orthodoxe puritanische Glaubenslehre zu verdanken. Auch hier führte eine Reformkampagne nach einem zweifelhaften Urteil binnen kürzester Zeit zum Ende der Todesstrafe. Im Jahr darauf strich Wisconsin als dritter Staat die Kapitalstrafe aus seinen Kodizes. Zwei Jahre zuvor hatte eine besonders grausame Exekution dazu beigetragen, die öffentliche Meinung zu mobilisieren und eine ohnehin kritische Haltung zur Todesstrafe zu festigen. Als sich dann in Milwaukee eine Jury aus Abneigung gegen die Todesstrafe weigerte, den Angeklagten John Radcliffe zu verurteilen, obschon er einen Mord gestanden hatte, war der Tod als Strafe in Wisconsin endgültig diskreditiert. Dass die Geschworenen zögerten, Todesurteile auszusprechen, war in dieser Zeit häufiger der Fall. In vielen Staaten reagierten die Gesetzgeber anders als in Wisconsin, nämlich indem sie potenzielle Geschworene vor ihrer Vereidigung nach ihrer Gesinnung befragen ließen. Erklärten sie sich als Gegner der Todesstrafe, so kamen sie als Mitglieder der Jury nicht in Frage.[21]

Michigan, Rhode Island und Wisconsin lösten keine Kettenreaktion aus, kein Staat folgte ihrem Beispiel. Dies mag darin begründet sein, dass die volle Konzentration der Reformkräfte ab den 1850er Jahren auf die Sklaverei gerichtet war. Danach nahmen Bürgerkrieg und „Reconstruction" die Vereinigten Staaten für viele Jahre in Beschlag. Eine Diskussion um die Todesstrafe begann sich erst gegen Ende der 1860er Jahre wieder langsam zu regen. Während man im Nordosten der USA über eine technologisierte und angeblich „humane" Form des Hinrichtens nachdachte, wurde der Süden nach dem Ende des Bürgerkrieges von einer neuartigen Welle rassistischer Gewalt überzogen, in der mehrere Tausend Menschen der Lynchjustiz zum Opfer fielen.

5. Extralegale Todesstrafen:
Lynchings

Als „Lynching" wird die Misshandlung oder Tötung eines oder einer Beschuldigten bezeichnet, die zumeist von einer Menschengruppe und ohne die Grundlage einer Gerichtsentscheidung durchgeführt wird. Im Gegensatz zu den staatlich verordneten Hinrichtungen waren diese Tötungen nicht legal, gleichwohl aber im Selbstverständnis eines großen und machtvollen Teils der Bevölkerung legitimiert. Lynchmorde wurden inszeniert, um solche Individuen oder Gruppen zu kontrollieren, die die tradierte soziale und kulturelle Ordnung gefährdeten, ohne dabei gegen die herrschenden Gesetze zu verstoßen.

Dass sich Menschen in Gruppen zusammenschließen und das Recht in ihre eigenen Hände nehmen, um ihren Vorstellungen von Gerechtigkeit Genüge zu tun, ist ein altes Phänomen. Es heißt, der Name „Lynching" gehe auf Colonel Charles Lynch zurück, der während der Amerikanischen Revolution in Virginia Kleinkriminelle und probritische Loyalisten auf eigene Faust zur Strecke gebracht haben soll. Häufig wird Lynching mit der Rechtspflege an der so genannten „Frontier" assoziiert, also mit den Grenzgebieten im „Wilden Westen", wo angeblich Männer noch auf sich selbst und ihren eigenen Gerechtigkeitssinn gestellt waren. Vor allem in den dortigen Schürfgebieten war Volks- und Lynchjustiz eine mehr oder minder etablierte Form der Normdurchsetzung. Regelrechte Tribunale wurden gebildet, Verfahren durchgeführt, Geständnisse eingefordert und „Recht" gesprochen. Häufig agierten diese Ausschüsse mit dem Selbstverständnis, als Organe des Volkes die rechtmäßige Kontrolle über die Regierungsaufgaben übernommen zu haben.[1]

Die Vorstellung jedoch, mit dem Abschluss der kontinentalen Besiedlung in den 1890er Jahren sei auch die Volksjustiz verschwunden, gründet in einem Trugbild. Denn extralegale Hinrichtungen sind immer auch diesseits der „Frontier" vollzogen worden. Im US-amerikanischen Süden nach dem Bürgerkrieg und nach der „Reconstruction", also dem politischen Bemühen zur Wiedereingliederung des Südens in die Union, war Lynching sogar ein Massenphänomen, das als Ausdruck einer spezifischen Gesellschaftsstruktur gedeutet werden kann. Beinahe 3000 Menschen fielen im Süden zwischen etwa 1880 und 1930 Lynchmorden zum Opfer, die weitaus meisten von ihnen waren afroamerikanische Männer. Für die Geschichte der gesamten USA erstreckt sich diese Zahl auf ca. 5000 registrierte Opfer.[2]

Gesellschaft und Justiz im „Alten Süden"

Um das Phänomen der rassistisch motivierten Lynchmorde erfassen zu können, bedarf es eines Blickes zurück in die südstaatliche Gesellschaft vor dem Bürgerkrieg. Dort stützte sich ein patriarchal strukturiertes System primär auf die Hautfarbe als hierarchisierenden Faktor. Darüber hinaus war die „Ehre" eine zentrale Kategorie sozialer Klassifizierung. Die Ehre eines Mannes und seiner Familie war aber kein beständiges Gut, sondern sie musste vielmehr permanent bestätigt und im wahrsten Sinne des Wortes neu erkämpft werden. Daher war eine hohe Gewaltbereitschaft des weißen Mannes gefordert. Es galt, die Ehre in den Augen der anderen durch physische Auseinandersetzungen vom Faustkampf über das Duell bis zur Selbstjustiz zu bewahren und zu mehren. Zumindest musste die Bereitschaft signalisiert werden, einem Ehrverlust in Folge von Anfeindungen oder einem erlittenen Unrecht derart entgegenzutreten. Und ein Mann, der in einem solchen Fall allzu schnell auf die Gerichte zurückgriff, konnte gar in den Ruf geraten, nicht selber für den Schutz der Familie einstehen zu können. „Das Gesetz bietet kein rechtes Mittel, um die Gefühle eines wahren Mannes zufrieden stellen zu können", soll auch die Mutter Andrew Jacksons dem späteren Präsidenten der USA mit auf den Weg gegeben haben. Eine besondere Rolle in diesem „Kult der Gewalt" und der Ehre, der von der Forschung der letzten Jahre einer differenzierenden Betrachtung unterworfen worden ist, spielte die weiße, schöne und reine Frau des Südens. Sie war das Symbol der patriarchalischen Gesellschaft, das es zu verteidigen galt. Die Reinheit und Tugendhaftigkeit der eigenen Ehegattin, Mutter oder Schwester war ein Zeichen für die

Fähigkeiten und die Mannhaftigkeit des Gatten, Sohnes oder Bruders. Daher kämpften Männer immer auch um ihre eigene Ehre, wenn sie für eine Frau einstanden.[3]

Das Ehrsystem war in ein Kastenwesen eingebunden und von einer Plantagenwirtschaft getragen, in der weiße Herren und schwarze Sklaven die beiden gegenüberliegenden Pole des sozialen Spektrums markierten. Die Differenzierung der Menschen in vermeintlich existierende rassische Kategorien durchdrang das gesamte Leben vor allem im Süden der Vereinigten Staaten. Sie war der prägende Faktor des kulturellen Selbstverständnisses und Ausdruck einer Gesellschaftsordnung, die auf der Gewalthaftigkeit menschlicher Beziehungen gründete. Durch die Sklaverei wurden Menschen nicht nur physisch unterworfen und ausgebeutet, sondern sie waren auch per definitionem ehrlos. Zugleich hatten alle Weißen im „Alten Süden" die Möglichkeit, als Mitglieder der herrschenden Kaste Stolz zu entwickeln und an einer kollektiven Ehre und Identität teilzuhaben, die über die Hautfarbe generiert wurde.[4]

Für die schwarzen Sklavinnen und Sklaven verkörperten die weißen Herrinnen und Herren eine beinahe ungezügelte Gewalt. Zwar setzten die „Slave Codes", die sich seit der Kolonialzeit nicht wesentlich geändert hatten, den Strafen formale Grenzen. Die meisten Vergehen wurden aber auf der Plantage selbst mit der Peitsche geahndet, und eine solche Strafe war formalen Kontrollmöglichkeiten weitestgehend entzogen. Schwerverbrechen durch Sklaven mussten allerdings vor offiziellen Gerichten verhandelt werden, wo schwarze Angeklagte zumindest in der Theorie ähnliche Rechte hatten wie weiße. Gleichwohl ist leicht vorstellbar, dass die verbrieften Rechtsansprüche der schwarzen Angeklagten in einer Atmosphäre der Hysterie vor einem Tribunal, das sich aus Sklavenhaltern aus der Nachbarschaft zusammensetzte, nicht viel mehr Wert waren als das Papier, auf dem sie standen. Zudem wurden Geständnisse, die die beste Grundlage einer Verurteilung bildeten, häufig durch Drohungen oder Gewalt erzwungen.[5]

Auch die Wahrscheinlichkeit, dass ein weißer Richter und eine weiße Jury einen weißen Angeklagten für ein Verbrechen gegen einen Schwarzen zur Rechenschaft zogen, war beinahe gleich Null. Den Staatsanwalt und den Richter, die ihre Ämter durch

Wahlen erworben hatten, hätte ein solches Verfahren mit Gewissheit die ausschließlich weiße Wählerschaft und die weitere politische Karriere gekostet. Zudem hatten Schwarze nicht die Möglichkeit, vor Gericht gegen Weiße auszusagen. Wenn angebliche körperliche Angriffe und Vergewaltigungen weißer Frauen durch schwarze Männer verhandelt wurden, dann war die öffentliche Aufregung kaum mehr kontrollierbar. Dementsprechend sind Vergewaltigungsprozesse häufig verlaufen. Auch nach kollektiven Widerständen von Sklaven war die Hysterie groß, und bisweilen verurteilten die Gerichte wahllos, um die weiße Bevölkerung zu beruhigen. Allein in South Carolina wurden von 1800 bis 1855 46 Schwarze wegen Aufstandes hingerichtet, 21 wegen Vergewaltigung, 64 wegen Mordes. Insgesamt sind dort für diese Zeit 296 Hinrichtungen von Sklavinnen und Sklaven registriert, davon 94,5 % an Männern. Im nördlichen Massachusetts, dessen überwiegend weiße Gesamtbevölkerung die Zahl der Schwarzen in South Carolina um mehr als das Doppelte übertraf, wurden im Vergleichszeitraum 28 Exekutionen vollstreckt.[6]

Seit den 1830er Jahren kämpften immer mehr Menschen gegen die Sklaverei. In den darauf folgenden Jahren wurde „der leidende Sklave in Ketten" zu einer regelrechten Ikone seiner Zeit. Als Bild für das Recht auf körperliche Integrität prägte er sich in das Bewusstsein weiter Bevölkerungskreise ein. Der Konflikt zwischen Befürwortern und Gegnern der Sklaverei spitzte sich im Laufe der Jahre zu und kulminierte vor allem immer dann, wenn die Aufnahme von neuen Staaten in die Union und über deren Status als Sklaverei- oder Nicht-Sklaverei-Staat verhandelt wurde. Als 1860 mit Abraham Lincoln ein Vertreter der erst wenige Jahre zuvor gegründeten Republikanischen Partei die Präsidentschaftswahl gewann, hatten sich die Auseinandersetzungen zwischen Gegnern und Befürwortern der Sklaverei bereits zu militarisieren begonnen. Am 20. Dezember 1860, noch vor Lincolns Amtsantritt, trat South Carolina als Erster von zunächst sieben Staaten aus der Union aus, die am 8. Februar 1861 die „Konföderierten Staaten von Amerika" gründeten. Als am 12. April 1861 der Bürgerkrieg begann, war das Kriegsziel des Nordens zunächst nicht das Ende der Sklaverei, sondern die Wiederherstellung der Union. Zunächst jedoch fielen vier weitere Südstaaten von der Union ab.[7]

Erst im September 1862, nach dem militärisch bedeutenden Sieg gegen die konföderierten Truppen auf dem Schlachtfeld von Antietam, erklärte Abraham Lincoln auch die Emanzipation der Sklaven zum Kriegsziel. So wurde der Krieg moralisch gerechtfertigt und eine mögliche Unterstützung des Südens durch europäische Staaten – das Interesse an der Baumwolle war groß – abgewendet. Als die militärische Niederlage der Konföderation im April 1865 besiegelt war, schien der „Alte Süden" der Vergangenheit anzugehören: moralisch und ökonomisch am Boden, des größten Kapitals in Form von Menschensklaven sowie seiner Weltordnung, Werte und Identität für immer verlustig.[8]

Die Sklaverei wurde 1865 im 13. Zusatz zur Verfassung der Vereinigten Staaten abgeschafft. Dennoch blieben die schwarzen Männer von wirtschaftlicher, politischer und rechtlicher Gleichheit weit entfernt und die schwarzen Frauen erst recht. Als dann der Kongress der Vereinigten Staaten die „Reconstruction" deutlicher aus den Händen Präsident Andrew Johnsons nahm, wurden die Möglichkeiten der Afroamerikaner zu Bildung und politischer Teilhabe verbessert. Afroamerikaner etablierten sich in zunehmendem Maße in politischen Ämtern auf sämtlichen Ebenen. Im 14. Verfassungszusatz, der 1868 ratifiziert wurde und dem in der Geschichte der Todesstrafe noch große Bedeutung zukommen sollte, wurden den ehemaligen Sklaven und Sklavinnen die Bürgerrechte zuerkannt. Das 15. Amendment sicherte allen Männern unabhängig von ihrer Hautfarbe das Wahlrecht, und somit war auch das verfassungsrechtliche Paket der „Reconstruction" komplett.[9]

Mithin war es zu scharfen Brüchen mit der alten Ordnung des Südens gekommen. Es gab Schwarze, die nach Bildung strebten, den ökonomischen Erfolg suchten, Weißen zu widersprechen wagten und ihrer Stimme auf politischer Ebene Gehör verschafften. Vor allem der befreite afroamerikanische Mann personifizierte die Umkehr der so plötzlich aufgebrochenen Lebensregeln, die in den Köpfen vieler Weißer immer noch den Schein des eigentlich Natürlichen trugen. Auch wenn viele ehemalige Sklaven auf den Ländereien blieben, auf denen sie bereits vor dem Bürgerkrieg gelebt hatten, so konnten schwarze Männer (und Frauen) zumindest theoretisch dorthin gehen, wohin sie wollten, und manche taten dies auch. Sie waren nicht nur das Zeichen neuer Freiheit, sondern in den Augen der weißen Bevölkerung auch ein Zeichen neuer Unsicherheit. Ein prominentes Schreckbild aus den Zeiten der Sklaverei, nämlich das Bild einer wahnsinnigen Horde schwarzer Männer, die auf der Jagd nach weißen Frauen durch den Süden zog, schien nun Wirklichkeit zu werden. Zugleich befand sich das Bild des gefährlichen Schwarzen in Einklang mit den wissenschaftlichen Vorstellungen dieser Zeit. Statistische und anthropometrische Untersuchungen hatten vermeintlich bestätigt, dass schwarze Menschen einen kleineren Kopf besaßen, somit als weniger intelligent galten und häufiger zu Stumpf- und Wahnsinn neigten. Hierbei handelte es sich nicht um Arbeitsergebnisse von verbohrten Forschern, die in abseitigen Traktaten publiziert wurden. Vielmehr entsprachen die Untersuchungen den weithin akzeptierten wissenschaftlichen Standards. Diese Forschungen trugen maßgeblich dazu bei, Unterschiede zwischen Menschen auf der Basis vermeintlicher Rassen festzuschreiben und eine rassistische Sozialordnung zu legitimieren und zu zementieren. Das Interesse der Wissenschaftler konzentrierte sich nicht nur auf Schädel, sondern auch auf Arme, Unterschenkel oder Geschlechtsorgane. Bei den Genitalien wurde sowohl bei Männern als auch bei Frauen afrikanischer Herkunft eine überproportionale Größe registriert, und die Forschung meinte, das Ausmaß der Organe korreliere mit der sexuellen Lust. Es hieß, jedwede Anstrengung, den Sexualtrieb afroamerikanischer Frauen und Männer zu bändigen, sei verschwendete Zeit: Erziehung und Bildung verkleinerten schließlich nicht die Geschlechtsorgane, und „sie verhindern nicht die angeborene, an Wahnsinn grenzende sexuelle Lust des Afrikaners", um einen zeitgenössischen Mediziner zu zitieren.[10]

Ein solches Bild des Afroamerikaners hatte vor dem Bürgerkrieg in einer Gesellschaft beinahe vollkommener Kontrolle existiert. Nun hatte im Süden der USA jedoch eine Ordnung Bestand, die mit den tradierten Wahrnehmungsmustern und dem Selbst- und Rechtsverständnis der immer noch dominierenden weißen Bevölkerung kollidierte. Während der „Reconstruction" war deren Revanchismus durch die politische Einflussnahme und militärische Besatzung durch den Norden zumindest ein gewisses Gegengewicht gesetzt. Doch schon in dieser Zeit kämpften Teile der weißen südstaatlichen Bevölkerung auch mit terroristischen Maßnahmen und physischer Gewalt, um die Afroamerikaner und -amerikanerinnen auch fürderhin ihrer Herrschaft zu unterwerfen und die Dominanz und Ehre des weißen Mannes aufrechtzuerhalten. Politisch aktive Afroamerikaner wurden terrorisiert, Wähler eingeschüchtert, schwarze Pächter, die sich gegen die Praktiken ihrer weißen Landbesitzer zur Wehr setzten, drangsaliert, schwarze Geschäftsleute, erfolgreiche Farmer sowie Studierende oder andere bildungsbeflissene Menschen unter Druck gesetzt und „bestraft". Die Ernte wurde zerstört oder gestohlen, der Laden niedergebrannt, der Besitzer ausgepeitscht und manchmal getötet. Die bekannteste der Gruppen, die ihre Ordnungs- und Normvorstellungen mit terroristischer Gewalt bis zum Mord verfochten, war der 1866 gegründete Ku-Klux-Klan. Die Täter stammten im Allgemeinen nicht nur aus der weißen Unterschicht, sondern der gezielte Terror wurde von Mitgliedern aus den oberen Kreisen der Pflanzeraristokratie toleriert, unterstützt und gefördert. Schließlich ging es um die Restauration der verlorenen Herrschaft und um die Wiederherstellung der Ordnung der Dinge.[11]

„United States of Lyncherdom": rassistische Gewalt im Süden

Die Präsidentschaftswahl des Jahres 1876 endete mit einem politischen Tauschhandel, der den Süden wieder in die Hände der Demokraten übergab und jegliche Kontrolle durch den Norden beendete. Danach festigte sich die Herrschaft des tödlichen Lynchmobs derart, dass der Soziologe James Cutler 1905 das Lynching sogar als „unser nationales Verbrechen" bezeichnete. Mark Twain, für seinen Sarkasmus ebenso bekannt wie für seine Tom-Sawyer- und Huck-Finn-Romane, nannte die USA „United States of Lyncherdom", um das Ausmaß der rassistischen Gewalt zu umschreiben. 2805 Lynchopfer sind in den zehn Südstaaten der USA (ohne Texas!) für den Zeitraum von 1882 bis 1930 erfasst, unter ihnen 2364 schwarze Männer, von denen wiederum fast 94% Opfer eines „ganz überwiegend" weißen Mobs waren. Die höchste Mordrate in dieser Kategorie ist für das Jahr 1899 zu verzeichnen, als 99 schwarze Männer Opfer eines weißen Lynchmobs wurden.[12]

Wie schon während der „Reconstruction" waren solche Männer besonders bedroht, die wirtschaftlich, sozial oder politisch ehrgeizig waren, nach Unabhängigkeit strebten und somit eigentlich dem amerikanischen Ideal des „self-made man" entsprachen. Solche Afroamerikaner drohten zu einer Konkurrenz der weißen Bevölkerung und möglicherweise auch zu Vorbildern für andere ehemalige Sklavinnen und Sklaven zu werden, sich der weißen Herrschaft zu entziehen und auf eigenen Füßen zu stehen. Zumeist waren „ambitioniertere" Ex-Sklaven Repressalien und Drohungen ausgesetzt, die sich bis zum Lynchmord hochschaukeln konnten, wenn sie sich dem Druck widersetzten. Zwar stellten erfolgreichere Afroamerikaner in der sozialen Hierarchie vor allem für die einkommensschwächere weiße Bevölkerung und die Mittelklasse eine direkte Bedrohung dar. Allerdings war eine weiße, „rassische" Solidarität standesübergreifend verbreitet, und Gleiches galt für die Bereitschaft, das Recht in die eigenen Hände zu nehmen und Konflikte mit Gewalt anzugehen. Wenn örtliche Zeitungen beifällig über Lynchmorde schrieben, so berichteten sie häufig über prominente und respektierte Mitglieder der weißen Gemeinde, die vorneweg marschierten. Auch drückten Polizei, Justiz und Politik oft beide Augen zu und tolerierten das Geschehen, wenn sie es nicht sogar anheizten, wie die Aussage des früheren Gouverneurs von Mississippi, James K. Vardaman, zu zeigen vermag: „Wenn es denn nötig ist, wird jeder Neger in diesem Staat gelyncht, um die weiße Überlegenheit zu bewahren."[13]

Gerichtliche Untersuchungen von Lynchmorden waren selten, und wenn sie durchgeführt wurden, dann blieben sie in aller Regel ergebnislos: Plötzlich war die Masse gesichtslos geworden. Das passive Verhalten der südstaatlichen Justiz bestätigt Lynchings als öffentliche Affirmation weißer brüderlicher Bande, die immer dann besonders eng waren, wenn das Opfer des Lynchmobs beschuldigt wurde, einen Mord begangen oder eine weiße Frau vergewaltigt zu haben. Körperverletzung und Mord lautete in beinahe der Hälfte aller Lynchings die Anklage, in einem Drittel sexuelle Normverletzung bis zur Vergewaltigung. In diesen Anschuldigungen wurde das Stereotyp des bedrohlichen schwarzen Tieres reproduziert, das nun von der Leine der Sklaverei gelassen und dem keinerlei gesetzlich sanktionierte Grenze mehr auferlegt war. Dominant war insbesondere die Vorstellung einer ungezügelten sexuellen Lust des schwarzen Mannes auf die weiße Frau, deren verletzte Ehre ebenso wie die des weißen südstaatlichen Mannes als ihr Beschützer durch ein Lynching wiederhergestellt werden musste. Zudem war bei einem Verhältnis zwischen einer weißen Frau und einem schwarzen Mann schnell der Vorwurf der Nötigung bei der Hand, denn er schien im Kontext zeitgenössischer Denkmuster nahe liegend. Darüber hinaus gaben weiße Frauen häufig eine Vergewaltigung vor, wenn eine sexuelle Beziehung zu einem schwarzen Mann offenkundig wurde. Nur so konnten sie ihre eigene Ehre bewahren und dem Stereotyp der reinen weißen Schönheit gerecht werden. Bemerkenswert ist schließlich, dass vor allem der schwarze Vergewaltiger zur paradigmatischen Erklärung des Lynchphänomens wurde, obschon in den einzelnen Fällen häufiger Mord der Vorwand eines Lynchings war. Vergewaltigung jedenfalls war die Erklärung für Lynchmorde, die auch im Norden auf Verständnis traf. Man müsse schon zugeben, schrieb beispielsweise die „New York Times" Anfang der 1890er Jahre, „dass die Frauen des Südens in dieser besonderen Angelegenheit mit einem höheren Risiko leben als die nördlichen oder europäischen Frauen".

Wenn ein Mob an die Stelle des kodifizierten Rechts trat, dann geschah dies zumeist in Form eines Rituals, das die Züge eines Gerichtsverfahrens trug. Konnte das Geständnis des Opfers erzwungen werden, so war der Anschein eines Lynchings als legitime und positive Form von Gerechtigkeitspflege am besten gewahrt. So betonte Tom Watson, ein Populist aus Georgia, im Jahr 1906: „Das Lynchrecht ist ein gutes Zeichen: Es verdeutlicht, dass unter den Menschen immer noch ein gewisser Gerechtigkeitssinn herrscht."[14]

Lynchings reproduzierten Vorstellungen von schwarzer Minderwertigkeit und weißer Überlegenheit, und sie bekräftigten eine weiße Solidarität über bestehende soziale Unterschiede hinweg. Zeitgenössische Fotografien von Lynchings vermögen dies besser als alle anderen Quellen zu verdeutlichen. Das Publikum auf solchen Bildern setzt sich zumeist aus Menschen jeden Geschlechts und jeden Alters zusammen, vorwiegend jedoch aus weißen Männern. Sie tragen einen Ausdruck der Zufriedenheit oder ein selbstgefälliges Lächeln auf ihren Gesichtern und strahlen einen gewissen Stolz aus. Häufig zeigen sie, dass die Grenze zwischen

Zuschauern und Handelnden mehr als brüchig ist. Ihre Mienen signalisieren keinerlei Schuld, denn sie haben ja gerade der kulturell etablierten Vorstellung von Gerechtigkeit zum Sieg verholfen und die rechte Ordnung der Unterordnung hergestellt.

Als Jesse Washington im Mai 1916 in Waco, Texas gelyncht wurde, waren ca. 15 000 Menschen anwesend. Der 17-jährige Junge war angeklagt, die weiße Lucy Fryer getötet zu haben, auf deren Farm er aushalf. Washington wurde von der Menge aus dem Gerichtssaal geholt, mit Schaufeln und Ziegelsteinen geschlagen, kastriert, ihm wurden die Ohren und auch die Finger abgeschnitten, als er an einer Kette aus dem Feuer zu klettern versuchte, in dem man ihn verbrannte. Wie bei Lynchings durchaus üblich, wurde der verkohlte Torso Washingtons als abschreckendes Zeichen durch die Straßen von Waco bis zum sieben Meilen entfernten Wohnort Fryers geschleift, wo auch viele afroamerikanische Familien lebten. Dort wurde er vor einer Schmiede aufgehängt. Die Zufriedenheit und der Glaube des Publikums an eine Rechtmäßigkeit der rassistischen Gewalt sind unverkennbar. Dementsprechend wurden diese Fotos auch nicht hinter vorgehaltener Hand gezeigt, sondern in der Regel als professionelle Erinnerungsfotografien oder Ansichtskarten verbreitet, um mit Stolz zu dokumentieren, dass der weiße Mann fähig war, die rassistische Sozialordnung des Südens zu erhalten. Manchmal befinden sich handgeschriebene Nachrichten auf den Karten, wie z.B. „Warnung – die Antwort der angelsächsischen Rasse an schwarze Wilde, die es wagen, die Weiblichkeit des Südens anzugreifen". Das Foto vom Lynching Jesse Washingtons hat ein Sohn als Grußkarte an seine Eltern geschickt, und zwar mit der Notiz, „Das ist die Grillparty, die wir gestern Abend hier hatten; ich bin unten links in der Ecke zu sehen, mit einem Kreuz darüber. Euer Sohn Joe".[15]

Die Jahre zwischen 1880 und 1920 gelten als große Zeit der Postkarte. Sie war Mittel einer schnelleren und weitläufigeren Kommunikation und auch ein begehrtes Sammelobjekt, das dem Andenken an historisch oder persönlich bedeutende Momente diente. Postkarten dokumentieren somit individuelle Vorlieben, sie fungierten aber auch als kollektive Bedeutungsträger und geben Zeugnis von den Ereignissen in einer Kultur, die als bewahrenswert galten. Demnach sind die Lynching-Postkarten mehr als nur Dokumentationen von Ereignissen. Sie stehen für eine „foto-

Das Lynching Jesse Washingtons, Waco, TX, 1916.

grafische Praxis", um einen Begriff des Historikers Jens Jäger zu benutzen. Sie haben verbreitet, was Afroamerikanern drohen konnte, wenn sie die bestehenden und umkämpften Normen des Südens überschritten, der sich so auch in seiner Autonomie gegenüber dem Norden und der Bundesregierung in Washington inszenierte. Diese Bilder reproduzieren die zeitgenössische Wahrnehmung der extralegalen Hinrichtungen als Momente der kollektiven Bestärkung und Erinnerung, der Wiedergeburt des „guten alten Südens". Dort hatte jeder Mensch noch seinen festen Platz, der durch vermeintlich rassische und geschlechtliche Kategorien bestimmt war. Wie die Rituale selbst entsprachen die Fotos einem Text, den weiße wie schwarze Menschen lesen konnten und der an beide Gruppen unterschiedliche Botschaften vermittelte.[16]

Widerstände gegen das Lynching

Die offiziellen Untersuchungen von Lynchings können durchaus als letzter Teil des Rituals verstanden werden, der es noch deutlicher als legitime Form der Normdurchsetzung und der Bestrafung kennzeichnete. Dies gilt zumindest bis zur Mitte der 1890er Jahre, als die Lynchmorde stärker zum Gegenstand einer kritischen öffentlichen Debatte wurden. Hierfür zeichnete vor allem ein wachsender Widerstand von Afroamerikanern und -amerikanerinnen des Südens verantwortlich, unter denen sich die Lehrerin und Journalistin Ida B. Wells hervortat. Ihr sollte es gelingen, den Druck auf den Süden zu erhöhen, indem sie aus dem Norden und aus England eine wachsende Kritik an der rassistischen Gewalt mobilisierte, die bis zu diesem Zeitpunkt nur selten zu vernehmen gewesen war.[17]

Als Wells im März 1892 drei Bekannte durch den Lynchmob verlor, begann sie eine Reihe von Essays in der Zeitschrift „Free Speech" zu publizieren, in denen sie die Afroamerikaner und -amerikanerinnen aufforderte, nach Westen und Norden zu ziehen. Ohnehin war bereits seit einigen Jahren die so genannte „Great Migration" im Gange, eine fluchtartige Wanderungsbewegung von weiten Teilen der schwarzen Bevölkerung aus dem Süden in die Städte des Nordens und Mittleren Westens. Weiterhin warnte

Ida B. Wells die weißen Männer, sie würden mit den unglaubwürdigen Lügengeschichten des vergewaltigenden Schwarzen letztlich auch den Ruf der weißen Frau in Zweifel ziehen. Daraufhin musste „Free Speech" aufgelöst werden, und Wells konnte für drei Jahrzehnte nicht in den Süden zurückkehren. Sie führte ihre Kampagne gegen das Lynching von New York aus fort. In „Southern Horrors", ihrer wohl bekanntesten Schrift gegen das Lynching, beschrieb sie die schwarzen Männer als Opfer weißer, weiblicher Verführungskünste; aus Beziehungen würden spätestens dann Vergewaltigungen, wenn sie an das Licht kamen, wie Wells anhand zahlreicher Fälle dokumentierte. Dann, so Wells, ließ der barbarische weiße Mob seiner animalischen Lust an der Gewalt freien Lauf.[18]

1893 und 1894 reiste Wells zweimal nach Großbritannien. Dort beschrieb sie in zahlreichen Reden den Süden der USA als unzivilisiertes Territorium ohne funktionierendes Rechtssystem. Horden weißer Männer fielen dort über zumeist unbescholtene, bestenfalls verführte Schwarze her, um sie zu töten. Den US-amerikanischen Norden, der sich im Verbund mit Großbritannien als Höhepunkt der menschlichen Zivilisation empfand, schalt sie wegen seiner Passivität und seines Verständnisses für die Lynchmorde. Britische Journalisten begannen nun, von einer degenerierten US-amerikanischen Gesellschaft voller Kannibalen zu sprechen, und man entsandte sogar ein Untersuchungskomitee in die USA. Nun verstärkte auch der Norden die Kritik an den Lynchings, Anti-Lynching-Gesellschaften formierten sich, und die Berichterstattung in der Presse änderte sich. Viele Journale stimmten mit dem „Cleveland Leader" überein, der Lynchings als „Akte der Barbarei" verdammte. Berichte, die Lynchjustiz mit dem Anflug eines Augenzwinkerns als zwar unschöne, aber doch folkloristische Einlage des rauhen Südens verharmlosten, wurden immer seltener.[19]

Zwar hatte Ida B. Wells das Lynching nicht stoppen können, doch das Sprechen über diese Form der rassistischen Gewalt hatte sich geändert. Der Kampf dagegen intensivierte sich im 20. Jahrhundert. Eine tragende Kraft war die 1909 gegründete und schon bald führende US-amerikanische Bürgerrechtsorganisation „National Association for the Advancement of Colored People". In ihrer Zeitschrift „The Crisis" wies die NAACP durch Texte und Bilder immer wieder auf die rassistische Gewalt im Süden hin. Sie trieb zudem deren statistische Erfassung voran. Grundsätzlich war es die Strategie der NAACP, sich auf gerichtlicher Ebene für die Rechte von Afroamerikanern einzusetzen. So wurde sie auch zu einer treibenden Kraft im Kampf gegen die Todesstrafe und ihre rassistische Ausprägung. Ab den 1920er Jahren focht die NAACP auf einzelstaatlicher und nationaler Ebene für eine Anti-Lynching-Gesetzgebung. Dies bedeutete, dass die örtliche Polizei und lokale politische Instanzen zur Rechenschaft gezogen werden sollten, wenn sie nicht entschieden gegen Lynchings und Lyncher vorgingen. Darüber hinaus sollten Lynchmorde als Verletzung der Bürgerrechte verfolgt und vor einem Bundesgericht unter Anklage gestellt werden und nicht mehr vor lokalen Jurys. Doch keiner der verschiedenen Gesetzentwürfe auf Bundesebene wurde verabschiedet. Zu groß war die Furcht in Washington, die führenden Zirkel des Südens mit einem solchen Gesetz zu verprellen und deren bundespolitische Unterstützung zu verlieren. Zugleich jedoch waren die Gesetzentwürfe von einer in zahlreichen Kampagnen und Komitees breit geführten Debatte um Lynchings in den 1920er und 1930er Jahren begleitet.[20]

Ab den 1920er Jahren ging auch die Zahl der Lynchmorde zurück. Dies mag auf den Kampf gegen das Lynching sowie auf ein zunehmend kritisches Bewusstsein in weiten Teilen der Bevölkerung zurückzuführen sein. Zudem erreichte die massenhafte Flucht von Afroamerikanern und -amerikanerinnen aus dem Süden in dieser Zeit einen Höhepunkt. In den 1950er und 1960er Jahren, als der Kampf um Bürgerrechte heftiger denn je geführt wurde, nahmen die Lynchmorde wieder zu. Abermals schien es einer verstärkten extralegalen „Strafgewalt" zur Kontrolle eines Bevölkerungsteils zu bedürfen, der nach rassistischen Kategorien definiert wurde. Demnach verweisen die extralegalen Hinrichtungen insgesamt auf eine Differenz zwischen institutionalisierter Gesellschaftsordnung einerseits und tradierten, fest verankerten Denk- und Wahrnehmungsmustern andererseits. Die rassistische Gewalt deutet sicherlich auch auf eine Unzufriedenheit in weiten Teilen der weißen Bevölkerung mit der Vorgehensweise der Justiz hin. Daraus sollte jedoch nicht der Umkehrschluss gezogen werden, dass die Rechtsprechung – vor allem im Süden, aber auch im

Norden der USA – „farbenblind" war. Wie zentral rassistische Diskriminierung und wie präsent beispielsweise das Stereotyp des schwarzen Vergewaltigers auch in der institutionalisierten Justiz waren, wird im Weiteren zu sehen sein. Zunächst jedoch gilt es, der Erfindung einer neuen Hinrichtungsmethode am Ende des 19. Jahrhunderts nachzugehen.

6. Todesstrafe in einer technisierten Gesellschaft: Der elektrische Stuhl

In der südstaatlichen Gesellschaft des ausgehenden 19. und des frühen 20. Jahrhunderts war die Lynchjustiz ein dominantes Element des Strafwesens. Im Norden der Vereinigten Staaten wies der Weg in dieser Zeit in eine andere Richtung. Dort war spätestens seit den 1830er Jahren, als die Hinrichtungen hinter die Gefängnismauern verlegt wurden, das Bedürfnis erkennbar, auch bei einer staatlich verordneten Tötung dem Selbstempfinden als zivilisierte Gesellschaft gerecht zu werden. Im späten 19. Jahrhundert schien eine rasante technische Entwicklung nun neue Möglichkeiten zu eröffnen, das Hinrichten den Anforderungen der Zeit entsprechend zu gestalten. Die damaligen Auseinandersetzungen um die Todesstrafe kreisten dementsprechend um die Art der Hinrichtung und weniger um die Todesstrafe als solche. Sie liefen auf die Einführung des elektrischen Stuhls hinaus.

Die Reformbewegung in der zweiten Hälfte des 19. Jahrhunderts

Der Historiker Philip English Mackey betitelt die zweite Hälfte des 19. Jahrhunderts als „harte Zeit" im Kampf gegen die Todesstrafe. Ab 1850 war in den Zeitungen nur mehr selten ein vehementes Reformplädoyer zu lesen, und auch in die gesetzgebenden Versammlungen der einzelnen Staaten wurde kaum noch ein entsprechender Entwurf eingebracht. Der Kampf gegen die Sklaverei, der Bürgerkrieg und dessen Nachwirkungen dominierten die US-amerikanische Gesellschaft. Auch mit dem politischen Ende der „Reconstruction" war der intensive gesellschaftliche sowie kulturelle Wandel nicht abgeschlossen, so dass viele potenzielle Reformkräfte schlichtweg absorbiert wurden. Zudem hatten die Veränderungen des Vollstreckungsverfahrens in den 1830er und 1840er Jahren offenbar einige der Hauptprobleme gelöst, die man zuvor mit dem Vollzug von Todesurteilen verbunden hatte. Als Volksaufläufe und Massenspektakel mit verrohender Wirkung waren Hinrichtungen entschärft. Durch den Schritt hinter die Gefängnismauern entsprachen sie so trefflich wie möglich den Werten der viktorianischen Gesellschaft, nämlich Ordnung, Disziplin, Selbstbeherrschung und Körperlosigkeit. Die Jagd nach Eintrittskarten für Hinrichtungen und das umfassende publizistische Interesse verdeutlichten die Ambivalenz dieses Wandels.[1]

Weitere Gesetzesänderungen haben die Todesstrafe gefestigt, obwohl sich die Reformer zunächst das Gegenteil erhofft hatten. Bis zur Mitte des 19. Jahrhunderts hatten die Rechtsordnungen den Tod als Strafe obligatorisch vorgeschrieben, wenn eine Jury bei einer entsprechenden Tat auf schuldig erkannt hatte. Es bestand also nur die Wahl zwischen Tod oder Freispruch. Zwischen 1860 und 1895 veränderten achtzehn Staaten diese Gesetzeslage. Die Jury oder der Richter konnten nun zwischen Tod oder lebenslanger Haft für einen Mord wählen. Die Abolitionisten feierten diese Maßnahme zunächst als De-facto-Abschaffung der Todesstrafe. Es sei nur noch eine Frage der Zeit, bis sie völlig aus den Kodizes verschwinde. Doch der neue Ermessensspielraum der Justiz stabilisierte die Todesstrafe in den Gesetzbüchern. Schließlich stand sie nun einem Schuldspruch nicht mehr im Weg.[2]

In den 1870er Jahren waren auch einige Erfolge im Kampf gegen die Todesstrafe zu verzeichnen. In Iowa wurde sie 1872 aus den Gesetzbüchern gestrichen. Dort war in 34 Jahren lediglich eine einzige Hinrichtung vollzogen worden, und daher entsprach die formalrechtliche Abschaffung der Todesstrafe eher einer Kodifizierung des Status quo als einer Neuerung. Nach der De-jure-Abschaffung führten Politik und Öffentlichkeit allerdings zahlreiche Verbrechen darauf zurück, dass die ultimative Strafdrohung in Form des Todes nicht mehr gegeben war. Eine Kampagne zur Wiedereinführung der Todesstrafe erfuhr breite Unterstützung, und sie hatte 1878 Erfolg.

Auch im nahe gelegenen Kansas wuchs die Abneigung gegen die Todesstrafe, doch man ging nicht so weit, sie gänzlich abzuschaffen. 1872 wurde dort jedoch ein Gesetz eingeführt, das dem Vorbild Maines folgte: Für den Vollzug eines Todesurteils bedurfte es nach Ablauf einer Jahresfrist der ausdrücklichen Zustimmung des Gouverneurs. Dies bedeutete in Kansas ähnlich wie in Maine für viele Jahre das Ende der Hinrichtungen.

In Maine selbst hatte man 1864 nach beinahe dreißigjähriger Unterbrechung begonnen, wieder Hinrichtungen zu vollstrecken. Die Faszination, die von den Tötungen ausging, und die öffentliche Kritik hielten sich die Waage. Beschreibungen grausamen Strangulierens und zuckender Körper am Galgen beherrschten die Lokalpresse, die minutiös über die Exekutionen berichtete. Von „Furcht erregenden und schockierenden Spektakeln" war dort die Rede, und die Fronten zwischen Verfechtern und Gegnern der Todesstrafe verhärteten sich zusehends. Der Konflikt erreichte die gesetzgebende Versammlung, die 1876 gegen die Todesstrafe stimmte. Auch in Maine mehrten sich danach die Stimmen, die eine Zunahme der Schwerverbrechen behaupteten, und 1883 kehrte die Todesstrafe vorübergehend in das Strafgesetzbuch zurück. Doch abermals erhielten die Abolitionisten Auftrieb durch mehrere Exekutionen, die Grausamkeit und Leid in besonderem Maße zur Schau stellten. Im Januar 1887 schaffte der Staat Maine die Todesstrafe wieder ab – dieses Mal für immer.[3]

Die Geschehnisse in Maine verweisen auf einen Aspekt, der auch in den überregionalen Debatten um die Todesstrafe im Vordergrund stand. Die Hinrichtungen am Galgen brachten eine Brutalität und offenkundige Gewalttätigkeit zum Ausdruck, die so manche Menschen mit Skepsis und Widerwillen erfüllte, und zwar unabhängig davon, ob sie grundsätzlich Gegner oder Befürworter der Todesstrafe waren. Das körperliche Leid der zum Tode Verurteilten schien untragbar. Schließlich wähnte man sich in einem höheren Stadium der Zivilisation, das durch Rationalität, Vernunft und Selbstkontrolle gekennzeichnet sein sollte. Sichtbare Gewalt und Grausamkeit durften dort keinen Platz mehr haben. Als ultimativer Ausdruck von Körperlichkeit widersprachen die Hinrichtungen den Idealbildern der viktorianischen Gesellschaft. Auch wenn die Hingerichteten die Leiden und Grausamkeiten im Verborgenen des Gefängnishofes durchlitten, so wurden sie doch über die Presse öffentlich gemacht. Und ein schmerzloser und schneller Tod am Galgen durch einen sofortigen Genickbruch blieb allzu oft nur Wunschdenken, vielmehr waren ein langer Kampf und leidvolles Ersticken an der Tagesordnung, wie der Schriftsteller Edmund Clarence Stedman betonte. Zuweilen kam es sogar vor, dass die Länge des Stricks nicht exakt auf das Körpergewicht des oder der Verurteilten bemessen war und in Folge der zu großen Fallhöhe das Haupt bei der Hinrichtung abriss. Die Leiden und unansehnlichen Szenen waren mit dem Selbstverständnis als zivilisierte Gesellschaft nicht in Einklang zu bringen, hob Stedman hervor, denn eine moderne Zivilisation definierte sich nicht zuletzt über den Kampf gegen „Barbarei" und Schmerz.[4]

Und diesen Kampf meinte man ansonsten erfolgreich zu führen. In der Medizin war am 16. Oktober 1846 offiziell das Zeitalter der Anästhesie eingeläutet worden. An diesem Tag wurde im „Massachusetts General Hospital" erstmals eine große Operation an einem mit Äther narkotisierten Menschen vollzogen. Die schmerzfreie Entfernung eines Tumors aus dem Kiefer des Patienten grenzte an Zauberei. In den folgenden Jahrzehnten wurde die so genannte „Ätherisierung" nicht nur in medizinischen Fachpublikationen diskutiert, sondern auch in populären Journalen dieser Zeit gefeiert. Schließlich handelte es sich um eine „Angelegenheit, die alle Mitglieder der menschlichen Familie berührt", wie die Zeitschrift „Living Age" im Juni 1847 verkündete, „weil chirurgische Operationen der schwereren Art bislang von solch grausamem Schmerz waren, dass sogar die höchsten Klassen der zerbrechlichen Menschheit davor zurückschreckten". Einen „in der Geschichte der Menschheit unvergleichlichen Enthusiasmus" habe diese anästhetische Entdeckung ausgelöst, schwelgte „The Atlantic Monthly" 1868 in Begeisterung, und im „Massachusetts General Hospital" blieb der 16. Oktober als „Äther-Tag" ein Feiertag. Zum 50. Jubiläum im Jahr 1896 trug der amerikanische Neurologe Silas Weir Mitchell ein Gedicht vor, in dem er sogar vom „Tod des Schmerzes" als höchstem Triumph der Menschheit und Ausdruck göttlichen Willens sprach. Nur drei Jahre später erfand der deutsche Bayer-Konzern das Aspirin, dessen Wirkstoff auch in den USA ein Kassenschlager wurde.[5]

Der rasante technische Fortschritt des ausgehenden 19. Jahrhunderts

Zu dem weiträumigen gesellschaftlichen Zusammenhang, in den die Debatte über die Todesstrafe eingebettet war, gehörte auch der technologische Wandel in der zweiten Hälfte des 19. Jahrhunderts. Von den 1870er Jahren an beschleunigte sich die technologische Entwicklung und mit ihr der allgemeine Enthusiasmus. Nun wurde eine Epoche eingeläutet, in die der Historiker Thomas Hughes „die amerikanische Genesis" verortet. Seit dieser Zeit, so die populärwissenschaftliche Zeitschrift „Scientific American" im Jahr 1896, seien die USA von einer gigantischen und unbeschreiblichen Woge menschlichen Erfindungsgeistes und menschlicher Begabungen erfasst, die so überwältigend, so komplex, so profund, so fruchtbar und so wohltätig sei, dass sie für den menschlichen Intellekt nicht mehr fassbar sei. Der grenzenlose Fortschritt löse Emotionen des Erstaunens und der Bewunderung für den unerschöpflichen Geist des Menschen aus, der sich die Natur untertan gemacht, eine neue Welt erschaffen und sich sogar in göttliche Sphären erhoben habe, betonte der Autor des Artikels, Edward W. Byrn: „Der Mensch hat die Materie mit dem göttlichen Hauch des Denkens berührt und so eine neue Welt geschaffen."[6]

Insbesondere die wachsende Kontrolle über die Elektrizität faszinierte die Menschen. Öffentliche Illuminationsshows, in denen riesige Bogenlampen die zentralen Plätze von Groß- oder Kleinstädten in gleißendes Licht tauchten, fesselten die Massen so sehr, dass sie in ehrfürchtiges Schweigen verfielen, als das künstliche Licht die Dunkelheit aufhob. Die Elektrifizierung des öffentlichen Raumes galt bald als Zeichen der Fortschrittlichkeit. Als der Wechselstrom schließlich den Transport von Elektrizität über weite Entfernungen möglich und finanzierbar machte, schien die Vision von der Elektrifizierung Amerikas Wirklichkeit zu werden.[7]

Die Fähigkeit, Strom zu gewinnen und zu nutzen, brachte in den Augen der Zeitgenossen das Leistungspotenzial und die zivilisatorische Entwicklung eines strahlend hellen Amerika zum Ausdruck. Insbesondere die verschiedenen Welt- und Regionalausstellungen um die Jahrhundertwende vermögen die Faszination an der Technologie zu illustrieren. Sie verdeutlichen eine zeitgenössische Selbstinszenierung, in der Elektrizität als Ausdruck des Fortschritts und Motor einer verheißungsvollen Zukunft fungierte. Die dort präsentierten Maschinen waren „Wunderwerke" im wahrsten Sinne des Wortes, denn sie hatten auch eine überaus metaphysische Dimension. Dies galt insbesondere für den unfassbar schnell, präzise und geräuschlos arbeitenden Generator – er war eben mehr als eine bloße Maschine und kam einem okkulten Mechanismus gleich, wie auch der zeitgenössische Historiker Henry Adams hervorhob.[8]

Technisierung und Elektrisierung brachten freilich auch handfeste Veränderungen im alltäglichen Leben mit sich. Zu Beginn war es noch nicht möglich gewesen, elektrischen Strom über weitere Entfernungen zu transportieren, und so wurden vor allem in den urbanen Zentren an der Ostküste zahllose kleine Kraftwerke gebaut, die die Straßenlampen und Geschäfte im näheren Umkreis mit elektrischer Energie versorgten. Die Zahl der tödlichen Unfälle mit elektrischen Installationen schnellte in den frühen 1880er Jahren in die Höhe, allein im Staat New York waren innerhalb von zwei Jahren neunzig Tote durch Stromschläge zu verzeichnen. Offensichtlich waren die Unfallopfer in der Regel schnell, schmerzlos und ohne äußere Zeichen der Gewalteinwirkung gestorben. Die Folge eines solchen heftigen Stromschlages war ein zwar toter, aber ansonsten unversehrter Körper. Die Elektrizität versprach, den Moment des Sterbens auf den Bruchteil einer Sekunde zu reduzieren und aller vermeintlich archaischen Charakteristika zu entkleiden. In diesem Sinne hieß es in der „North American Review" über die Unfalltoten, es bestehe „nicht der Hauch eines Zweifels, dass ein Tod durch Strom schneller ist als ein Gedanke. Der Körper war nicht verstümmelt, und es gab keinerlei Anzeichen eines Todeskampfes oder körperlicher Schmerzen."[9]

Der elektrische Stuhl

Die technischen Fertigkeiten der zivilisierten Menschheit ermöglichten einen augenscheinlich gewalt- und schmerzfreien, beinahe entkörperlichten Tod. Schon bald hieß es, mit Hilfe eines Generators würde sich gewiss auch der Vollzug der Todesstrafe perfektionieren lassen. Mit einer solchen maschinellen Exekution meinte man, die menschliche Zivilisation auf eine neue Stufe zu erheben. So würde die Elektrizität selbst als destruktive, nämlich tödliche Waffe ihr konstruktives Potenzial zur Wirkung bringen.[10]

Elektrizitätsforscher und Mediziner aus dem Staat New York trugen den Strom als Instrument zum Vollzug von Hinrichtungen in das politische Gespräch hinein. Die Öffentlichkeit war nicht zuletzt durch die umfassenden Hinrichtungsreportagen der letzten Jahre für dieses Thema sensibilisiert. Allein im Jahr 1882 hatte die „New York Times" fünfzig detaillierte Beschreibungen von Exekutionen am Galgen gedruckt, 1883 waren es 41. Die Ausführungen der Elektrizitätsexperten beeindruckten auch den New Yorker Gouverneur David Hill, und schon bald wurde eine dreiköpfige Kommission mit der Aufgabe betraut, das Hinrichten mit Strom als mögliches Verfahren zu überprüfen. Ein Mitglied der Kommission war Alfred P. Southwick, ein Philanthrop und „Selfmade Man" aus Buffalo, der nicht zuletzt aufgrund seines Zahnarztberufes nach geeigneten und kostengünstigen Methoden der Anästhesie suchte. Der Vorsitzende war Elbridge T. Gerry. Der Rechtsanwalt aus New York City widmete sich vor allem dem humanitären Engagement im weitesten Sinne, indem er sich dem Kampf gegen menschliches Leid und gegen die Tierquälerei verschrieben hatte. Das dritte Kommissionsmitglied, Matthew Hale, stammte ebenfalls aus dem Staat New York und war als Jurist insbesondere in Verfassungsfragen versiert. Nach fast dreijähriger Arbeit und der Konsultation zahlloser Fachleute legte die Kommission einen umfassenden Bericht vor, der – so der Titel – „die humanste und praktischste Methode, die Todesstrafe zu vollstrecken", eruierte.[11]

Der Kommissionsbericht beschrieb den „schmerzlosen und sofortigen Tod" als Synonym für Zivilisation, Fortschritt und moderne Wissenschaftlichkeit, und dies wurde in den folgenden Jahren auch in nahezu jeder Stellungnahme zur Todesstrafe beschworen. Alle bisherigen Hinrichtungsarten, und insbesondere der Galgen, schienen untragbar, weil sie entweder langsam töteten oder blutende Wunden und Verstümmelungen hervorriefen. Vom technisierten Töten mit Elektrizität hieß es im Gegensatz dazu, es habe das Charakteristikum der Grausamkeit und Barbarei, das allen „primitiven Formen der Todesstrafe" eigne, endlich abgelegt. Wissenschaftler hoben hervor, der Strom sei so schnell, dass die menschlichen Nervenbahnen gar keine Zeit hätten, den schmerzhaften Impuls in das Wahrnehmungszentrum des Körpers zu transportieren. Der Glaube der Experten an die Kraft des Generators war unantastbar.[12]

Die etablierten Kreise New Yorks reagierten geradezu enthusiastisch auf den Bericht. Von der Todesstrafe als anästhetischem Gnadenakt schwärmte die „New York Times", von „Sterbehilfe durch Elektrizität; […] sicher, sanft und schmerzlos". Mit dem entsprechenden Gesetz vom Juni 1888, so hieß es, würde sich der Staat New York als Speerspitze der Zivilisation in den Annalen der Menschheit verewigen. Die „North American Review" publizierte eine Lobeshymne auf das elektrische Hinrichten, die von rationalistischem Pathos geprägt war und in der sich zugleich der elektrische Apparat als okkulter Mechanismus darbot: „Messscheiben elektrischer Instrumente zeigen an, dass sich der gesamte Apparat in vollkommener Ordnung befindet. Der stellvertretende Sheriff drückt den Knopf. Atmung und Herztätigkeit hören sofort auf, und mit Lichtgeschwindigkeit zerstört die Elektrizität das Leben, bevor der Nervenreiz das Gehirn erreichen kann. Die Muskulatur versteift sich, um sich nach fünf Sekunden langsam wieder zu entspannen, aber es gibt weder Kampf noch Geräusche. Die Hoheit des Gesetzes ist gewahrt worden, aber kein körperlicher Schmerz wurde verursacht – so ist eine elektrische Exekution."[13]

Auch berichtete die Presse nun detailliert über die zuweilen öffentlichen Versuche an Tieren, die auf dem, wie es hieß, „Altar der Wissenschaften" geopfert wurden. Zweifelsohne erwies sich der tödliche Strom als die potenteste Kraft, die der modernen Wissenschaft bekannt war. Der Optimismus war beinahe grenzenlos, und niemand wagte ernsthaft zu bezweifeln, dass eine Elektrifizierung mit hoher Voltzahl in maximal fünfzehn Sekunden das Leben eines Menschen beenden würde.[14]

Ein knappes Jahr später stand mit dem 28-jährigen William Kemmler aus Buffalo das erste menschliche Opfer bereit. Kemmler hatte seiner Lebensgefährtin Tillie Ziegler im Rausch den Schädel eingeschlagen. Das Todesurteil vom 14. Mai 1889 löste eine Art kollektiver Aufbruchsstimmung aus. Die Lokalpresse berichtete, im Moment der Urteilsverkündung habe es am Himmel geblitzt und gedonnert, und der „Gefangene sprang auf, als sei er elektrisiert".[15]

Der bevorstehende Tod Kemmlers war auch in einen handfesten wirtschaftlichen Kampf um den US-amerikanischen Strommarkt eingebunden – und dies war der Markt der Zukunft, in den auch J. P. Morgan, der damals schwerste Bankier der USA, investierte. In Hinblick auf eine umfassende Vermarktung war die Tödlichkeit des Stroms allerdings weniger ein Segen, sondern vielmehr ein Fluch. Es entbrannte eine „Schlacht der Systeme" zwischen Thomas Edisons Gleichstrom und George Westinghouses Wechselstrom. Da der Wechselstrom als gefährlicher galt, sollte er den elektrischen Stuhl antreiben. Dadurch sah Westinghouse seine Geschäftsinteressen gefährdet. Um dem entgegenzutreten und die Hinrichtung Kemmlers zu verhindern, engagierte er für William Kemmler das teuerste und profilierteste Anwaltsteam, das zu haben war. Starverteidiger W. Bourke Cockran trug den Fall bis vor den Obersten Gerichtshof der Vereinigten Staaten, um die Schmerzlosigkeit des Stromtodes in Zweifel zu ziehen und diesen als „grausame und ungewöhnliche Strafe" zu brandmarken. Es war das erste Mal, dass der „Supreme Court" ein wegweisendes Urteil über die Verfassungskonformität der Todesstrafe fällen sollte.[16]

Das Gericht befragte im Zuge der verschiedenen Anhörungen zahlreiche so genannte „unabhängige" Experten, die insgesamt regelrecht beschworen, dass ein starker Stromschlag einen sofortigen Tod herbeiführe. Dem Einwand von Cockrans Fachleuten, man wisse gar nicht genau, wie Elektrizität eigentlich tötet, konnte letztlich selbst Thomas Edison nicht widersprechen. Dennoch wurde dies als abseitiger Zweifel abgetan, der dem Fortschritt einer zivilisierten Nation nicht im Wege stehen dürfe. Der Oberste Gerichtshof des Staates New York entschied, das neue Hinrichtungsgesetz gewähre einen „sofortigen und daher schmerzlosen Tod". Es bedeute mithin „einen Schritt nach vorn in Hinblick auf Gnade und Menschlichkeit [und] gehe mit dem wissenschaftlichen Fortschritt der Zeit einher". Der Oberste Gerichtshof des Bundes folgte diesem Urteil am 19. Mai 1890. Er entschied, dass das neue Hinrichtungsgesetz in Einklang mit der US-amerikanischen Verfassung stehe. Westinghouse unterlag letztlich nicht nur vor Gericht, auch seine Bemühungen um den guten Ruf des Wechselstroms schlugen fehl. Das Hinrichten mit Strom wurde in der US-amerikanischen Öffentlichkeit schließlich sogar „to westinghouse" genannt.[17]

Die Presse diffamierte den Kemmler-Anwalt und seine Zeugen und Experten als profan und unlauter. Es hieß, sie agitierten aus wirtschaftlichem Interesse gegen den Fortschritt von Zivilisation und Menschlichkeit. Das Cockran-Team hatte der allgemeinen Zuversicht und Aufbruchsstimmung letztlich zu wenig entgegenzusetzen. Im Denken weiter Kreise war eine elektrische Hinrichtungsmaschine ein untrügliches Zeichen moderner Zeiten, und sie stand in einer Linie mit Nähmaschinen, Eisenbahnen, Löschzügen, medizinischen Präzisionsgeräten oder verschiedensten Formen der Beleuchtung. Auch auf der Weltausstellung in Chicago war eine elektrische Hinrichtungsmaschine in der so genannten „White City" zu sehen, wo die Vision eines modernen Amerika präsentiert wurde. Eine Guillotine war im Gegensatz dazu im „Midway" ausgestellt, als Teil einer historischen und ethnologischen Kuriositätenshow, die dem Besucherstrom einen evolutionären Blick auf die Geschichte der Menschheit eröffnen sollte.[18]

Dieser evolutionäre Blick erfasste auch William Kemmler. Minutiös berichtete die Tagespresse über den Aufbau von elektrischen Stühlen in den Gefängnissen von Sing Sing und Auburn, Kemmler selber wurde zum „Pionier der Wissenschaften" erkoren und seine Hinrichtung zu dem bedeutendsten Element in der Geschichte der Elektrizität sowie der Geschichte der Todesstrafe stilisiert. Zudem war mit dem Gesetz zur Technisierung der Exekutionen auch beschlossen worden, den Vollzug von Hinrichtungen zu zentralisieren. Von nun an wurden zum Tode Verurteilte aus den „County Jails" in die Staatsgefängnisse verlegt, wo sie in eigens eingerichteten Todestrakten auf ihre Exekutionen warteten. Dies war die Geburtsstunde der modernen „Death Rows".[19]

Schließlich versammelten sich in der Nacht zum 6. August 1890 zahlreiche medizinische und technische Experten im Gefängnis von Auburn, um William Kemmler sterben zu sehen. Vor den Toren des Staatsgefängnisses war eine große Menschenmenge zusammengeströmt, um dem wortwörtlich beschworenen „Höhepunkt" der Geschichte so nahe wie möglich zu sein. Kaum jemand bezweifelte, dass die bevorstehende Nacht den Siegeszug des elektrischen Tötens einleiten würde. Schließlich „wird der

Tod unter Bedingungen an die Stelle des Lebens treten, die von berühmten Wissenschaftlern gestaltet wurden", konstatierte die „New York Times". Trotz der allgemein optimistischen Stimmung war die Anwesenheit von Journalisten bei der Hinrichtung nach einem langen Hin und Her auf zwei Vertreter von Presseagenturen beschränkt worden. Durch die Kanalisierung des Informationsflusses sollte das große öffentliche Interesse reguliert und zudem vermieden werden, dass aus William Kemmler eine Art Volksheld wurde. Schließlich, so der „Saturday Globe", war die Aufmerksamkeit für Kemmlers Sterben mindestens so groß wie für eine Präsidentschaftswahl.[20]

Umso schockierender waren die Schlagzeilen am Morgen nach der Hinrichtung: „Weit schlimmer als der Galgen: Kemmlers Tod ein Grauen erregendes Spektakel", titelte zum Beispiel die „New York Times". Horror, Ekel, Leid und Schande für die zivilisierte Welt waren die Worte, die die ersten Absätze des Artikels über die Hinrichtung dominierten. Wider alle Erwartung hatte der Strom zunächst versagt, und es hatten sich Szenen abgespielt, von denen der „Times"-Reporter meinte, sie seien mit Worten nicht hinreichend zu beschreiben. Nachdem das Tötungsverfahren planmäßig begonnen und der Todeskandidat die Vorbereitungen mit stoischer Ruhe über sich hatte ergehen lassen, wurde um 6.42 Uhr der Strom für 17 Sekunden angestellt. Doch Kemmler starb nicht. In hektischer Betriebsamkeit wurde der Strom abermals angestellt, und offenbar breitete sich die so gefürchtete ‚unzivilisierte' Lust am Schrecken aus: Die Zeugen konnten, „geschockt von dem entsetzlichen Anblick", ihre Augen nicht abwenden. Für wie lange Kemmler nun Teil des Stromkreislaufes war, vermochte niemand mehr zu sagen, denn die Abläufe waren völlig außer Kontrolle geraten: Die Elektrizität strömte, Kemmlers Blutgefäße begannen zu platzen, die Haare und das Fleisch unter den Elektroden verschmorten, und die Presse kommentierte: „Kemmler wurde buchstäblich zu Tode geröstet." Was als Demonstration des humanitären Fortschrittes und der technischen Fähigkeiten der zivilisierten Menschheit geplant gewesen war, schien beschämend geendet zu haben.[21]

Doch die folgende Analyse relativierte das Bild des Grauens und reduzierte das Übel der elektrischen Hinrichtung auf den äußerlich wahrnehmbaren Teil der Darbietung. Kemmlers unerträglich langsames Sterben wurde mit der allgemeinen Aufregung und Mängeln in der Organisation des Ereignisses sowie mit technischen Defiziten der Maschine erklärt. Kemmler sei aber, da stimmten die medizinischen Fachleute überein, unmittelbar nach dem finalen Knopfdruck ohne Bewusstsein gewesen und demzufolge schmerzfrei gestorben. Der Leiter der New Yorker Gesundheitsbehörde, Dr. Louis Balch, versicherte: „Vom ersten Stromschlag an war der Gefangene praktisch tot, er hat keinen Schmerz gespürt und ist nie mehr zu Bewusstsein gelangt." Das Prinzip, so meinte man, habe sich bewährt, und nach der Feinabstimmung in einigen Details bestehe nicht der „Hauch eines Zweifels", dass das Leben eines Verurteilten schnell wie ein Blitz genommen werden könne: Bei ausreichender Stromspannung hätte die Tötung Kemmlers als „wunderbarer Erfolg" deklariert werden können. Alfred Southwick nannte William Kemmlers Tod sogar einen der größten Erfolge dieses Zeitalters, und er schwärmte vom Eintritt in ein höheres Stadium der Zivilisation.[22]

Ein knappes Jahr darauf stand „das zweite elektrische Tötungsexperiment" bevor, um eine Presseschlagzeile zu zitieren. Der Glaube an die präzisierte Technologie war so grenzenlos, dass diesmal im Staatsgefängnis von Sing Sing gleich vier Männern der Tod auf dem elektrischen Stuhl drohte. Am folgenden Morgen jubilierte die Presse, das Unterfangen sei gleich vierfach „erfolgreich" und das „Abschlachten William Kemmlers" ein vermutlich einmaliges Versagen der neuen Methode gewesen. Angeblich waren die Verurteilten sofort gestorben, und keiner hatte äußerlichen Schaden genommen. Insofern sei die Exekution der vier Männer nicht nur die humanste Hinrichtung aller Zeiten, sondern auch die ansehnlichste gewesen. Die neue Methode, betonte der Mediziner Dr. Alphonse Rockwell, erfülle „sämtliche Erfordernisse, einen Menschen mit Anstand zu töten".[23]

„Das elektrische Exekutieren wird sich durchsetzen", lautete die Prophezeiung der folgenden Tage. Auch als der offizielle Bericht Anlass zu Zweifeln an dem schnellen Sterben der vier Männer gab, vermochte dies die Euphorie nicht zu bremsen. Viel zu sehr verkörperte das Exekutieren mit Strom das Selbstverständnis der modernen US-amerikanischen Kultur und Gesellschaft. Schließlich galt es als Zeichen von Zivilisation und Fortschritt, Elektrizität in – im wahrsten Sinne des Wortes – jeder

Lebenslage zu nutzen. Wie sehr der Moment des angeordneten Sterbens nun neu kodiert war, illustriert ein kurzer Film, den ausgerechnet Thomas Edison im Jahr 1901 drehte. Zelluloid war das neue Medium schlechthin, und die verschiedensten Ereignisse wurden so dokumentiert und inszeniert – von den Weltausstellungen über Suffragettenaufmärsche bis hin zu den ersten U-Bahn-Fahrten in New York. Einer dieser Filme befasste sich mit der Exekution Leon F. Czolgosz', also des Mannes, der 1901 einen tödlichen Anschlag auf US-Präsident William McKinley verübt hatte. Der Film präsentiert eine Nachstellung der Hinrichtung und nicht das Original, wodurch er noch deutlicher als kulturelle Selbstinszenierung hervortritt. Er zeigt, wie Männer in Anzügen die Leistungsfähigkeit der Maschine gewissenhaft überprüfen, bevor sie den Attentäter in einem geradezu klinischen Verfahren töten. Binnen weniger als einer Minute durchfließt der Strom in drei kurzen Intervallen seinen Körper, ohne Spuren der Gewalt zu hinterlassen. Zwei Ärzte stellen daraufhin den Tod des äußerlich unversehrten Menschen fest. Der Film führt nochmals vor Augen, wie sehr eine Exekution auf dem elektrischen Stuhl als Ausdruck von kulturellen Leitbildern fungierte, denen zumindest die weiße Elite und Mittelklasse des US-amerikanischen Nordostens anhingen.[24]

7. Reform und Rückschlag:
Von der Jahrhundertwende bis zum
Zweiten Weltkrieg

Trotz der Faszination, die vom elektrischen Stuhl ausging, trafen die ersten Hinrichtungen mit Strom in den frühen 1890er Jahren nicht auf gänzlich ungeteilte Zustimmung. Einerseits galt er als wegweisendes Exekutionsinstrument einer modernen Gesellschaft und wurde in der Folgezeit in zahlreichen US-Staaten eingeführt. Andererseits prophezeite Dr. Harold Spitzka, einer der medizinischen Fachmänner, die William Kemmlers Sterben beäugt hatten, „der Todesstuhl wird die Kanzel sein, von der die Abschaffung der Kapitalstrafe gepredigt werden wird". Tatsächlich verhalf nicht zuletzt der elektrische Stuhl der Bewegung gegen die Todesstrafe um die Jahrhundertwende zu neuem Schwung, und die Zeit bis zum Ersten Weltkrieg gilt als eine große Ära der Todesstrafenreform. In den Jahren zwischen den beiden Weltkriegen wiederum fand die Todesstrafe beinahe uneingeschränkte Zustimmung.[1]

Die Verbreitung des elektrischen Stuhls

Im Jahr 1913 notierte US-Präsident Woodrow Wilson, „nichts wird in diesem Land noch so gehandhabt wie zwanzig Jahre zuvor". Wilson war der letzte Präsident der so genannten „Progressive Era", die sich von der Jahrhundertwende bis zum Ersten Weltkrieg erstreckte und als eine Zeit intensiven Wandels in den Vereinigten Staaten gilt. Bereits seit dem Ende der „Reconstruction" befanden sich die USA auf der „Suche nach einer neuen Ordnung", wie der Titel einer einschlägigen Arbeit Robert Wiebes diese Zeit charakterisiert. Von den 1890er Jahren an breitete sich eine allgemeine Reformstimmung aus. Sie war getragen von Interessengruppen unterschiedlicher Größe und Zielrichtung, die sich hauptsächlich aus der urbanen Mittelklasse rekrutierten. Die „Progressives" strahlten den Optimismus der verantwortlichen

Bürger aus, die mit Know-how und über verschiedene Regierungskanäle Fortschritt im Sinne einer verbesserten menschlichen Lebenssituation zu bewirken hofften. Sie standen für ökonomischen Wandel, philanthropisch-humanitäre Ziele oder die in ihren Augen moralische Aufwertung der Gesellschaft ein. Die „Progressive Era" ist somit gekennzeichnet von politischer und institutioneller Rekonzeptionalisierung, die zu großen Teilen von Initiativen geprägt war, die zunächst außerhalb der gewählten Regierungen lagen.[2]

Mit Blick auf die Geschichte der Todesstrafe ist der eingangs zitierten Einschätzung Präsident Wilsons sicherlich beizupflichten. Zahlreiche Staaten der USA hatten elementare Veränderungen durchgesetzt, und die Einführung des elektrischen Stuhls im Staat New York kann durchaus als Beispiel eines frühen Progressivismus gelten. Hier agitierten wirtschaftliche und philanthropische Interessengruppen über politische Kanäle, begleitet von einer aufmerksamen und diskutierenden Öffentlichkeit. Schon bald befand sich der elektrische Stuhl bundesweit auf dem Vormarsch, und er sollte sich als ein bevorzugtes Hinrichtungsinstrument durchsetzen. Da sich ab den 1920er Jahren zudem die Gaskammer verbreitete, wurden Hinrichtungen zur Zeit der „Großen Depression" der 1930er Jahre und am Vorabend des Zweiten Weltkrieges in nur sehr wenigen US-Staaten noch am Galgen vollstreckt.

Über viertausend Menschen, manche nur 17 Jahre alt, wurden „electrocuted", wie man diese Art hinzurichten schon seit ihrer Erfindung nannte. Den unrühmlichen Spitzenplatz in dieser Statistik nimmt New York ein, wo bis 1963 686 Männer und neun Frauen auf einem elektrischen Stuhl starben. Viele Exekutionen mit Strom konnten keinerlei Assoziation an „elektrische Sterbehilfe" wecken, über die man im Zuge des Falles Kemmler fabuliert hatte. Selbst wenn alles nach Plan verlief, riefen elektrische Tötungen häufig körperliche Verstümmelungen hervor. Der Körper des oder der Getöteten ist unmittelbar nach der Hinrichtung um die Kontaktstellen herum so heiß, dass man ihn nicht anfassen kann. Die Rechtswissenschaftlerin Deborah Denno gelangte nach jahrelanger Forschung jedenfalls zu der Einschätzung, dass das Hinrichten mit Strom keineswegs weniger grausam sei als andere Methoden, sondern „vielleicht sogar grausamer".[3]

Doch unter den Zeitgenossen war der Glaube an die Allmacht der Elektrizität weit verbreitet, und der elektrische Stuhl galt trotz seiner „Mängel" weithin als sicherster, schnellster, effizientester und schmerzlosester Weg, Todesurteile zu vollstrecken. Auch der offiziell als „Staatselektriker" bezeichnete Edwin Davis, der von 1890 bis zu den 1920er Jahren beinahe sämtliche Hinrichtungen in New York vollzog, beschrieb „das Töten eines Menschen im elektrischen Stuhl als Vollzug eines humanitären Aktes". Dabei hätte gerade Davis es eigentlich besser wissen müssen. Martin D. Loppy beispielsweise wurde im Dezember 1891 regelrecht verschmort. Eineinhalb Jahre darauf zerbrach der Stuhl während der Hinrichtung William G. Taylors, und die Apparatur stürzte mit dem noch lebenden Taylor zu Boden. Nachdem die Konstruktion notdürftig repariert worden war, versagte die Stromversorgung. Während sich die Techniker mühten, andere Stromquellen anzuzapfen, versorgten Ärzte den Hinzurichtenden auf einer Trage mit Schmerzmitteln. Erst nach einer weiteren Stunde war endlich „Gerechtigkeit geübt" worden, wie der Gefängnisleiter nach dem Abschluss der Exekution verkündet haben soll. Geschichten ähnlicher, so genannter „gescheiterter" Exekutionen könnten zahlreiche Seiten füllen.[4]

Obschon diese Geschehnisse den Zeitgenossen bekannt waren, folgten viele Staaten auch nach den Exekutionen William Kemmlers, Martin D. Loppys oder William G. Taylors dem Beispiel New Yorks. Ohio führte 1897 den elektrischen Stuhl ein, Massachusetts, New Jersey und Virginia folgten in den Jahren 1901, 1907 und 1908. Neun weitere Staaten übernahmen in den 1910er und sieben in den 1920er Jahren die Methode der „electrocution". Schließlich begannen noch einige Staaten in den 1930er und 40er Jahren mit Strom zu töten, und West Virginia folgte 1951. Insgesamt führten 26 US-Staaten den elektrischen Stuhl ein.[5]

Texas übernahm den elektrischen Stuhl an Stelle des Galgens erst 1924 und somit vergleichsweise spät. Auch dort stand das Bestreben im Vordergrund, selbst im Moment einer Hinrichtung ein Signal im Sinne einer geordneten, „zivilisierten" Gesellschaft zu setzen. Unmittelbarer Beweggrund für die Veränderung des Exekutionsverfahrens war die wachsende Zahl an Lynchmorden in den zurückliegenden Jahren. Der Strick musste weichen, denn er symbolisierte vor allem die extralegalen Tötungen von vornehmlich afroamerikanischen Männern. In zunehmendem Maße hielten Gemeinde- und Staatspolitiker es für notwendig, eine größere Distanz zwischen dem gesetzmäßigen Hinrichten und der Lynchjustiz herzustellen. Mit dem neuen Exekutionsverfahren wurde auch der Ort der Hinrichtungen aus den Gemeinden heraus in das Staatsgefängnis von Huntsville verlegt. Dies entfernte den Tod als Strafe weiter aus dem Alltagsleben der Menschen. Vorher waren sich die Inszenierungen von gesetzlich sanktionierten Hinrichtungen, die in Texas noch öffentlich vollzogen wurden, und Lynchings recht ähnlich. Dadurch, dass die Exekutionen nun in die Staatsgefängnisse verlegt waren, trugen sie deutlicher die Merkmale einer abstrakten, überindividuellen Gerechtigkeitspflege, die losgelöst war von unmittelbar markierbaren, persönlichen (Rache-)Bedürfnissen bestimmter Individuen oder bestimmbarer Kollektive. In weiten Teilen der USA hatte sich das zentralisierte Hinrichten in den Jahrzehnten nach 1890 durchgesetzt, und im Jahr 1920 wurden bereits neun von zehn US-amerikanischen Exekutionen unter staatlicher Hoheit und nicht mehr unter Gemeindehoheit vollstreckt. Die meisten „County"-Exekutionen wurden noch in den Staaten des Südens vollzogen, wo Mississippi und Louisiana sogar erst in der Mitte der 1950er Jahre zum zentralisierten Hinrichtungssystem übergingen. Ein Grund für diesen Wandel insgesamt war freilich auch der wachsende Bedarf an technischer Ausstattung, die nicht allerorten vorhanden sein konnte.[6]

Auch in Texas wurden die Argumente der Humanisierung und Zivilisierung des Strafvollzuges durch ein elektrisches Hinrichten vorgebracht. In seiner Wahlkampagne für ein Senatorenamt hatte J. W. Thomas die Exekutionsreform in den Vordergrund gerückt. Er propagierte sowohl die Zentralisierung der Hinrichtungen, „um sie der emotionalen Atmosphäre der örtlichen Kommunen" zu entziehen, als auch den elektrischen Stuhl als „fortschrittlich und human". In diesem Sinne hob auch das texanische Hinrichtungsgesetz von 1923 hervor, wie antiquiert die bisherige Exekutionspraxis sei und wie häufig sie zu „großen Störungen und Unruhe" im betroffenen Bezirk geführt habe. Daher sei es unbedingt notwendig, das „moderne und humanere System des zentralisierten Stromtodes" einzuführen. Per Gesetz war nun der Gefängnisleiter von Huntsville auch Vorsteher des Todestraktes und staatlicher Scharfrichter. Amtsinhaber R. F. Coleman quittierte daraufhin sofort den Dienst. Er verstand sich selber als Reformer, und in seinen Augen war dies nicht mit der Aufgabe des staatlichen Henkers zu vereinen. Im Gegensatz zu Coleman sah der ehemalige Sheriff Walter Monroe Miller hier kein Problem. Als Miller den Posten im Februar 1924 antrat, bezeichnete er das Hinrichten schlicht und einfach als Teil seiner Pflichten. Er betonte, als Sheriff habe er gehenkt, und da sei der elektrische Stuhl doch deutlich humaner als der Galgen.[7]

Als erster Mensch starb in Texas auf dem elektrischen Stuhl der Afroamerikaner Charles Reynolds am 8. Februar 1924. Ihm folgten noch in derselben Nacht vier weitere Männer. Zwischen 1924 und 1964 sollten in Texas insgesamt 361 Menschen wegen Mordes (71,2 %), Vergewaltigung (27,4 %) und bewaffneten Raubüberfalles (1,4 %) mit Strom getötet werden. In der Kategorie „Mord" machten Schwarze etwa zwei Drittel der Hingerichteten aus, in der Kategorie Vergewaltigung waren es 90 %. Bereits diese Zahlen verweisen auf die rassistischen Ungleichgewichte in der Justiz, die in den folgenden Jahrzehnten zu einem zentralen Argument im Kampf gegen die Todesstrafe wurden.[8]

Die Gaskammer

Beinahe alle 26 US-Staaten, die im Laufe der Zeit das elektrische Töten einführten, hielten zumindest bis in die 1960er Jahre daran fest, also bis zu dem Zeitpunkt, als man in den USA vorübergehend aufhörte hinzurichten. Die einzige Ausnahme stellt North Carolina dar, wo 1936 an die Stelle des elektrischen Stuhls die Gaskammer trat. Sie war zwölf Jahre zuvor erstmals in Nevada zum Einsatz gekommen.

Die Idee, mit Gas hinzurichten, rief abermals Fantasien über ein schmerz- und schreckfreies Töten hervor. Zyanid wurde als humane Alternative zum Galgen und auch zum elektrischen Stuhl propagiert. Im Jahr 1921 schwärmten Abgeordnete des Staates Nevada von einem verordneten Tod, bei dem die Verurteilten sanft entschliefen. Anfänglich erwog man sogar, das Gas in die Zelle eines Hinzurichtenden einströmen zu lassen, während dieser tatsächlich schlief – ein Tod ohne Vorwarnung und ohne Angst schien so möglich zu sein. Am 28. März 1921 unterzeichnete der Gouverneur das so genannte „Gesetz des humanen Todes", und drei Jahre später wurde der chinesischstämmige Amerikaner Gee Jon wegen Mordes als erster Mensch mit Gas hingerichtet. Ein Widerspruch Jons gegen seine „ungewöhnliche" Hinrichtung war vom Obersten Gerichtshof des Staates Nevada mit Verweis auf die Kemmler-Entscheidung abgewiesen worden. Der „Supreme Court" der USA verweigerte eine Anhörung. Gee Jon starb jedoch nicht in seiner Zelle, sondern in einer eigens zu diesem Zweck konstruierten Kammer. Sie sollte gewährleisten, dass das Gas niemandem außer dem Verurteilten Schaden zufügte. Entwickelt hatte die Gaskammer ein Major des „U.S. Army Medical Corps", der während des Ersten Weltkrieges begonnen hatte, die tödliche Wirkung von Gas zu studieren. Angeblich verlief bei der Hinrichtung Gee Jons alles nach Plan, und es hieß offiziell, der Verurteilte sei nach etwa zehn Sekunden gestorben, obschon sich der Kopf noch sechs Minuten lang bewegte. Die Ärzte konstatierten, Gas sei „die gnädigste Hinrichtungsmethode, die jemals entwickelt worden ist", und die regionale und überregionale Presse feierte einen großen Erfolg. Sie schwärmte von der Gaskammer als „Quelle grenzenloser Zufriedenheit" für alle Verfechter der Todesstrafe. Schließlich sei es beruhigend zu wissen, dass Verurteilte schmerzfrei und „auf friedliche Art und Weise" stürben. Die Hinzurichtenden selbst, fuhren die Zeitungen fort, werde es ungemein beruhigen, dass ihre Körper „bei der Beerdigung wie lebendig aussehen. Wir gratulieren dem großartigen Staat Nevada zu dem Erfolg seines Experimentes und zu dem Beweis, dass ein gesetzmäßiger Tod so schmerzfrei sein kann wie eine moderne Medikation."[9]

Doch ein ruhiges Einschlafen des Hinzurichtenden in der Gaskammer war wohl eher Wunschdenken. Schon bald war klar, dass sich ein solches Sterben häufig über acht bis zehn Minuten erstreckt, nachdem das Gasgemisch zu wirken beginnt. Gleichwohl war und ist der Tod durch Blausäure frei von Blut und Verstümmelung, und zudem sind die Abläufe in der Gaskammer so vorhersehbar wie nur möglich. Im Laufe der 1930er Jahre folgten mit Arizona, Colorado, North Carolina, Kalifornien, Wyoming, Missouri und Oregon sieben Staaten dem Vorbild Nevadas. Keiner dieser Staaten hat nach dem Zweiten Weltkrieg, nach Auschwitz und dem Holocaust, aufgehört, Gas zur zielgerichteten Tötung von Menschen einzusetzen. Alle nutzten ihre Gaskammern bis in die 1960er Jahre und darüber hinaus. Die Staaten Mississippi, Maryland und New Mexiko führten die Strafe des Gastodes sogar erst in den 1950er Jahren bzw. 1960 ein.[10]

Die Opposition gegen die Todesstrafe in den ersten Dekaden des 20. Jahrhunderts

In der allgemeinen Reformbewegung des frühen 20. Jahrhunderts entfaltete aber auch die Gegnerschaft zur Todesstrafe eine bislang ungekannte Vehemenz und Wirkungskraft. Die breite und engagierte Reformbewegung wurde nicht zuletzt von Persönlichkeiten aus Politik und öffentlichem Leben getragen. Als Beispiele mögen die Gouverneure Hiram Johnson aus Kalifornien, George W. P. Hunt aus Arizona und Samuel W. McCall aus Massachusetts oder auch der US-amerikanische Vizepräsident der Wilson-Administration, Thomas R. Marshall, genannt werden. Auch der Gewerkschaftsführer Samuel Gompers, die Sozialreformerin Jane Addams, der Journalist und Sozialkritiker Finley Peter Dunne, der Banker George Foster Peabody oder der Schriftsteller William Dean Howells sind zu den aktiven Abolitionisten dieser Zeit zu zählen.[11]

Ein Grund für die wachsende Opposition gegen die Todesstrafe war bemerkenswerterweise gerade das körperliche Leid, das mit einem Stromtod einhergehen konnte. So waren durchaus Stimmen zu vernehmen, die aus den Geschehnissen in den Hinrichtungskammern folgerten, dass Strom weder ein sicheres noch ein schmerzfreies Tötungsmedium war. William Dean Howells beispielsweise hatte sich in der Entstehungszeit des elektrischen Stuhls noch wahrhaft begeistern können für ein kinderleichtes Töten durch Knopfdruck. Vierzehn Jahre darauf zeigte ein Beitrag in „Harper's Weekly", wie groß Howells' Widerwille gegen den Einsatz eines tödlichen Stromschlages zwischenzeitlich geworden war. Howells schrieb in sarkastischem Ton, der elektrische Strom hätte den Zeitgenossen versprochen, aus einer Hinrichtung eine „gütige Handlung" eines wissenschaftlichen Gentleman zu machen und so die Todesstrafe „beinahe ihrer tödlichen

Wirkung zu berauben". Jegliche unschöne Assoziation sollte vermieden werden, kein Henker, keine schwarze Maske, kein Blut, keine Grausamkeiten. Doch die Erfahrungen der letzten Jahre hätten verdeutlicht, dass die Qualitäten der Elektrizität in dieser Hinsicht mangelhaft waren. Der elektrische Stuhl hatte seine „heilige Mission" nicht erfüllt, wieder und wieder seien Verurteilte gequält worden. Die vielen Berichte über „gescheiterte" Exekutionen bestätigten die Unwägbarkeiten der neuen Methode. In einem dieser Berichte in der „Sun" empfahl ein Arzt bereits am Anfang des 20. Jahrhunderts Gas als diesmal wirklich schmerzfreie Alternative. Howells war mittlerweile jedoch durch und durch skeptisch, wenn von „humanen Tötungsmethoden" die Rede war. Zugleich jedoch war ein Zurück zum Galgen nicht mehr möglich, und so rief er mit beißendem Spott dazu auf, doch unendlich weiter zu suchen nach „der perfekten Methode schmerzlosen Mordens in staatlichem Auftrag".[12]

Ähnlich wie Howells hatten mittlerweile zahlreiche Menschen mit der Todesstrafe gebrochen. Während des „Progressivism" verzeichnete die Reformbewegung Erfolge bislang ungekannten Ausmaßes. In Colorado wurde die Todesstrafe 1897 aus den Gesetzbüchern gestrichen, nachdem vor allem die Presse die Grausamkeit von Hinrichtungen angeprangert und die Reformbewegung die Unterstützung der politischen Gremien und des Gouverneurs Alva Adams gefunden hatte. Als im Jahr 1900 jedoch der Lynchmob in Colorado wütete, führte man dies auf das Bedürfnis des Volkes nach einer tödlichen Justiz zurück, und ein Jahr darauf war die Todesstrafe in Colorado wieder in den Gesetzen verankert. In einigen weiteren Staaten passierten Gesetzentwürfe zu ihrer Abschaffung zumindest eine der beiden Kammern, so in Washington State, Pennsylvania, Illinois und Ohio. In Massachusetts, New York und New Jersey kamen die Abolitionisten nahe an Erfolge heran – so nahe, dass die „New York Times" im Februar 1906 befürchtete, man steuere geradewegs auf das Ende der Todesstrafe zu.[13]

Tatsächlich schafften in den darauf folgenden Jahren einige Staaten die Todesstrafe ab. Den Anfang machte 1907 Kansas. Dort war kein Todesurteil mehr vollstreckt worden, seitdem in den frühen 1870er Jahren ein Gesetz erlassen worden war, das die ausdrückliche Zustimmung des Gouverneurs zu einer Hinrichtung forderte. Treibende Kraft der De-jure-Abschaffung war Gouverneur Edward W. Hoch, für den „das Aufknüpfen eines menschlichen Wesens, sei es legalisiert oder nicht, ein Akt der Barbarei" war. Vier Jahre später folgte Minnesota, und wie schon einige Male zuvor waren hier eine misslungene Exekution am Galgen und eine breite Berichterstattung in der Presse die Auslöser. 1913 passierte ein entsprechendes Gesetz auch in Washington State beide Kammern, nachdem ein solcher Entwurf einige Jahre zuvor noch im Senat gescheitert war. Auch dort bildete der Gouverneur die treibende Kraft der Abolitionsbewegung. Im Dezember 1914 wurde Washingtons Gouverneur Ernest Lister sogar zum Vizepräsidenten der „Anti-Capital Punishment Society of America" ernannt. Etwas mehr als ein Jahr darauf traten Nord- und Süd-Dakota ebenso wie Oregon in die Riege der abolitionistischen Staaten ein, um „die letzten Fesseln der Barbarei von unseren Gliedern abzuschütteln", wie die Presse Süd-Dakotas feierlich verkündete. In Nord-Dakota war die Stimmung derart einmütig, dass die Abstimmung in der gesetzgebenden Versammlung 80:0 ausfiel.

Etwa zur selben Zeit wurde in Tennessee nach einer überaus kontroversen Debatte zumindest Mord von der Liste der todeswürdigen Verbrechen gestrichen. Gleichwohl stand auf Vergewaltigung weiterhin der Tod, und zwischen 1912 und 1920 wurden in Tennessee sieben Männer wegen Vergewaltigung hingerichtet – alle sieben waren Afroamerikaner. 1916 wurde die Todesstrafe in Arizona durch eine denkbar knappe Volksabstimmung (18 936:18 784) abgeschafft. Zuvor hatte der dortige Gouverneur George Hunt über Jahre hinweg zum Tode Verurteile konsequent begnadigt. Im Jahr darauf trat Missouri nach einer nur kurzen und wenig kontroversen Debatte in die Gruppe der Abolitionisten ein, und der „St. Louis Dispatch" betonte, es sei nun endlich gelungen, „die widerwärtige Pflicht, Kriminelle zu exekutieren", von den Schultern der Offiziellen zu nehmen. Missouri war der dreizehnte Staat insgesamt und der neunte, der seit der Jahrhundertwende mit der Todesstrafe gebrochen hatte. In einigen weiteren Staaten scheiterten Reformbemühungen nur knapp, wodurch die Breite der Opposition in dieser Zeit signalisiert wird. In vielen Staaten sollte die Abkehr von der Todesstrafe jedoch nur von kurzer Dauer sein. Nach dem Ersten Weltkrieg wurden viele Todesstrafengesetze erneut überarbeitet und revidiert.[14]

Todesstrafen in den 1920er und 1930er Jahren

Das Ende des Ersten Weltkrieges leitete nicht nur die „Roaring Twenties" und eine Phase des ungebremsten Konsums ein, sondern auch eine Zeit des konservativen Traditionalismus, der Angst vor krimineller Infiltration, fremdländischer Veränderung und kommunistischer Unterwanderung. Die Russische Revolution hatte weite Teile der US-amerikanischen Öffentlichkeit hypersensibilisiert, und als nach dem Kriegsende eine Welle von Arbeiterprotesten die Vereinigten Staaten überzog, wurden die Streikenden schnell des antiamerikanischen „Bolschewismus" bezichtigt. Einige tatsächliche und einige versuchte Bombenattentate nährten die Furcht vor der antikapitalistischen Bedrohung im Frühjahr 1919 zusätzlich. Panik griff um sich, die erste „Red Scare" überzog die Vereinigten Staaten, und der Bundesstaatsanwalt A. Mitchell Palmer orakelte, „wie in einem Präriefeuer bedrohen die Flammen der Revolution jede amerikanische Institution". Staatliche Organisationen begannen, gegen angebliche radikale Anarchisten vorzugehen, was unter anderem zur Deportation von zahlreichen Nicht-US-Amerikanern führte. Auch J. Edgar Hoover, der der Bundespolizei FBI bis in die 1970er Jahre vorstehen sollte, begann in dieser Zeit seine Karriere. Wer nicht WASP, also „White Anglo-Saxon Protestant", war und den Anstrich des Unamerikanischen trug, hatte eine schwere Zeit zu durchleben. Bürgerkriegsähnliche Konflikte zwischen Afroamerikanern und WASPs überzogen so manche Stadt nicht nur im Süden der USA, und auch rassistisch motivierte Gewalttaten mehrten sich wieder. Der Aufstieg des „Zweiten Ku-Klux-Klan" begann, und in der Mitte der 1920er Jahre waren ca. fünf Millionen Menschen eingetragene „Klansmen". Der Kampf gegen diejenigen, die sich zunächst nicht oder zumindest teilweise nicht in das Raster der US-amerikanischen weißen, protestantisch-christlich geprägten Leitkultur einfügen ließen, schlug sich auch in der Einwanderungspolitik nieder. Nativistische Ressentiments trafen vor allem die Menschen, die aus dem südlichen und östlichen Europa in die USA kamen – und dies war seit der Jahrhundertwende ein permanent wachsender Anteil, der nach dem Ersten Weltkrieg weiter anstieg. 1921 und 1924 wurden schließlich Gesetze erlassen, die die Zuwanderung aus Süd- und Osteuropa massiv begrenzten.[15]

Staatlich-behördliche Maßnahmen und die Furcht vor fremdländischer, gewalttätiger und kommunistischer Unterwanderung lassen sich im Sacco-Vanzetti-Fall bündeln. Die italienischen Einwanderer und bekennenden Anarchisten Niccolo Sacco und Bartolomeo Vanzetti wurden im Frühjahr 1920 im Zusammenhang mit einem Raubüberfall und Doppelmord verhaftet. Obschon die Indizien äußerst dünn waren, benötigte die Jury nicht einmal eine Stunde, um sie zum Tode zu verurteilen. Als im November 1925 ein Mann, der bereits im Todestrakt saß, die Tat gestand, schien der Fall neu aufgerollt werden zu müssen. Die Justiz weigerte sich jedoch trotz des Geständnisses, dies zu tun, und auch der Gouverneur von Massachusetts, Alvan T. Fuller, gewährte keine Gnade. Sacco und Vanzetti starben 1927 auf dem elektrischen Stuhl des „Charlestown Prison". Unter kritischen Zeitgenossen hieß es, sie seien aufgrund ihrer Herkunft und ihrer politischen Gesinnung regelrecht geopfert worden. Noch 25 Jahre nach dem Fall bemerkte der Anwalt der beiden Hingerichteten, Herbert Ehrmann, zynisch: „Man stelle sich diesen Fall ohne die antianarchistische Hysterie, die Angeklagten als Veteranen des Ersten Weltkriegs, die Zeugen der Anklage als Italiener und die Zeugen der Verteidigung als WASPs aus Neuengland vor" – und der Ausgang des Prozesses wäre ein gänzlich anderer gewesen. Auch wenn spätere ballistische Untersuchungen zumindest eine Beteiligung Emilio Saccos an dem Verbrechen nahe legen, so führt der Fall doch die Nutzung der Todesstrafe in Zeiten des geschärften politischen und gesellschaftlichen Unsicherheitsempfindens vor Augen. Das Verfahren gegen Sacco und Vanzetti hat vehemente Proteste ausgelöst und der Bewegung gegen die Todesstrafe zu einem kleinen Aufschwung verholfen.[16]

Die Furcht vor Anarchie und Chaos wurde in den 1920er Jahren zudem durch das Wachstum organisierter Kriminalität gemehrt. Maßgeblich verantwortlich zeichnete hier der 18. Verfassungszusatz, der vom Januar 1920 an die Herstellung, den Verkauf und den Transport alkoholischer Getränke untersagte. Die „Prohibition" kriminalisierte beinahe eine ganze Gesellschaft, denn das allgemeine Alkoholverbot wurde überall und permanent unterwandert. Dies galt vor allem für die Großstädte, wo es bisweilen nur wenige Sekunden brauchte, um einen Drink zu bekommen. Zudem waren Städte wie New York und Chicago berüchtigt für die gewalttätige Gang-Kriminalität und die wachsende Mordrate. Es heißt weiterhin, dass beispielsweise „Scarface" Al Capone ca. 60 % seiner Einnahmen durch Alkoholgeschäfte erlangt habe, und dies waren allein 1927 stattliche $ 60 Millionen. Vor allem durch die Kriminalisierung war Alkohol mit Bestechung, Prostitution und Glücksspiel untrennbar verbunden, also mit den gesellschaftlichen Übeln schlechthin. Darüber hinaus waren viele der Gangmitglieder italienischer oder irischer Herkunft, wodurch eine Verbindung zu zwei Einwanderergruppen bestand, die ohnehin mit Vorurteilen belegt waren.[17]

Nicht nur im Alkoholverbot artikulierte sich eine gesellschaftliche Bewegung, die man als „Antimodernismus" bezeichnen kann. In den Zeiten vermehrter und kulturell heterogener Einwanderung vollzog sich eine Rückbesinnung auf einen fundamentalistischen Protestantismus, der die orthodoxe und wörtliche Auslegung der Heiligen Schrift postulierte und die Idee einer religiös pluralistischen Gesellschaft als Verrat an einer angloamerikanisch definierten Nation empfand. Darüber hinaus wiesen die Fundamentalisten sozialtheoretische, psychologisierende oder biologistische Deutungen menschlicher Verhaltensweisen kategorisch zurück, vielmehr oblag in ihren Augen menschliches Handeln innerhalb einer gottgegebenen Weltordnung der moralischen Verantwortlichkeit des Individuums. Als größter Gegenspieler dieses religiösen Fundamentalismus hatte sich die Evolutionstheorie Charles Darwins profiliert, die sich mit einer wörtlichen Lesart der Genesis nicht vereinbaren ließ. Der frühere Außenminister und dreimalige Präsidentschaftskandidat William Jennings Bryan erklärte sogar, dass „sämtliche Übel in Amerika auf die Verbreitung der Evolutionstheorie zurückzuführen sind". In zwanzig US-Staaten, so unterschiedlich wie New York und Georgia, versuchten Fundamentalisten, die Evolutionslehre aus den Curricula der Schulen streichen zu lassen. Obschon der orthodoxe Protestantismus seine organisatorischen Zentralen zunächst in den Großstädten vor allem des Nordostens gehabt hatte, verzeichnete er dann vor allem im Süden Erfolge. In Oklahoma, Florida, Mississippi, Louisiana, Arkansas und auch Tennessee war der Unterricht der Evolutionstheorie in den 1920er Jahren zumindest vorübergehend per Gesetz verboten, in Texas griffen ähnliche Maßnahmen. Die größte Aufmerksamkeit erlebte der fundamentalistisch-religiöse Kampf gegen wissenschaftliche Welterklärungen im Jahr 1925 im so genannten „Monkey Trial" in Dayton, Tennessee. Dort wurde der Biologielehrer John T. Scopes zwar zu $100 Strafe verurteilt, weil er wider das Gesetz die Evolutionstheorie unterrichtet hatte. Zugleich aber wurden die Fundamentalisten in dem medienträchtigen Verfahren als Vertreter des provinziellen und rückständigen Amerika gebrandmarkt, und die Bewegung verlor an Ansehen und Breitenwirkung.[18]

Paradoxerweise hatte sich die Evolutionstheorie seit dem ausgehenden 19. Jahrhundert derart manifest den Weg in die zeitgenössische Kultur gebahnt, dass ihr religionsgleiche Qualitäten beigemessen werden können. Insbesondere in ihrer sozialdarwinistischen Deutung war sie zu einem tragenden Element angloamerikanischen Denkens geworden, das in einer Differenzierung und Hierarchisierung verschiedener, vermeintlich rassisch bestimmbarer Menschengruppen gründete. Mit Rückbezug auf die Evolutionstheorie wurden die Einwanderer aus Süd- und Osteuropa als Gefahr stigmatisiert, repräsentierten sie doch ebenso wie Afroamerikaner eine angebliche Rückständigkeit im langen Prozess der natürlichen Selektion. Angeblich gefährdeten sie die höherwertig eingestufte angloamerikanische Rasse. Darüber hinaus schienen im sozialdarwinistischen Denken auch körperlich und geistig Behinderte, sexuelle Grenzgänger oder Kriminelle die beschworene Reinheit und Qualität des angloamerikanischen „Volkes" zu gefährden. Die eugenische Bewegung war in dieser Zeit beileibe kein Randphänomen. Vom Beginn des 20. Jahrhunderts bis zu den 1930er Jahren gaben sich dreißig US-Staaten Eugenik-Gesetze, die die Sterilisation von so genannten „Defektiven" erlaubten, und der Oberste Gerichtshof der USA erklärte diese Gesetze für verfassungskonform. Eugenische Kongresse hatten großen Zulauf und wurden auch von führenden Persönlichkeiten der nationalen Politik – wie dem späteren Präsidenten Herbert Hoover – besucht. Der „American Eugenics Society" standen Männer von hoher Reputation aus den akademischen Zirkeln der Ostküste vor, und sie organisierte beliebte Wettbewerbe, auf denen beispielsweise das körperliche Erscheinungsbild, der Gesundheitszustand und die Intelligenz der „fittesten

Familie" prämiert wurden. Ähnlich führten Ausstellungen den Besuchern vor Augen, dass in den USA alle 48 Sekunden ein „schwachsinniges", alle 50 Sekunden ein „kriminelles", aber nur alle 7½ Minuten ein wirklich kreatives und fähiges Kind geboren werde. Mithin erschien die Eugenik als eine Möglichkeit, die Geschicke des Evolutionsprozesses im Sinne einer biologisch-gesellschaftlichen Optimierung zu lenken. Eugenisches Denken und Handeln versprachen nicht weniger als das kollektive Wohl und den Sieg der Vernunft über das triebhafte Dasein der gefährlichen Elemente.[19]

Insgesamt sind die 1920er Jahre von einer gesellschaftlichen Stimmung geprägt, die man als Furcht der Etablierten vor dem Randständigen und Fremden bezeichnen kann. Hierbei fand ein Rückbezug auf angeblich wissenschaftliche Welterklärungen oder auf traditionell protestantische Wertordnungen statt. Auch die Kriminalität ließ sich in diese Zusammenhänge einordnen. Sie galt als äußere Gefährdung des Kollektivs, die sowohl als Abweichung von Gottes Wort als auch als „rassisch-genetische" Verirrung interpretiert werden konnte. In dieses Bild fügt sich, dass Herbert Hoover 1929 als erster US-amerikanischer Präsident den Kampf gegen das Verbrechen auf die nationale Agenda setzte, und dies in seiner Amtsantrittsrede. In den Jahren der wirtschaftlichen Depression, die sich bis zum Zweiten Weltkrieg erstrecken sollte, schrieben Bundespolitiker diesen Trend fort.[20]

Auf der Ebene der Einzelstaaten war der Kampf gegen das Verbrechen schon länger zu einer Angelegenheit von höchster Priorität erklärt worden. Die Entwicklungen im Bereich der Todesstrafe fügen sich in dieses Bild, denn sieben der neun Staaten, die sie im Zuge des „Progressive Movement" abgeschafft hatten, führten sie nun wieder ein. Den ersten Schritt tat Arizona im November 1918, wo verschiedene schwere Verbrechen in der Bevölkerung und der Politik den Eindruck hervorriefen, Haft sei als höchste Strafe nicht ausreichend. Im Januar 1919 folgte Tennessee, wo das Lynching eines vermeintlichen Mörders als Ausdruck eines Volksbegehrens nach der Todesstrafe gedeutet wurde. Auch in Missouri wurde die Sorge formuliert, in Anbetracht einer Verbrechenswelle und des drohenden Bolschewismus könne es zu gewalttätigen Ausschreitungen der Bevölkerung kommen: Im Juli 1919 wurde die Todesstrafe wieder eingeführt.

Furcht vor politischer Radikalität angesichts von Arbeitslosigkeit und wirtschaftlicher Krisensymptome bot in Washington State und Oregon Anlass genug, die Volksmeinung zu mobilisieren und die Todesstrafe im März 1919 bzw. im Mai 1920 wieder in den Gesetzbüchern zu verankern. Die Erfolge der Abolitionisten waren dort demnach nur von kurzer Dauer. Kansas und South Dakota folgten in den Jahren 1935 und 1939. Es waren nicht zuletzt Reihen brutaler Morde, die in beiden Staaten dafür sorgten, dass die Todesstrafe wieder für notwendig befunden wurde. South Dakota beendete eine 24-jährige Phase des Abolitionismus, da man meinte, in Zukunft Verbrechen wie dem Sexualmord an der 17-jährigen Betty Schnaidt nur durch die Todesstrafe vorbeugen zu können. Der Täter, Earl Young, war ein entflohener Häftling aus Pennsylvania, und „der Anblick des tätowierten Mörders animiert dazu, ihn zu kochen anstatt aufzuhängen", hetzte die örtliche Presse.[21]

US-Staaten ohne Todesstrafe bis 1939

Michigan	1846–	Washington	1913–1919
Rhode Island	1852–	Oregon	1914–1920
Wisconsin	1853–	Nord-Dakota	1915–
Iowa	1872–1878	Süd-Dakota	1915–1939
Maine	1876–1883, 1887–	Arizona	1916–1918
Colorado	1897–1901	Missouri	1917–1919
Kansas	1907–1935		
Minnesota	1911–	Tennessee*	1915–1919

* Todesstrafe für Vergewaltigung beibehalten

Die meisten dieser sieben Staaten begannen auch sofort wieder, Todesstrafen zu vollstrecken. In der kollektiven Wahrnehmung wurde dies nicht zuletzt durch die bundesweit rapide ansteigende Mordrate gerechtfertigt. Auch schürten Kriegs-, Nachkriegs- und Verbrechenshysterie in manchen Staaten die Furcht vor einer Abschaffung der Todesstrafe. Nachdem in Pennsylvania bei der Explosion einer Munitionsfabrik 150 Menschen starben und sich sofort Gerüchte über Sabotage verbreiteten, scheiterte ein Gesetzentwurf gegen die Todesstrafe deutlich. Auch die „American

League to Abolish Capital Punishment" konnte an der erneuten Hinwendung zur Todesstrafe in den 1920er Jahren nichts ändern, obschon sie in 33 Staaten aktiv war und über eintausend zum Teil sehr rührige Mitglieder zählte.[22]

Die lautesten Stimmen gegen die Kapitalstrafe kamen in dieser Zeit ausgerechnet von der Gefängnisleitung aus Sing Sing, wo bundesweit die meisten Hinrichtungen vollzogen wurden. Als Lewis E. Lawes 1923 diesen Posten übernahm, hatte der Kampf gegen die Todesstrafe von dort aus bereits eine gewisse Tradition. Lawes verband im Laufe der Jahre statistische Erhebungen mit fundierten persönlichen Einschätzungen. Er betonte die mangelnde Abschreckung der Todesstrafe, was nicht zuletzt durch die niedrigeren Mordraten in abolitionistischen Staaten bestätigt werde, und befürwortete lebenslanges Gefängnis als härteste und zugleich aber korrigierbare Strafe. Auch wies Lawes die Vorstellung von individueller Schuld und Verantwortlichkeit zurück. Der zum Tode Verurteilte sei in aller Regel ein Produkt sozialer Benachteiligung, die Lawes als Hauptquelle von Kriminalität erachtete. Die Todesstrafe treffe nur die Armen, „ein reicher und sozial anerkannter Angeklagter endet niemals auf dem elektrischen Stuhl oder am Galgen", notierte er. „Die Todesstrafe", fuhr Lawes zusammenfassend fort, „dient nur der Rache, niemals aber dem Schutz der Gesellschaft." Unterstützung erhielt er von seinem „Staatselektriker" Robert G. Elliott. Elliott war 1926 seinem Lehrmeister Edwin F. Davis gefolgt, und er richtete in sechs Staaten 357 Menschen auf dem elektrischen Stuhl hin, unter anderem auch Sacco und Vanzetti. In den 1930er Jahren rückte er in eine immer deutlichere Opposition zur Todesstrafe. Elliott hob die soziale Dimension des Verbrechens sowie die Ungerechtigkeit und Unmenschlichkeit des verordneten Todes hervor. Mit Abscheu beschrieb er in seinen Memoiren den eigentlichen Augenblick des Sterbens im elektrischen Stuhl, den sich wehrenden menschlichen Körper, die schnarrenden Geräusche des Generators, das Blitzen der Elektroden und den Geruch verschmorten Fleisches.[23]

Doch insgesamt zeigten die Kritiken geringe Wirkung, sowohl im Staat New York als auch darüber hinaus. Die Zahl der jährlichen Exekutionen in den USA stieg über die 1920er Jahre hinweg an, und 1935 erreichte sie mit 199 den bislang höchsten bekannten Wert in der Geschichte der USA. Während der folgenden Jahre sank sie leicht ab auf 160 im Jahr 1939. Die Zustimmung zur Todesstrafe in der Bevölkerung belief sich Ende der 1930er Jahre auf 65 %. Auch in Texas wurden die meisten Todesurteile dieser Zeit – nämlich 20 – im Jahr 1935 vollstreckt. Der texanische Journalist Don Reid hat von den 1930er bis zu den 1960er Jahren insgesamt 189 Exekutionen beigewohnt, und er bestätigte für Texas, was Lawes und Elliott für New York gesagt hatten, nämlich dass vor allem sozioökonomisch benachteiligte Männer mit niedrigem Bildungsstand die Todestrakte bevölkerten. Zum einen, so Reid, begingen sie mehr Gewalttaten, zum anderen würden sie von den Jurys eher zum Tode verurteilt. „Der elektrische Stuhl ist eine soziale Waffe, ein Instrument der Diskriminierung von schwarzen, mexikanischstämmigen und armen weißen Männern", lautete sein Fazit. Auch war ein erpresstes Geständnis offenbar nichts Ungewöhnliches, und manche Todesurteile wurden, so der Augenzeuge und Gerichtsexperte Reid, in Minutenschnelle gefällt, ohne Zeugen der Anklage und ohne wirkliche Verteidigung. Statistische Werte bestätigen Reids Einschätzung: Insgesamt waren afroamerikanische Männer mit beinahe zwei Dritteln der Exekutierten (im Gesamtzeitraum bis 1964) weit überproportional betroffen, euroamerikanische Männer machten knapp ein Drittel der Gesamtzahl aus. In den 1920er und 1930er Jahren war der Anteil der Afroamerikaner noch höher. Auch die Wahrscheinlichkeit, dass ein Todesurteil gegen einen Schwarzen in eine Haftstrafe umgewandelt wurde, war mit 20 % deutlich geringer als bei einem Weißen (34 %). War das Opfer des Verbrechens weiß, so war ein Todesurteil noch wahrscheinlicher und die Chance einer nachträglichen Strafumwandlung noch geringer. Und: Kein Weißer starb für einen Mord an einem Schwarzen in der Hinrichtungskammer. Das Durchschnittsalter der Hingerichteten betrug ca. 30 Jahre, und unter ihnen war keine Frau, obschon Frauen in dieser Zeit etwa 20 bis 25 % der Morde begingen. Zu etwa zwei Dritteln waren die Todeskandidaten schon vor ihrem Kapitalverbrechen mit Haftstrafen belegt worden, häufig hatten sie wegen geringer Delikte in Jugendstrafanstalten eingesessen. Bis zum Ende der 1940er Jahre stammte weit über die Hälfte der Hingerichteten aus ländlichen Bezirken, dies änderte sich dann mit der zunehmenden Urbanisierung von Texas. Folglich handelte es sich

bei einem typischen texanischen Todeskandidaten um einen vor-
bestraften, etwa dreißigjährigen, afroamerikanischen Mann aus
ärmlichen Verhältnissen und ländlicher Gegend, der wegen des
Mordes an einem oder einer Weißen von einer weißen Jury verurteilt worden war.[24]

Rassistische Wahrnehmungsmuster prägten das Stereotyp des
triebgesteuerten, schwarzen, animalischen Mörders und Vergewaltigers, das sich eben nicht nur in den Lynchmorden, sondern
auch in der institutionalisierten Justiz manifestierte. Dies zeigen
beispielhaft die Ausführungen eines texanischen Staatsanwaltes
aus dem Jahr 1924, die aus einem Verfahren gegen einen Schwarzen wegen der Vergewaltigung und Ermordung eines 15-jährigen
weißen Mädchens stammen. Als sich der Staatsanwalt an die ausschließlich weißen Geschworenen richtete, ermahnte er sie, nicht
Tausende von Müttern mit Töchtern in demselben Alter zu vergessen, denn ansonsten würden sie dem Tod in die Hände spielen
und ein Bündnis mit der Hölle eingehen. „Dieser Neger", setzte
er sein Plädoyer fort, „ist ein lustgesteuertes Tier, ohne einen einzigen Charakterzug, der ihn auch nur in einen annähernd wert-
vollen Staatsbürger wenden könnte, denn es mangelt ihm an
den grundlegenden Elementen eines menschlichen Wesens." Ein
solches Plädoyer war keine Ausnahme. In zahlreichen Kriminalakten wird das Bild des körperlich robusten, aber geistig minder-
bemittelten und triebhaften Schwarzen gezeichnet. So war im Fall
Florence Murphy zu vernehmen, der gutgebaute, muskulöse und
zugleich emotionale und stotternde „Neger" schaue auf eine Geschichte übermäßiger sexueller Aktivität zurück, „aber damit
unterscheidet er sich nicht wesentlich von anderen Negern seines
Hintergrundes". Florence Murphy wurde am 30. August 1940
wegen Vergewaltigung hingerichtet. Von dem im selben Jahr exekutierten Robert Manning hieß es, er habe „für einige Minuten
an den Gitterstäben gerüttelt wie ein wild gewordener Affe", und
mithin vervollständigt sich das Bild rassistischer Stereotypisie-
rung.[25]

Die größte öffentliche Aufmerksamkeit erhielt das Zusam-
menwirken von Justiz und Rassismus in den 1930er Jahren allerdings nicht in Texas, sondern in Alabama. Im Prozess gegen die
so genannten „Scottsboro Boys" waren neun schwarze Jungen
und Männer im Alter von 13 bis 20 Jahren zum Tode verurteilt

worden, weil sie angeblich in einem Frachtwaggon der Eisenbahn zwei weiße Mädchen vergewaltigt hatten. Die jungen Afroamerikaner waren nur knapp dem Lynchmob entkommen. Die beiden Frauen hatten ganz offensichtlich eine Lügengeschichte erzählt, wie zumindest eine der beiden, Ruby Bates, später gestand. Freilich waren sämtliche zwölf Mitglieder der Jury weiß, und bis zum Morgen der Verhandlung war für die Angeklagten noch kein Verteidiger benannt. Das gesamte Verfahren lief auf nichts anderes als ein legales Lynching hinaus, das viele Menschen selbst im „tiefen Süden" nicht einfach hinnehmen wollten. Der Fall wurde noch einmal aufgerollt, doch die Angeklagten wurden abermals verurteilt. Nun griff der Oberste Gerichtshof der USA ein und entschied, der Prozess habe gegen die Verfassung verstoßen, da er nicht den leisesten Anstrich der Fairness für sich reklamieren konnte. Mit Samuel Leibowitz nahm sich nun ein versierter Strafverteidiger des Falles an, doch auch er konnte nicht verhindern, dass die Angeklagten abermals von einer rein weißen Jury schuldig gesprochen wurden. Schlussendlich, nachdem die neun „Scottsboro Boys" insgesamt über einhundert Jahre in Haft verbracht hatten, kamen sie alle frei. Bemerkenswert bleiben vor allem die Unnachgiebigkeit und die Härte, mit der der Staat Alabama um ihre Verurteilung kämpfte. Der Fall dokumentiert, dass in einem Verfahren gegen einen schwarzen Mann wegen angeblicher Vergewaltigung einer weißen Frau nicht über Wahrheit und Gerechtigkeit, Schuld und Unschuld verhandelt wurde, sondern über die Aufrechterhaltung des rassistisch strukturierten Kastenwesens des Südens.[26]

Verbrechen, Todesstrafen und öffentliches Interesse

Das Verfahren in Scottsboro erregte ebenso wie der Sacco-Vanzetti-Prozess die Aufmerksamkeit der US-amerikanischen Öffentlichkeit. War in diesen beiden Fällen rassistisch-politische Diskriminierung ein vordringliches Element, so führen weitere Fälle der 1920er und 1930er Jahre eine Faszination vor Augen, die grundsätzlich von Verbrechen und Todesstrafen ausging. 1927 griff die Presse die Geschichte Ruth Snyders begierig auf. Nach mehreren gescheiterten Mordversuchen war es der 34-jährigen Frau am 13. März gelungen, ihren Mann Albert zu erschlagen, danach zu strangulieren und zu ersticken. Unterstützt wurde sie dabei von Henry Judd Gray, einem von angeblich 28 Liebhabern, die sie im Laufe ihrer Ehe gehabt haben soll. Ruth Snyder hatte durch ihre Gewalttat und ihre Affären anders gelebt, als man es von einer Frau erwartete, und zudem bewarfen sie und Judd Gray sich während des Verfahrens gegenseitig mit Schmutz: Grays Anwalt beschrieb Snyder als „Giftschlange", die von einer „alles vereinnahmenden, unnormalen sexuellen Leidenschaft gefangen ist, von einer animalischen Lust, die offensichtlich niemals befriedigt werden kann". Noch zu Lebzeiten war Ruth Snyder eine Attraktion. Eine angeblich von ihr persönlich verfasste Autobiografie mit dem Titel „Meine eigene wahre Geschichte – möge Gott mir helfen!" wurde in Fortsetzungsfolgen in der Boulevardpresse abgedruckt, und es heißt, sie habe während der Haft 164 Heiratsanträge erhalten. Eintrittskarten für ihre Hinrichtung am 12. Januar 1928 kosteten $50; 3000 Menschen versammelten sich an diesem Tag vor den Toren von Sing Sing, und Miniaturausgaben der Mordinstrumente wurden als Souvenirs verkauft. In den folgenden Jahren beschrieben zahllose Filme und Romane ihre Geschichte, doch zu dauerhaftem Ruhm gelangte Ruth Snyder vor allem durch ihre Exekution. Denn der Fotoreporter Thomas Howard von der „New York Daily News" hatte eine Kamera an seinem Bein befestigt und in die Hinrichtungskammer geschmuggelt. Am folgenden Morgen war das erste Bild, das jemals von einer Hinrichtung auf dem elektrischen Stuhl geschossen worden war, auf der ersten Seite der „Daily News" zu sehen. Übertitelt war es nur mit dem Wort „Dead!". Die Unschärfe der Fotografie sei, so heißt es, nicht auf eine Unruhe des Fotografen zurückzuführen, sondern auf die Vibrationen des Stuhls und das Zittern Ruth Snyders.

Das Foto fügte sich in einen populärkulturellen Kontext, in dem der elektrische Stuhl bereits einige Berühmtheit erlangt hatte. Er trug zahlreiche Spitznamen wie „deadly dynamo" oder „hot seat", auf dem die Verurteilten entweder „auf dem Blitz ritten", „gekocht", „geröstet", „verbrannt", „getoastet", „gebraten" oder gar „entsaftet" wurden. Auch die heute noch geläufige Bezeichnung „Old Sparky" begann bald, sich zu verbreiten, und

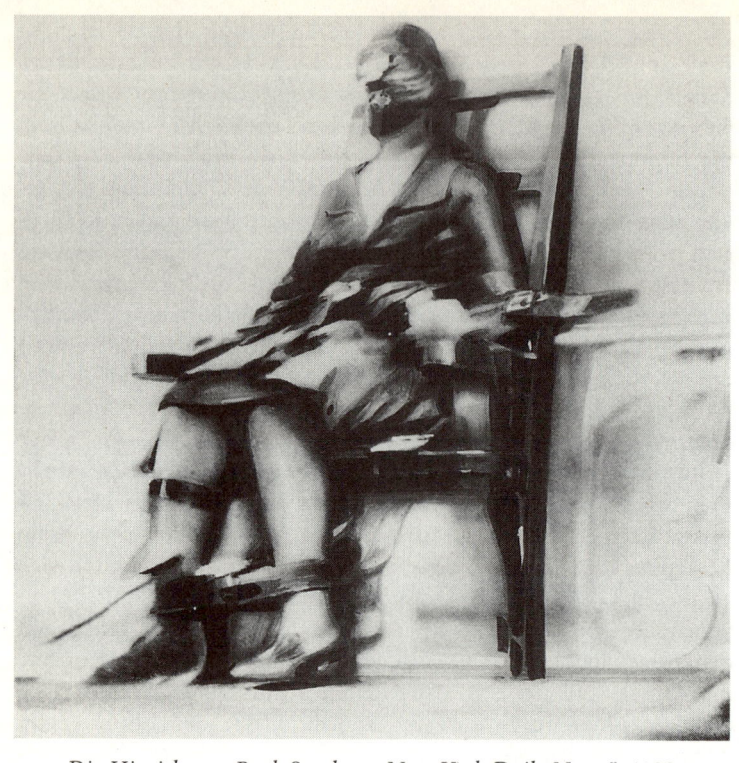

Die Hinrichtung Ruth Snyders, „New York Daily News", 1928.

bestimmte Stühle in bestimmten Gefängnissen trugen spezielle Namen – zum Beispiel „Gelbe Mama" in Atmore, Alabama oder „Grausame Gertie" in Sing Sing. Das Foto Ruth Snyders auf der „Grausamen Gertie" zog Versuche der Behörden nach sich, Journalisten von den Exekutionen auszuschließen. Zwar gelang dies nicht, doch es war in den Jahren danach üblich, dass die Zeugen ihre Hände heben mussten, wenn der Strom floss – Bilder von staatlich verordneten Tötungen durften eben nicht verbreitet werden.[27]

Noch größere Aufmerksamkeit als der Fall Snyder erhielt die Ermordung des Lindbergh-Kindes. Charles Lindbergh hatte 1927 als erster Mensch im Alleinflug den Atlantik überquert, und die

3500 Meilen von New York nach Paris machten ihn zu dem vielleicht populärsten Mann seiner Zeit. Als Lindberghs Ehefrau Anne im Sommer des Jahres 1930 einen Sohn gebar, schien das Glück perfekt. Doch am 1. März 1932 wurde Charles, Jr., aus dem Haus der Lindberghs in Hopewell, New Jersey, entführt. Zweieinhalb Monate später wurde das Kind tot in einem nahe gelegenen Waldstück gefunden. „Baby Dead!", titelten die Zeitungen, und jeder US-Amerikaner wusste sofort, von welchem Baby die Rede war. Erst knapp drei Jahre später wurde der deutschstämmige Bruno Richard Hauptmann festgenommen, und „der Prozess des Jahrhunderts", mittlerweile vielleicht übertroffen vom Verfahren gegen O.J. Simpson, begann. Menschenmassen drängten zum Gerichtsgebäude in Flemington, New Jersey, wo Händler für zehn Cents Miniaturen der Leiter verkauften, mit der Hauptmann angeblich in das Haus der Lindberghs eingestiegen war. Über dreihundert Pressevertreter und mehr als einhundert Kameraleute begleiteten den Prozess, der nicht nur in den USA, sondern weltweit aufmerksam verfolgt wurde. Bruno Hauptmann wurde zum Tode verurteilt, obschon bis heute Zweifel an seiner Schuld bestehen und angeblich entlastende Beweise unterschlagen wurden. Als Hauptmann am 3. April 1936 auf dem elektrischen Stuhl hingerichtet wurde, mussten die 55 Zeugen ihre Hände aus den Taschen nehmen, denn am folgenden Tag sollten auf keinen Fall Fotos von der Exekution im Umlauf sein.

Der Fall zog weit reichende Folgen nach sich. Erstens wurde zwei Jahre nach diesem Medientumult eine Regelung beschlossen, die Fotografen und Radiojournalisten aus Gerichtsgebäuden ausschloss. Zweitens hatte der US-Kongress bereits unmittelbar nach der Entführung das Verschleppen von Menschen über eine Staatsgrenze zu einem Bundesverbrechen erklärt, das wenig später auch mit der Todesstrafe belegt wurde. Vierunddreißig US-Staaten folgten dem Bund und erklärten „Kidnapping" zum Kapitalverbrechen.[28]

8. Vom Zweiten Weltkrieg bis zu
den 1960er Jahren

In der Mitte des 20. Jahrhunderts war die Todesstrafe so fest in der US-amerikanischen Gesellschaft und im Rechtswesen verankert wie vielleicht noch nie zuvor seit der Gründung der USA. Der Zweite Weltkrieg hatte in den USA nicht zu einer grundsätzlichen Diskreditierung von Gewalt als Konfliktlösungsmittel geführt. Im Verbund mit der Großen Depression der 1930er Jahre hatte er die Todesstrafe als Thema kritischer Reflexion vielmehr in den Hintergrund gedrängt, und die Reformbewegung schien gescheitert. Mit Minnesota und Nord-Dakota waren im 20. Jahrhundert nur zwei Staaten dauerhaft in der Gruppe der Abolitionisten verblieben. Der Glaube, durch die Todesstrafe der Gewaltkriminalität vorbeugen zu können, war offenbar ebenso stabil wie ein religiös vermitteltes Bedürfnis nach Sühne und Rache für einen Mord. Außerdem wurden Hinrichtungen in den meisten Staaten mit technischem Aufwand und fernab einer sehenden Öffentlichkeit vollzogen, so dass sie die kollektive moralische Empfindsamkeit nicht mehr in allzu hohem Maße zu tangieren schienen. Häufig fand die Tötung auch hinter einer trennenden Glaswand statt, die den anwesenden Zeugen ein Gefühl der Sterilität des Geschehens vermittelte.[1]

Die abolitionistische Bewegung in den
1940er und 1950er Jahren

Überraschend ist, dass andererseits die Zahl der Hinrichtungen während dieser Zeit mehr oder minder kontinuierlich zurückging. Nach dem traurigen Höhepunkt des Jahres 1935 mit 199 Exekutierten sank die Zahl mit leichten jährlichen Schwankungen über 160 im Jahr 1939 auf 120 im Jahr 1944. In der zweiten Hälfte der 1940er Jahre blieb der Wert relativ konstant, um dann mit Beginn der 1950er Jahre auf knapp über 80 abzusinken. Von der

Mitte bis zum Ende der 1950er Jahre ging die Zahl der Exekutionen abermals zurück, und zwar bis auf 49 pro Jahr.[2]

Dieser bundesweite Trend kann nicht auf eine starke Reformbewegung alten Stils zurückgeführt werden, die über die legislativen Organe agierte, um die Todesstrafe aus den Gesetzen des einen oder anderen Staates zu entfernen. Organisationen wie die national operierende „American League to Abolish Capital Punishment" waren zwar weiterhin aktiv, doch sie zeigten sich keineswegs so rührig wie in den Jahren zuvor. Zwar waren in den späten 1950er Jahren Erfolge in den Territorien Alaska und Hawaii sowie im Staat Delaware zu verzeichnen. Delaware strich im April 1958 als erster Staat seit vierzig Jahren die Todesstrafe aus seinen Statuten. Bis zu diesem Zeitpunkt hatte man dort, wie in sechs weiteren US-Staaten auch, noch am Galgen hingerichtet. Doch die abolitionistischen Beispiele zogen keine konkreten Folgen in anderen Staaten nach sich. In Kalifornien, Oregon, New Jersey und Ohio scheiterten Reformbemühungen in den Jahren 1957 bis 1959.[3]

Stärker aufgeflammt sind Proteste gegen die Todesstrafe insbesondere dann, wenn prominente und zweifelhafte Fälle verhandelt wurden, denen auch die Medien eine erhöhte Aufmerksamkeit widmeten. Ein solcher Fall war der des 16-jährigen Afroamerikaners Willie Francis, der in Louisiana wegen Mordes an einem weißen Geschäftsmann angeklagt war. Wie in einer solchen Konstellation üblich, wurde Willie Francis unzureichend verteidigt und am 29. März 1946 von einer rein weißen Jury zum Tod auf dem elektrischen Stuhl verurteilt. Louisiana war der einzige Staat, der zwar den elektrischen Stuhl nutzte, die Exekutionen aber nicht in einem Staatsgefängnis vollstrecken ließ. Die Tötungsmaschine wurde im Bedarfsfall vom „Angola State Prison" an den jeweiligen Einsatzort gebracht. Es heißt, als die Apparatur zur Hinrichtung von Willie Francis im Gefängnis von St. Martinsville aufgebaut wurde, sei zwischen den Installateuren eine Whiskyflasche gekreist. Als es trotz wiederholter Anläufe nicht gelang, Francis zu töten, soll er „Nehmt die Kapuze ab, nehmt die Kapuze ab, lasst mich atmen! Ich sterbe nicht!" gestammelt haben. Schließlich wurde die Exekution abgebrochen. Der Fall Francis erregte nun auch über Louisiana hinaus Aufmerksamkeit. Aus dem ganzen Land gingen Briefe, Telegramme und Postkarten im

Büro des Gouverneurs ein. Gott habe Willie Francis beschützt, hieß es dort, und ein weiterer Versuch, ihn zu töten, sei „unzivilisiert" und „barbarisch". Mit Betrand DeBlanc hatte sich nun auch ein bekannter Anwalt der Angelegenheit angenommen, und er trug den Fall durch die Instanzen. DeBlanc argumentierte für viele Zeitgenossen überzeugend, dass nun wirklich niemand mehr ein „humanes, schnelles und schmerzloses" Sterben durch den elektrischen Stuhl prognostizieren könne. Rhetorisch fragte er vor dem Gnadenausschuss: „Was soll die zweite Hinrichtung werden? Ein Elektrizitätsexperiment? Ein Experiment in modernen Foltermethoden? Ein Experiment in Grausamkeit? Will der Staat Louisiana versuchen, die Cäsaren, die Hitlers, die Tojos, die Nazis, die Gestapo an Grausamkeit zu überbieten? Wie viel Zeit nimmt sich Louisiana, um einen Mann zu töten? Wenn wir es grausam haben wollen, dann lasst es uns richtig tun: Sieden wir ihn in Öl. Warum verbrennen wir ihn nicht auf einem Scheiterhaufen? Oder wir spannen ihn auf eine Folterbank. Dann wäre wenigstens gewiss, dass er am Abend tot ist."[4]

Das Gnadengesuch wurde abgelehnt, und DeBlanc ging bis vor den Obersten Gerichtshof der Vereinigten Staaten. Ein zweiter Hinrichtungsversuch, so seine Argumentation, verstoße gegen den fünften und den achten Verfassungszusatz, da der Staat von seinem Mandanten mehr als einmal „Leib und Leben" für das selbe Verbrechen fordere und eine solche Strafe „grausam und ungewöhnlich" sei. Das erste Mal seit dem Kemmler-Fall im Jahr 1890 hatte der „Supreme Court" über die Verfassungskonformität des elektrischen Stuhls zu befinden. Am 13. Januar 1947 wiesen fünf der neun Richter das Gesuch ab. Sie meinten, Willie Francis' Qualen während der ersten Exekution seien auf eine Art höhere Gewalt zurückzuführen und mit einem „unvorhersehbaren Unfall" gleichzusetzen. Das Leid sei dem Verurteilten nicht zielgerichtet zugefügt worden, und daher könne das Töten mit Elektrizität weder in diesem speziellen Fall noch grundsätzlich als „grausam und ungewöhnlich" im Sinne der Verfassung bezeichnet werden. Die vier Gegenstimmen hoben hervor, dass der Staat seiner Pflicht zu einer „schnellen und schmerzlosen" Hinrichtung nicht nachgekommen sei. Daher sei gegen den unabdingbaren Grundsatz verstoßen worden, „dass als Strafe nur der Tod selbst beigebracht" werden dürfe. Bemerkenswert ist, dass es zwar diesen Dissens im „Supreme Court" gab. Dennoch implizierten sämtliche Stellungnahmen, Strom könnte bei entsprechender Anwendung schmerzfrei und somit gemäß der Axiome einer sich selbst als zivilisiert definierenden Gesellschaft töten. Das Bemühen abolitionistischer Gruppen und der „National Association for the Advancement of Colored People", dem Verurteilten doch noch einen zweiten Gang auf den elektrischen Stuhl zu ersparen, scheiterte. Am 9. Mai 1947 wurde Willie Francis hingerichtet.[5]

In noch höherem Maße polarisierte der Fall der Rosenbergs in den frühen 1950er Jahren die Menschen in den USA. Der Elektroingenieur Julius Rosenberg war beschuldigt, mit Hilfe seiner Gattin Ethel US-amerikanische Atomgeheimnisse aus dem Manhattan-Projekt an die Sowjetunion weitergegeben zu haben. Die Umstände des Verfahrens, die Indizien und die Zeugenkonstellation stimmten so manche Zeitgenossen nachdenklich. Die Rosenbergs schienen, ebenso wie die italienischen Anarchisten Sacco und Vanzetti nach dem Ersten Weltkrieg, Opfer einer „Red Scare", einer Welle antikommunistischer Hysterie, zu sein, die die USA in den frühen 1950er Jahren ergriffen hatte. Seit 1949 schien sich in der Konfrontation der Machtblöcke während des Kalten Krieges eine Wende zu Gunsten der kommunistischen Lager anzubahnen, und in den USA verdichtete sich ein bis dahin unbekanntes Gefühl der eigenen und direkten Verletzbarkeit. Erstens gelang der Sowjetunion im September 1949 ihr erster erfolgreicher Atombombentest, und damit war das US-Monopol wesentlich früher gebrochen, als man erwartet hatte. Zweitens hatten sich im chinesischen Bürgerkrieg die kommunistischen Revolutionäre Mao Tse-tungs gegen den Nationalisten Chiang Kai-shek durchsetzen können, den die USA unterstützt hatten. „Der Verlust Chinas" wurde zum Symbol möglichen US-amerikanischen Versagens in der internationalen Arena. Drittens wurde der Brite Klaus Fuchs als sowjetischer Atomspion verurteilt. Diese Entwicklungen ließen eine panikartige Angst vor kommunistischer Infiltration in den USA anschwellen. Die Verfolgung, Beobachtung und Vernehmung zahlloser Personen, denen kommunistische Umtriebe oder allgemein „unamerikanische Aktivitäten" nachgesagt wurden, war die Konsequenz. Vor allem Joseph McCarthy, der Junior Senator aus Wisconsin, trieb die Hetzjagd voran. Sie ergriff weite Teile der US-amerikanischen Kultur und

Gesellschaft und zeigte Auswirkungen bis in das Außenministerium und die „Central Intelligence Agency". Zudem führten die USA bereits seit über acht Monaten in Korea den ersten so genannten Stellvertreterkrieg mit der UdSSR, als im März 1951 der Prozess gegen die angeblichen Atomspione Rosenberg verhandelt wurde. In dem herrschenden politischen Klima hatten die Rosenbergs keine Chance auf ein faires Verfahren, monierten die Kritiker des Urteils, und obschon die grundsätzliche Zustimmungsrate zur Todesstrafe bei 75 % lag, baten Millionen US-Amerikaner für sie um Gnade. Andererseits hieß es, sei es endlich an der Zeit, ein wirkliches Exempel zu statuieren, um die globale US-Vormachtstellung zu sichern. Richter Irving H. Saypol thematisierte sogar ausdrücklich eine Mitschuld der Rosenbergs am Koreakrieg, und als US-Präsident Dwight D. Eisenhower das Gnadengesuch ablehnte, betonte er, die Rosenbergs hätten die Wahrscheinlichkeit eines Nuklearkrieges immens erhöht: „Die Hinrichtung zweier Menschen ist eine schwer wiegende Angelegenheit. Noch schwer wiegender aber ist der Gedanke an Millionen von Menschen, deren möglicher Tod unmittelbar auf die Handlungen dieser Spione zurückgeführt werden kann." Als Julius und Ethel Rosenberg am 19. Juni 1953 im Gefängnis von Sing Sing hingerichtet wurden, brachen antiamerikanische Demonstrationen in London, Paris, Turin und Toronto aus. In Washington belagerten Massen das Weiße Haus, und in New York kamen etwa 5000 Menschen auf dem Union Square zusammen, um für die Rosenbergs zu beten und Präsident Eisenhower „blutrünstig" zu schimpfen. Die Todesstrafe war in aller Munde. Doch es waren nicht die generellen, grundsätzlichen und möglicherweise tödlichen Unwägbarkeiten des Rechtssystems als solche, die in Frage gestellt wurden. Es war vielmehr das spezifische Schicksal dieser beiden Menschen, das die Massen zumindest ein Stück weit mobilisierte.[6]

Einige Jahre darauf beschäftigte die Öffentlichkeit abermals die Geschichte eines Todeskandidaten. Sie war jedoch gänzlich anders gelagert, denn der 27-jährige Caryl Chessman hatte bereits eine ansehnliche kriminelle Karriere hinter sich, als er im Frühjahr 1948 festgenommen wurde. Mehrere Zeugen identifizierten ihn als den so genannten „Red Light Bandit", einen Sexualverbrecher in Los Angeles, der mit Hilfe eines roten Polizeilichtes Liebespärchen überfiel, Kontakt zu zahlreichen Frauen auf den Straßen herstellte, sie beraubte und in einigen Fällen zu sexuellen Handlungen zwang. In Chessmans Wagen fanden sich eine Waffe und ein Draht, die als Indizien für seine Schuld gewertet wurden. Zwar stand Vergewaltigung in Kalifornien nicht auf der Liste der todeswürdigen Verbrechen, doch Caryl Chessman wurde wegen Kidnapping verurteilt, das seit der Entführung und Ermordung des Lindbergh-Kindes in Kalifornien wie in 33 anderen US-Staaten mit dem Tod bestraft wurde. Von 1948 bis zum Mai 1960 saß Caryl Chessman im Todestrakt von San Quentin, und dies war zu jener Zeit ein Rekord, der international Erschütterung auslöste. Insgesamt achtmal wurde Chessman von verschiedenen Gerichten ein Aufschub gewährt, bevor er schließlich am 5. Mai 1960 in der Gaskammer von San Quentin starb. Weltweit brachen Proteste aus, und verschiedene US-Botschaften wurden Ziele von Demonstrationen. Schließlich hatte es seit Jahren geheißen, Chessman habe keinen fairen Prozess gehabt und sei unschuldig verurteilt worden. Immer wieder hatte er dies in verschiedenen scharfsinnigen Analysen seines Falles gezeigt, die er selber in „Death Row" erstellt und von dort aus vorgebracht hatte. Zudem hatte er zahllose Menschen innerhalb und außerhalb der Vereinigten Staaten durch zwei autobiografische Bücher mit dem Dasein in Todeszelle Nr. 2455 vertraut gemacht. Auch im Fernsehen war eine Dokumentation seiner Geschichte ausgestrahlt worden, und ein Song des Folk- und Rock'n'Roll-Stars Ronnie Hawkins erzählte „Die Ballade von Caryl Chessman". Noch 17 Jahre nach der Exekution zeichnete der Fernsehfilm „Töte mich, wenn Du kannst" abermals ein Porträt des „berühmtesten Gefangenen der Welt". Chessman war es gelungen, einer breiten Öffentlichkeit eine menschliche Existenz zwischen Leben und Tod, zwischen Lethargie, Fatalismus und ungeheurem Lebenswillen vor Augen zu führen. Stellenweise haben seine Texte den Charakter eines Tagebuches, so dass sie aus nächster Nähe das Denken und Handeln eines Menschen präsentieren, dessen Leben von Hinrichtungsterminen und Aufschüben eingerahmt ist und in hohem Maße von der Willkür Einzelner abhängt, die in den Justizapparat involviert sind. Chessmans Buch mit dem Titel „Mein Kampf ums Leben" schließt mit folgendem Monolog: „Dein erstes Buch hast du geschrieben, damit die Leute Menschen wie dich kennen lernen. Dieses zweite Buch hast du geschrieben, weil du glaubst, zu einer menschlichen Lösung eines schwierigen sozialen Problems beitragen zu können. Du hegst keinen persönlichen Haß und keine Abneigung gegen jene, die dein Leben fordern und sich deines Falles bedienen, um eine Justiz aufrechtzuerhalten, die sich auf Vergeltung und Zwang stützt. Ohne sie zu verurteilen, glaubst du, daß sie Unrecht haben." Caryl Chessman war der 17. Mann, der seit der Einführung des Lindbergh-Gesetzes in den 1930er Jahren wegen Entführung exekutiert wurde.[7]

Rassistische Diskriminierung und soziologische Erklärungsversuche

Gemein war den Fällen Francis, Rosenberg und Chessman, dass sie zielgerichtete Proteste gegen einzelne Urteile initiierten und weniger eine weit reichende Auseinandersetzung mit der Todesstrafe als solcher. Caryl Chessman stellt hier sicherlich einen Grenzfall dar. Gleichwohl gab es auch in dieser Zeit eine grundsätzliche und systematische Kritik an der Todesstrafe, die jedoch auf einer anderen Ebene formuliert wurde, als dies bislang der Fall gewesen war. Seit der Gründung der USA hatten zumeist Individuen oder kleinere, organisierte Gruppen und Verbände versucht, die gesetzgebenden Organe von der Unmenschlichkeit und Unsinnigkeit der Todesstrafe zu überzeugen. Angestrebt wurde also die Abschaffung der Todesstrafe aus den Strafkatalogen der Einzelstaaten. Etwa ab den 1940er Jahren erschienen mehr und mehr soziologische Studien, die die rassistische Diskriminierung in der Justiz an den Pranger stellten. Auf der Grundlage dieser Untersuchungen engagierten sich verschiedene Gruppierungen, die nun aber nicht über die Legislativen, sondern über die Jurisdiktion agierten. Man wollte die Todesstrafe über die Gerichte selbst attackieren, so viele Fälle wie möglich durch so viele Revisionsinstanzen wie möglich bis zum Obersten Gerichtshof in Washington, D.C. tragen, und zwar mit dem Ziel, die Todesstrafe als verfassungswidrig festschreiben zu lassen.

1940 vermochte auch der Erfolg eines Romans die justiz- und gesellschaftskritische Schlagkraft des Themas „Rasse" zu verdeutlichen. In „Native Son" erzählt der afroamerikanische Schriftsteller Richard Wright die Geschichte des jungen Mannes Bigger Thomas, der aus den ärmlichen schwarzen Wohnvierteln in den Vorstädten Chicagos in die funkelnde weiße Welt des Reichtums hineingeworfen wird. Häufig fährt Bigger die Tochter seiner neuen Arbeitgeber nach Hause. Eines Abends ist sie so betrunken, dass er sie bis in ihr Zimmer begleiten muss. Dort gerät er in Panik und drückt der jungen Frau ein Kissen auf das Gesicht, um nicht bemerkt zu werden – und erstickt sie so. Um das Geschehen zu vertuschen und der Todeszelle entkommen zu können, verbrennt er die Leiche. Später begeht Bigger weitere Verbrechen, endet in „Death Row" und wird exekutiert.[8]

„Native Son" war sofort ein Riesenerfolg. Zum Buch des Monats erhoben, verkauften sich in den ersten drei Wochen nach dem Erscheinen 215 000 Exemplare. Richard Wright wurde innerhalb kürzester Zeit zu einer nationalen und internationalen Größe, und 1941 brachte Orson Welles die Geschichte des Bigger Thomas erstmals auf die Bühne. Der Erfolg des Buches mag darin begründet liegen, dass Wright virulente Diskussionen seiner Zeit aufgegriffen und in dem Fall Bigger Thomas gebündelt hat, und dies, ohne simple Lösungen zu präsentieren. So wird Bigger von der Öffentlichkeit und der Justiz das Paradeverbrechen des schwarzen Mannes untergeschoben, ohne dass er es begangen hat, nämlich die Vergewaltigung einer weißen Frau. In Justiz und Presse wird Bigger als der typische triebgesteuerte „schwarze Affe" dargestellt. In den entsprechenden Textpassagen zitiert Wright beinahe wortwörtlich aus der rassistischen Berichterstattung der „Chicago Tribune" über einen ähnlich gelagerten authentischen Fall, der wenige Jahre zuvor in Chicago tatsächlich verhandelt worden war. Dennoch erzählt Richard Wright nicht die tragische Geschichte des armen schwarzen Opfers, das unschuldig verfolgt und hingerichtet wird. Bigger Thomas wird nach dem Tod Marys einen anderen Menschen zielgerichtet töten, bevor er in der Todeszelle endet. Doch Wright präsentiert den schwarzen Mann eben nicht als tiergleiches Biest, Bigger ist nicht der geborene Vergewaltiger und Mörder. Biologistische Erklärungsmuster werden als Fallschlingen demaskiert und Bigger ganz im Gegenteil als Produkt sozialer und gesellschaftlicher Bedingungen gezeichnet, die von Segregation, rassistischer Unterdrückung und Armut im Gegensatz zu Reichtum und Wohlstand geprägt sind: Bigger erscheint als Ergebnis seines gesellschaftlich determinierten Lebenslaufes. Die Geschichte seines Lebens ist eine ideologische Parabel, die geradewegs in die Todeszelle führt. Dementsprechend sagt Bigger Thomas gegen Ende des Romans: „Es kommt mir irgendwie natürlich vor, dass ich hier bin, im Angesicht des Todesstuhls. Wenn ich jetzt darüber nachdenke, so erscheint diese Situation wie etwas, das einfach geschehen musste." Wenige Jahre zuvor hatten die „Scottsboro Boys" einer breiteren Öffentlichkeit deutlich vor Augen geführt, wie schnell eine schwarze männliche Biografie in der Todeszelle enden konnte.

Als Text strahlte „Native Son" offenbar eine beeindruckende Glaubwürdigkeit aus. Von vielen frühen Kritikern wurde er auch mehr für seine soziologischen denn für seine literarischen Qualitäten gelobt. Die immer zahlreicher werdenden soziologischen Artikel und Essays griffen häufig auf „Native Son" zurück, wenn sie den Zusammenhang von segregierten Wohnvierteln, rassistischer Stigmatisierung und Verbrechen diskutierten. Ein Autor regte sogar an, sämtliche Richter, Staatsanwälte und Polizisten zu verpflichten, den Roman zu lesen. Zudem fügte sich Wrights Analyse in ein mächtiges diskursives Feld dieser Zeit, das durch das Stichwort „(Neo-)Behaviorismus" geprägt war. Das Phänomen der „Konditionierung" wurde nun umfassend erörtert, eine Existenz „natürlicher" Verhaltensweisen weitestgehend zurückgewiesen, und auch vermeintlich „angeborene" Reflexe wurden als „konditioniert" beschrieben. Folgte man der behavioristischen Theorie, so war der geborene schwarze Vergewaltiger und Mörder als Mythos entlarvt. Wie Bigger Thomas war er vielmehr ein Produkt der sozialen Lebensumstände, eine Folge seiner Biografie. Und er war auch ein Ergebnis der permanenten Reproduktion dieses Mythos durch die Justiz. Darum, so schreibt Richard Wright, konnte Bigger auch nie erklären, warum er getötet hatte und in der Todeszelle geendet war – er hätte sein gesamtes Leben als schwarzer Mann in den USA erklären müssen.[9]

Richard Wright hat in „Native Son" ein Thema aufgegriffen, das langsam, aber sicher auch im Rechtswesen dieser Zeit an Bedeutung gewann. Die „Scottsboro Boys" und die in ihrem Fall zu Tage tretende, eklatante Missachtung der Rechte von (schwarzen) Angeklagten hatten einige Entscheidungen des Obersten Gerichtshofes der Vereinigten Staaten angestoßen, die in ihrem

Kern samt und sonders rassistische Diskriminierung behandelten. Bereits 1932 war in „Powell v. Alabama" – Ozie Powell war einer der „Scottsboro Boys" – entschieden worden, dass im Falle eines Kapitalverbrechens der Angeklagte vom ersten bis zum letzten Schritt von einem Rechtsbeistand begleitet werden müsse. Dies sollte nicht nur eine adäquate Verteidigung, sondern auch die Möglichkeit des fundierten Appells an höhere Instanzen sicherstellen. In den nächsten beiden Jahrzehnten untersagte der „Supreme Court" auch die rassistische Diskriminierung in der Auswahl der Geschworenen und sicherte den Schutz der Verfassung gegen erzwungene Geständnisse zu. Gleichwohl blieb die Umsetzung dieser Weisungen mehr als mangelhaft. Manche dieser Entscheidungen fielen in der Mitte der 1950er Jahre, und sie stehen in Zusammenhang mit einer erstarkten Bürgerrechtsbewegung. Seit einigen Jahren kämpften verschiedene, zumeist integrierte Aktionsgruppen mit neuer Vehemenz vor allem im Süden der Vereinigten Staaten für das Ende der Segregation und die Gleichstellung der afroamerikanischen Bevölkerung. Das „Civil Rights Movement" erfasste beinahe die gesamten USA und wurde immer wieder in die Bundespolitik hineingetragen. Das Zeitalter des institutionell abgesegneten Rassismus schien sich dem Ende zu nähern. Eine der tragenden Kräfte der Bürgerrechtsbewegung war die „National Association for the Advancement of Colored People". Neben der „American Civil Liberties Union", die sich im Zuge des Sacco-Vanzetti-Falles in den 1920er Jahren konstituiert hatte, um für Bürgerrechte überhaupt und gegen die Todesstrafe im Speziellen zu kämpfen, griff vor allem die NAACP immer mehr Fälle schwarzer Todeskandidaten auf. Sie stellte die rassistische Diskriminierung im Laufe des Verfahrens heraus, erwirkte mit Bezug auf die Bürgerrechte vermehrt so genannte „Appeals" an höhere Instanzen und die Wiederaufnahme zahlreicher Untersuchungen. In Übereinstimmung mit ihrer Anti-Lynching-Strategie widmete sich die NAACP zunächst vor allem solchen Fällen, in denen im Süden der USA der Vorwurf der Vergewaltigung erhoben worden war. Insgesamt hat sich die Zahl derjenigen, die an Bundesgerichte appellierten, zwischen 1930 und 1960 etwa verzehnfacht. Die Urteilsvollstreckungen wurden weniger, und die Zahl der Insassen in den Todestrakten stieg.[10]

Viele dieser langen Verhandlungen stützten sich auf eine wachsende Zahl soziologischer Studien. Ihnen lag wiederum ein Datenkorpus zu Grunde, das seit den 1930er Jahren an Solidität gewonnen hatte. Vor allem die zentralisierte Urteilsvollstreckung in den Staatsgefängnissen hatte es möglich gemacht, diese wachsende Datenmenge zu erfassen. Zudem zeichnete nun die Zensusbehörde des Bundes verantwortlich, was als Indikator für die wachsende Aufmerksamkeit gelten kann, die der Todesstrafe geschenkt wurde. Von 1930 an wurde „Exekution" als eine Todesursache in der nationalen Sterbestatistik der Bundesbehörden geführt. Mit Beginn der 1950er Jahre waren Exekutionsstatistiken zudem der Gefängnisbehörde des Justizministeriums unterstellt, und ein „execution bulletin" zirkulierte nun als Teil der „Nationalen Gefängnisstatistik". Auch wurden die Erhebungen über die Staatsgrenzen hinweg einheitlicher und differenzierter. Sie unterschieden nach der Art der Tat und der „Rasse" der Exekutierten, und im Rückgriff wurden die Datenbestände seit den 1930er Jahren in dieser Hinsicht vervollständigt. Exakter denn je zuvor war nun quantitativ dokumentiert, was zuvor bereits qualitativ hergeleitet werden konnte: Schwarze junge Männer wurden deutlich überproportional mit dem Tod bestraft, insbesondere wenn die Anklage Vergewaltigung lautete. Und: Auch wenn die quantitativen Hinrichtungsspitzen lange in den bevölkerungsreichsten Staaten wie New York, Pennsylvania oder Ohio lagen, wurden in den Südstaaten verhältnismäßig mehr Angeklagte zum Tode verurteilt, vor allem wenn sie schwarz waren. Diese Konstellation hatte wenige Jahre zuvor auch der schwedische Soziologe Gunnar Myrdal in seiner berühmten Studie über rassistische Diskriminierung als „amerikanisches Dilemma" mit der so einfachen wie treffenden Bemerkung beschrieben, der Süden mache am meisten von der Todesstrafe Gebrauch, und am ehesten treffe sie Schwarze.[11]

Die wachsende Zahl soziologischer Untersuchungen auf der Basis des größeren Datenkorpus kam erwartungsgemäß zu dem Ergebnis, dass die Wahrscheinlichkeit sowohl eines Todesurteils als auch seiner Vollstreckung dann am weitaus höchsten war, wenn das Opfer weiß und der Täter schwarz waren. Weitere Studien wiesen nach, dass rassistische Diskriminierung auf allen Stufen des juristischen Verfahrens griff, sich mithin von der Anklageerhebung über die Zusammensetzung der Jurys bis hin zur

Urteilsfindung und zum Urteilsvollzug auswirkte. Insbesondere das US-amerikanische Geschworenensystem erwies sich in diesem Zusammenhang als überaus problematisch. Trotz entgegengesetzter Urteile des Obersten Gerichtshofes schon im vorangegangenen Jahrhundert waren die Jurys in aller Regel nach wie vor rein weiß. Dies kritisierte der „Supreme Court" 1947 mit Nachdruck, und die Richter hoben hervor, dass fest etablierte Vorurteile nicht vor den Toren der Gerichtssäle Halt machten.[12]

In den 1950er Jahren sollte das Bild weiter differenziert werden. Unter anderem zeigten verschiedene Untersuchungen über die Umwandlung von Todesstrafen in Haftstrafen, dass Afroamerikaner nicht nur im Süden der USA vor Gericht benachteiligt wurden, sondern auch im Norden. Die Analysen rückten auch weitere Spezifika der Angeklagten, wie z.B. deren Klassenzugehörigkeit sowie die Verteidigung vor Gericht, genauer in das Blickfeld. Gemein war diesen Studien, dass sie biologistische Erklärungsmuster, wie den nicht weiter differenzierten Hinweis auf eine schlichtweg höhere Gewaltdelinquenz unter Afroamerikanern, ablehnten. So konstatierte der Soziologe Marvin E. Wolfgang 1961 ähnlich wie Richard Wright, „ein Kind wird nicht mit einer Mordneigung in seinen Genen geboren, weshalb eine biologische Erklärung der unterschiedlichen Mordraten [von Weißen und Schwarzen] unzulänglich ist". Vielmehr sei die afroamerikanische „Subkultur der Gewalt" eine Folge von Segregation, Ausgrenzung und Einschließung und folglich sozial und kulturell produziert.[13]

Auch die (mangelnde) abschreckende Wirkung der Todesstrafe wurde nun quantitativ zu erfassen versucht. Bereits seit dem 18. Jahrhundert kursierte diese Kritik, und sie trug letztlich maßgeblich zum Ausschluss der unbegrenzten Öffentlichkeit von den Hinrichtungen bei. Nun jedoch wurde bemerkt, dass auch die „nichtöffentlichen" Exekutionen das gesellschaftliche Gewaltpotenzial erhöhten. Somit wären Todesstrafen per se kontraproduktiv, und sie würden eben nicht zur kollektiven Sicherheit beitragen, sondern zur kollektiven Unsicherheit. Diese Annahme bestätigte eine auch in den USA breit rezipierte Untersuchung der britischen „Royal Commission on Capital Punishment". Sie gelangte zu der Schlussfolgerung, dass die Abschaffung der Todesstrafe zumindest nicht zu einem Anschwellen der Mordrate

führte. Die US-Geschichte der Todesstrafe hat die Wirkungs-
mächtigkeit dieses trügerisch einfachen „Common Sense"-Argu-
mentes (keine Todesstrafe = mehr Gewaltverbrechen) gezeigt,
denn es hatte häufig als Stütze oder zur Rückkehr der Todesstrafe
hergehalten. Für die USA wies vor allem Thorsten Sellin nach,
dass Abolition nicht zu mehr Morden führen würde, auch nicht
an Polizisten oder Gefängnisaufsehern. Manche Betrachtungen
prognostizierten sogar das Gegenteil. So hatte eine Studie bereits
in den 1930er Jahren für den Raum Philadelphia festgestellt, dass
die Anzahl der Tötungsdelikte immer dann stieg, wenn umfassend
über akute Hinrichtungen diskutiert und geschrieben wurde.
Untersuchungen aus den 1950er Jahren schienen die Grundaussa-
ge zu bestätigen, dass Todesstrafen nicht abschreckten, sondern
vielmehr zur Brutalisierung der Gesellschaft führten.[14]

Für das Ende der 1950er Jahre ist somit folgende Situation zu
konstatieren: In 41 von mittlerweile 50 US-Staaten gab es die
Todesstrafe, und in einem Zeitraum von über 40 Jahren war sie
nur in drei Staaten abgeschafft worden – in Delaware sogar nur
vorübergehend, denn hier kehrte sie bereits 1961 wieder in die
Statuten zurück. Gleichwohl war die Zahl der Hinrichtungen
stark rückläufig, denn mit 49 Exekutionen wurden 1959 weniger
als jemals zuvor in den USA seit Beginn einer soliden statistischen
Erfassung vollzogen. Der Rückgang der Hinrichtungen stand in
Einklang mit einer wachsenden Kritik an der Todesjustiz, die in
zunehmendem Maße auf wissenschaftlichen Studien gründete.
Zentrales Element dieser Kritik war insbesondere die rassistische
Diskriminierung, die afroamerikanische Männer aus sozial be-
nachteiligtem Milieu zur Hauptzielgruppe von Todesstrafen
machte. Der klassische Fall war hier wiederum die Anklage wegen Vergewaltigung, die schon zu den Zeiten der Sklaverei als
„Verbrechen des schwarzen Mannes" galt. Wissenschaftlicher
Tenor war die Ablehnung biologistischer Erklärungen zu Gunsten behavioristischer Konditionierung und sozialer Diskriminierung auf allen Ebenen von Gesellschaft und Justiz. Der Wandel
im Bereich der Todesstrafe fügte sich in die großräumigen Veränderungen dieser Zeit, die maßgeblich von der Bürgerrechtsbewegung geprägt waren. Dies gilt auch für die Entscheidungen des
Obersten Gerichtshofes, der in den 1930er Jahren begann, den
zahlreichen Diskriminierungsmechanismen in der Justiz formelle

Schranken aufzuerlegen. Demnach ist für diese Zeit ein Trend festzustellen, der von einer erhöhten Skepsis gegenüber der Todesstrafe als Instrument zur Herstellung von Gerechtigkeit zeugt, da ihr Einsatz offensichtlich von den Kategorien „Rasse, Klasse und Geschlecht" geprägt war. Auf die wachsende Skepsis weist auch die Zustimmung zur Todesstrafe in der Bevölkerung hin. Hatten sie 1953 noch 68 % der Befragten für Mord befürwortet, so sank die Gesamtzustimmung 1960 auf 51 %, unter Frauen sogar auf 45 %.[15]

9. „Grausame und ungewöhnliche Strafen":
Furman v. Georgia und das vorübergehende
Ende der Todesstrafe

Zu Beginn der 1960er Jahre wurde nunmehr seit einigen Jahrzehnten weniger über die Parlamente, sondern mehr über die
Justiz selbst gegen die Todesstrafe gekämpft. Die Aktivitäten
der Todesstrafengegner waren nicht mehr darauf ausgerichtet, die
Todesstrafe sofort aus den Strafkodizes der Einzelstaaten zu ver-
bannen. Vielmehr wollten sie zunächst dem Obersten Gerichtshof der Vereinigten Staaten ein Urteil abringen, das die Kapitalstrafe für verfassungswidrig erklärte. Der erste Ansatzpunkt war
der achte Verfassungszusatz, der „grausame und ungewöhnliche
Strafen" untersagte und über den im „Supreme Court" seit dem
Fall Kemmler im Jahr 1890 verschiedentlich verhandelt worden
war. Doch bis zu diesem Zeitpunkt hatte das Oberste Gericht die
Todesstrafe niemals für „grausam und ungewöhnlich" befunden.
Ein zweiter Ansatzpunkt war der 14. Verfassungszusatz, der
unabhängig von der Hautfarbe die Gleichbehandlung aller Menschen vor dem Gesetz verlangte. Nun hatten seit den 1930er Jahren soziologische und statistische Arbeiten deutlich erkennen lassen, dass die Justiz keineswegs farbenblind war. Dies hatte auch
der Oberste Gerichtshof in einzelnen Punkten festgehalten. Der
Weg, peu à peu über den „Supreme Court" die Verfassungswidrigkeit der Todesstrafe fixieren zu lassen, sollte in den 1960er Jahren weiterhin beschritten werden. 1972 mündete er in eine Gerichtsentscheidung, die die Praxis der Todesstrafe in den USA
zum Verfassungsverstoß erklärte.

Die NAACP und die „Moratoriumsstrategie"

Anfang der 1960er Jahre begann die rechtswissenschaftliche Forschung, expressis verbis den grundsätzlichen Verfassungsstatus
der Todesstrafe zu diskutieren. Hierbei wurde die Verfassung in

zunehmendem Maße als Schriftstück interpretiert, das in veränderlichen historischen Zusammenhängen gelesen werden musste. In diesem Sinne war die Bedeutung des Verfassungstextes keinesfalls starr. Da sich die gesellschaftlichen Werte und Normen seit dem Ende des 18. Jahrhunderts gewandelt hatten, hatte sich auch die Interpretation dessen, was als „grausame und ungewöhnliche Strafe" galt, verändert. Zudem rückten die Umstände der Gerichtsverfahren stärker in die Kritik, also beispielsweise die Art des Rechtsbeistandes oder die häufig dubiose Auswahl der Geschworenen.[1]

Auch vom Obersten Gerichtshof selbst gingen Signale aus, den Verfassungsstatus der Todesstrafe eventuell überdenken zu wollen. Seit einigen Jahren bereits hatte sich der „Supreme Court" wieder deutlicher als Instanz der Normenkontrolle zu erkennen gegeben. Unter anderem hatten die Oberrichter in einer Entscheidung des Jahres 1958 – wenn auch ohne unmittelbaren Bezug zur Todesstrafe – den achten Verfassungszusatz als dynamischen Passus bezeichnet, dessen Deutung „vom Fortschritt einer reifenden Gesellschaft" abhänge. Vier Jahre zuvor hatten die Bundesrichter in „Brown v. Board of Education" die Segregation als rassistisch diskriminierend und somit verfassungswidrig erklärt. Insgesamt war deutlich geworden, dass das höchste Gericht der USA für solche Argumente offen war, die die soziale Benachteiligung von Afroamerikanern im Spiegel der Verfassung aufzeigten. Vor diesem Hintergrund schien insbesondere seit Arthur Goldbergs Ernennung zum Oberrichter im Jahr 1962 auch die Todesstrafe auf die Agenda rücken zu können. Im Oktober 1963 schließlich stellte Richter Goldberg im Zusammenhang des Falles „Rudolph v. Alabama" die Verfassungskonformität der Todesstrafe für Vergewaltigung in Frage, wenn auch ohne auf die rassistischen Elemente des Verfahrens zu verweisen. Obschon Goldbergs Ansicht unter den US-amerikanischen Oberrichtern keine Mehrheit fand, konnte seine Darlegung innerhalb der reformorientierten US-amerikanischen Anwaltschaft als Signal für eine mögliche Beweglichkeit des „Supreme Court" verstanden werden. Ein Versuch, die Todesstrafe anzugehen, war nun nicht mehr automatisch zum Scheitern verurteilt. Der so genannte „Legal Defense Fund" (LDF), der eng mit der „National Association for the Advancement of Colored People" verbunden war und somit per definitionem für die Bürgerrechte der Afroamerikaner kämpfte, ergriff die Gelegenheit und leitete eine konzertierte Aktion in die Wege. Doch man attackierte die Todesstrafe nicht direkt und unmittelbar, sondern wählte eine andere Strategie: Angesichts der Entwicklungen der letzten Jahrzehnte sollte die Verfahrenspraxis Stück für Stück auseinander genommen werden. Der LDF stellte die rassistische Diskriminierung in der Justiz in das Zentrum seiner Aktivitäten, um so sukzessive auf das Ende der Todesstrafe hinzuwirken.[2]

Zunächst konzentrierte sich der LDF auf das klassische „schwarze Verbrechen" der Vergewaltigung. Schon siebzig Jahre zuvor hatte Ida B. Wells in ihrer Kampagne gegen das Lynching die rassistischen Vergewaltigungsprozesse an den Pranger gestellt. Seit den 1940er Jahren war das Verhältnis von Hautfarbe und juristischem Verfahren in Vergewaltigungsfällen von der Anklageerhebung bis zur Urteilsfindung regelmäßig und kritisch erörtert worden. Dass die Stereotype des triebhaften schwarzen Mannes und der holden weißen Frau trotzdem auch in den 1960er Jahren noch überaus virulent waren, verdeutlicht eine Stellungnahme des Obersten Gerichtshofes des Staates Georgia. Dort hieß es, die Frau sei die „Mutter der menschlichen Rasse, das Fundament der Zivilisation". Ihre „Tugend und Reinheit ist das teuerste Gut der Menschheit" und müsse daher vor den „bestialischen Anschlägen der Wilden" geschützt werden. In der Mitte der 1960er Jahre trug eine Studie des Soziologen Marvin Wolfgang dazu bei, diese Stereotype zu demaskieren. Die groß angelegte Untersuchung stützte sich auf die entsprechenden Daten aus Vergewaltigungsprozessen im Süden der USA. Die Ergebnisse, die schon bald als Beweismaterial in laufende Verfahren eingebracht wurden, bestätigten abermals, dass schwarze Männer mit einer signifikant größeren Wahrscheinlichkeit zum Tod verurteilt wurden als weiße Männer, wenn sie der Vergewaltigung für schuldig befunden waren. Einer der Gründe war, dass es immer noch an der Repräsentation von Afroamerikanern in den Jurys mangelte. Zum Beispiel hat im Bezirk „Green County" in Alabama bis in die 1960er Jahre hinein kein einziger Afroamerikaner als Geschworener fungiert, obschon 95% der dortigen Bevölkerung schwarz war.[3]

Vor diesem Hintergrund attackierte der LDF zunächst die damals übliche Praxis, niemanden unter die Geschworenen aufzunehmen, der oder die grundsätzliche Skepsis in Hinblick auf die Todesstrafe zu erkennen gab. Er bemängelte, dass eine solche Jury zu einem Schuldspruch neigte, nicht repräsentativ für die Gemeinde war und die Angeklagten ihres Rechtes auf einen fairen, unvoreingenommenen Prozess beraubte. In einem zweiten Einwand kritisierten die LDF-Vertreter, dass in den meisten Staaten über die Schuldfrage und das Urteilsmaß innerhalb eines einzigen Verfahrens entschieden wurde. Diese Rechtspraxis versetzte die Verteidigung in die Zwangslage, eventuell strafmildernde Argumente zu verschweigen, wenn sie andererseits die grundsätzliche Schuld der Angeklagten nahe legten. Auch der dritte Haupteinwand bezog sich auf die Art der Urteilsfindung. Nicht zuletzt auf Drängen der Reformbewegung waren die meisten Staaten im späten 19. und frühen 20. Jahrhundert dazu übergegangen, über (Un-)Schuld und Strafmaß zwar in einem Verfahren, aber in zwei Schritten zu entscheiden. Eine Verurteilung wegen Mordes musste demnach nicht zwangsläufig die Todesstrafe bedeuten. Diese Flexibilität in der Bestimmung der Strafe eröffnete der Todesjustiz einen weiten Raum für Willkür, zumal präzise Entscheidungsanleitungen für die Jury nicht gegeben waren und persönliche Vorurteile zur vollen Entfaltung kommen konnten.

Diese Kritikpunkte bezogen sich auf sämtliche Verfahren, in denen ein Todesurteil möglich war, und zwar zunächst unabhängig davon, ob die Anklage Vergewaltigung oder Mord lautete oder ob der Angeklagte schwarz oder weiß war. Ende 1966 trafen die Aktivisten daher die Entscheidung, sich nicht auf „schwarze Vergewaltiger" zu konzentrieren, sondern sämtliche Exekutionen stoppen zu wollen. Mit diesem Schritt ging der „Legal Defense Fund" zu der so genannten „Moratoriumsstrategie" über. Unterstützt wurde er von der „American Civil Liberties Union", die sich seit dem Juni 1965 ebenfalls dem Kampf gegen die Todesstrafe verschrieben hatte. Konkret besagte die „Moratoriumsstrategie", dass man zunächst in Hunderte von Einzelfällen eingreifen wollte, um an höhere Instanzen zu appellieren und so den Vollzug vieler einzelner Todesurteile zu blockieren. Erst wenn dies für eine Weile gelungen wäre, würde man versuchen, über den Obersten Gerichtshof die Verfassungswidrigkeit der Todesstrafe zu fixieren. Die Strategie war gewagt, denn sie würde zunächst zu immer mehr Insassen in den Todestrakten führen. Im Falle eines

Scheiterns wäre möglicherweise eine regelrechte Exekutionsflut die Folge. Allerdings wurde die Hoffnung auf einen Erfolg der Strategie durch die schwindende Zustimmungsrate der Bevölkerung zur Todesstrafe gestützt. Mit 42 % erreichte sie in dieser Zeit den niedrigsten Wert seit dem Beginn entsprechender Umfragen in den 1930er Jahren.[4]

Die Kampagne gegen die Todesstrafe war gut organisiert. Von New York City aus wurde ein Netzwerk aus Anwälten, abolitionistischen Gruppen, Hochschullehrern, Journalisten und Mitgliedern des Justizapparates geknüpft. Petitionen, Anträge auf Verschiebung des Exekutionstermins, verfassungsrelevante und andere Materialien wurden in der Zentrale in einem so genannten „Letzte-Hilfe-Hefter" zusammengestellt und für Anwälte, die in Todesprozessen engagiert waren, bereitgehalten. Spenden unterstützten die Kampagne finanziell. Der führende Kopf der Organisation war Anthony J. Amsterdam, ein junger Rechtsprofessor der „University of Pennsylvania". Einer der ersten ganz großen Erfolge, die Amsterdam und der LDF in die Wege leiteten, konnte in Florida gefeiert werden. Dort trat 1967 Claude Kirk, Jr., das Gouverneursamt mit dem Versprechen an, den Todestrakt mit harter Hand zu räumen – und der war mittlerweile auf fünfzig Personen angeschwollen. Zwei Anwälte aus Miami leiteten mit Unterstützung des LDF eine gemeinsame Klage aller Todeskandidaten gegen den Staat Florida in die Wege. Sie attackierte die Willkür von Todesurteilen, die unzureichenden Rechtsberatungen und die voreingenommenen Jurys. Zur allgemeinen Überraschung fand sich ein Bundesrichter, der auf einen Schlag den Aufschub sämtlicher Hinrichtungstermine anordnete. Sofort wurde eine ähnliche Aktion in Kalifornien initiiert, wo mit Ronald Reagan ebenfalls ein Verfechter der Todesstrafe das Amt des Gouverneurs angetreten hatte.[5]

Auch die Gesamtstrategie hatte zunächst Erfolge zu verzeichnen. Nachdem sich die Anzahl der bundesweiten Exekutionen von 199 im Jahr 1935 beinahe kontinuierlich auf 49 im Jahr 1959 reduziert hatte, stagnierte sie kurzfristig, um dann auf eine einzige im Jahr 1966 abzusinken. 1967 gab es zwei Hinrichtungen: Am 12. April 1967 starb der 37-jährige Afroamerikaner Aaron Mitchell in Kalifornien in der Gaskammer, am 2. Juni folgte ihm der 48-jährige Puerto-Ricaner Luis Jose Monge in Colorado. Danach

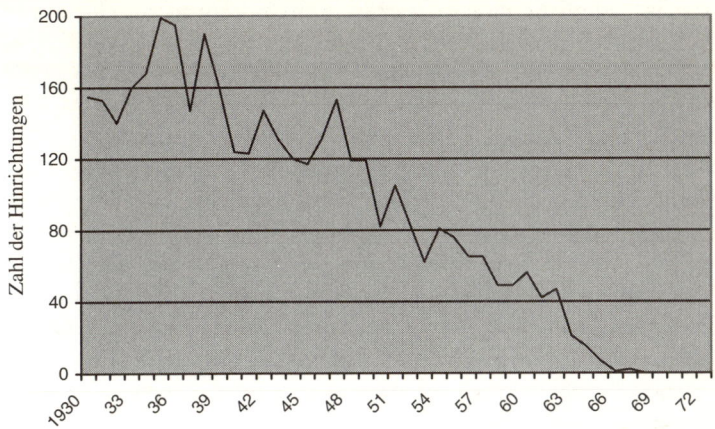

Hinrichtungen USA, 1930–1972

sollte für zehn Jahre in den gesamten USA niemand mehr hingerichtet werden. Der Vollzug von Todesurteilen war (zunächst in-
offiziell) eingestellt, und die Todestrakte der Staatsgefängnisse
wurden voller und voller. Allein von 1966 bis 1967 stieg die Zahl
der Menschen in den „Death Rows" von 351 auf 415.[6]

„Furman v. Georgia", 1972

Der inoffizielle Exekutionsstopp, der 1967 nach der Hinrichtung
Luis Jose Monges begonnen hatte, konnte nur ein erster Teilerfolg
sein. Nun schien die Zeit für den „Legal Defense Fund" und die
„American Civil Liberties Union" reif, dem Obersten Gerichtshof
solche Entscheidungen abzufordern, die grundsätzlichen Charak-
ters waren und die Todesstrafe als solche für verfassungswidrig erklärten. Erst dann würde die seit einigen Jahren verfolgte Strategie
zu dem erhofften vollkommenen Erfolg geführt haben. Die Todesstrafe wäre weniger als moralisches und ethisches Übel verworfen,
sondern vielmehr als verfassungswidrige Strafpraxis verboten.

Ein wichtiger Schritt war der Fall William C. Witherspoon. 1960
war Witherspoon in „Cook County", Illinois, wegen Mordes an
einem Polizeibeamten zum Tode verurteilt worden. Ein Statut des

Staates Illinois hatte alle diejenigen von der Jury ausgeschlossen, welche „möglicherweise zögerten", ein Todesurteil zu fällen. Der Fall ging durch zahlreiche Instanzen, bis er schließlich am 24. April 1968 vor dem Obersten Gerichtshof der USA angehört wurde. Dort argumentierten die Vertreter von LDF und ACLU, eine derartige Auswahl der Geschworenen, wie sie in Illinois und vielen anderen Staaten immer noch üblich war, verstoße gegen das Recht auf einen fairen Prozess. Die Oberrichter stimmten dem Ansinnen der Kläger mehrheitlich zu. Sie betonten, die Jury müsse in ihrer Zusammensetzung ein Spiegel der Gesellschaft sein, und nach einer Umfrage des Jahres 1966 erklärten sich mehr US-Amerikaner und -Amerikanerinnen zu Gegnern denn zu Befürwortern der Todesstrafe. Folglich spreche eine Jury ohne Todesstrafen-Skeptiker nur für eine ständig kleiner werdende gesellschaftliche Minderheit. Bemerkenswert ist, dass sich die Richter explizit auf die öffentliche Meinung bezogen. Von der Witherspoon-Entscheidung dachte man zunächst, sie könnte das Ende der Todesstrafe in den USA implizieren. Letztlich aber blieb ihre Breitenwirkung vergleichsweise gering. Die Formulierung der Richter bot zahlreiche Schlupflöcher, und nur sehr wenige Todesurteile wurden aufgehoben, weil sie mit dem Urteil kollidierten.[7]

Die Entscheidung des Obersten Gerichtshofes zeigte einerseits, dass die Abolitionisten den richtigen Weg beschritten. Sie machte andererseits deutlich, wie fragil die Erfolge waren. Der „Supreme Court" präsentierte sich in verschiedenen Entscheidungen des folgenden Jahres äußerst zurückhaltend. Der Versuch der Reformer, die in manchen Staaten noch bestehende Todesstrafe für Raub grundlegend zu attackieren, blieb erfolglos. Die Oberrichter gewährten dem betreffenden Verurteilten Edward Boykin aus Alabama zwar einen neuen Prozess, vermieden aber eine Grundsatzentscheidung. Ähnlich endete das Bemühen, die Todesstrafe für Vergewaltigung als Verstoß gegen den 14. Verfassungszusatz festzuschreiben, der ja die Bürgerrechte und somit die Gleichbehandlung vor dem Gesetz zusicherte. Auch in den folgenden beiden Jahren fällte der Oberste Gerichtshof einige Urteile, die in Hinblick auf einen baldigen Erfolg der Strategie nicht gerade optimistisch stimmen konnten. Angriffe auf die Willkür von Jury-Entscheidungen sowie auf die Praxis, Urteil und Strafmaß in einem Verfahren festzulegen, und mithin Zweifel an der per Verfassung garantierten Fairness von Prozessen wies der „Supreme Court" deutlich zurück. Die Hoffnungen der Reformer auf eine baldige Abschaffung der Todesstrafe schienen zunächst zerschlagen.[8]

Bestärkt wurde der Kampf gegen die Todesstrafe allerdings durch legislative und politische Entwicklungen. In der Mitte der 1960er Jahre konnten auch auf der Ebene der gesetzgebenden Versammlungen einige Erfolge verzeichnet werden. Im Staat Oregon wurde die Todesstrafe nach einer zielgerichteten Medienkampagne durch eine Volksbefragung Ende 1964 mit 455 000 zu 302 000 Stimmen abgeschafft – und dies war die höchste Marge, die jemals erzielt wurde. Im darauf folgenden Jahr strichen auch die Staaten Iowa, New York, Vermont und West Virginia die Todesstrafe aus ihren Statuten, 1969 folgte New Mexico. Freilich gab es auch weiterhin Niederlagen zu verzeichnen, wie 1966 und 1968, als die Bürger und Bürgerinnen in Colorado und Massachusetts deutlich für die Beibehaltung der Todesstrafe votierten.[9]

Anfang der 1970er Jahre bestärkten Ereignisse auf politischer Ebene den LDF und die ACLU in ihren Bestrebungen. Der scheidende Gouverneur des Staates Arkansas, Winthrop Rockefeller, wandelte durch eine Generalamnestie auf einen Streich sämtliche Todesstrafen in Haftstrafen um. In New York attackierte Richard Barrett, Vorsitzender der „Kommission zur Überarbeitung des Strafgesetzes", den elektrischen Stuhl als „ultimatives Symbol der Irrationalität, der brutalen Rache, der gefühllosen Diskriminierung". Die Charakterisierung zeigt in aller Deutlichkeit, wie sich die Wahrnehmung gewandelt hatte, seitdem New York 1890 als erster US-Staat den elektrischen Stuhl als angeblich rationales, menschenfreundliches, den Stand der Zivilisation reflektierendes und den Vollzug der Todesstrafe revolutionierendes Instrument eingeführt hatte. Nun, fuhr Barrett in seinem Bericht fort, erschien die elektrische Tötungsmaschine wie ein „Krebsgeschwür", das den gesamten Körper des Strafwesens zerfraß. In diesem Sinne veranlasste im Nachbarstaat Pennsylvania der Oberstaatsanwalt Fred Speaker die Abschaffung des „tödlichen Dynamos", der in seinen Augen verfassungswidrig und obszön war. Dies bedeutete einen Hinrichtungsstopp, bis eine andere Tötungsmethode per Gesetz festgelegt war. Der neue Gouverneur Pennsylvanias betonte zwar, Speaker habe seine Kompetenzen überschritten, versicherte jedoch zugleich, auch er würde keine Exekutionen vollstrecken lassen. Insgesamt war also auch auf politischer Ebene eine wachsende Abneigung gegenüber der Todesstrafe zu erkennen. Zugleich füllten sich die Todestrakte weiterhin, von 415 Menschen im Jahr 1967 bis auf 600 Ende 1971. Der Druck auf die Oberrichter stieg, eine eindeutige Entscheidung über den Verfassungsstatus der Todesstrafe war gefordert. Ein entsprechendes Votum kündigten sie schließlich im Zusammenhang mit der Anhörung in vier Fällen für das Jahr 1972 an. „Branch v. Texas" und „Jackson v. Georgia" betrafen Todesurteile wegen Vergewaltigung, in „Aikens v. California" und „Furman v. Georgia" wurde über Mordurteile verhandelt.[10]

Die Vertreter des „Legal Defense Fund" hatten diese vier Fälle ausgewählt, weil sie viele typische Elemente in sich vereinten. Unter anderem waren alle Täter schwarz, alle Opfer weiß. Zu einer Art Leitfall wurde „Furman v. Georgia". Der 26-jährige William Henry Furman hatte während eines Einbruches einen Mann durch eine geschlossene Tür hindurch erschossen. Ein medizinisches Gutachten, das vor der Gerichtsverhandlung in Georgia erstellt worden war, erklärte den Täter zwar nicht für psychotisch, aber für unfähig, mit seinem Anwalt zu kooperieren und an der Konzeption seiner Verteidigung mitzuwirken. Dennoch wurde der Fall verhandelt, der Angeklagte zum Tode verurteilt und das Urteil vom Obersten Gerichtshof Georgias aufrechterhalten. Am 17. Januar 1972 hörte der „Supreme Court" die Argumente in „Furman v. Georgia" und den drei anderen Fällen unter der Leitfrage an, ob „die Auferlegung und Ausführung der Todesstrafe eine grausame und ungewöhnliche Strafe und somit einen Verstoß gegen den achten und den vierzehnten Verfassungszusatz darstellt".[11]

Die Verhandlung eines Falles vor dem Obersten Gerichtshof der Vereinigten Staaten ist nicht nur ein verfassungsrechtliches Verfahren, in dem über Recht und Unrecht befunden wird, denn der Ausgang einer solchen Verhandlung ist maßgeblich von der politischen Konstellation und der Zusammensetzung des Gerichtshofes abhängig. Das Recht und die Pflicht, einen Richter an den „Supreme Court" zu berufen, obliegt dem Präsidenten der Vereinigten Staaten bei Zustimmung des Senats. Die Amtszeit eines Berufenen ist unbegrenzt, da der Oberste Gerichtshof ein

Hort der Stabilität sein soll, der unabhängig von den kurzfristigen Schwankungen im politischen Tagesgeschäft als Hüter der Verfassung und als normsetzende Instanz agiert. Dennoch ist die Ernennung eines Oberrichters ein politischer Akt, durch den die jeweiligen US-Präsidenten über ihre offizielle Amtszeit hinaus die gesellschaftlichen Geschicke beeinflussen können. Bevor „Furman v. Georgia" und die anderen Fälle vor dem „Supreme Court" verhandelt wurden, hatte US-Präsident Richard Nixon drei Oberrichter ernennen können. Nixon war als Vertreter eines neuen Konservativismus in das Weiße Haus gewählt worden, und er befürwortete die Todesstrafe. 1971 berief er William Hubbs Rehnquist zum Oberrichter, der seitdem als Inbegriff konservativer Politik, als Verfechter einer engen Auslegung der Verfassung und als Befürworter der Todesstrafe agiert. Auch Nixons zweite Neuernennung des Jahres 1971, Lewis F. Powell, Jr., trat für eine Rechtspolitik ein, die in einer traditionellen Deutung der Verfassung gründete. Da auch Harry Blackmun, erst ein Jahr zuvor von Nixon an den „Supreme Court" berufen, und der vorsitzende Richter Warren Burger als Verfechter der Todesstrafe galten, standen vier der neun Stimmen den Zielen des „Legal Defense Fund" entgegen. Doch unter den Oberrichtern waren auch ebenso deutliche Gegner der Todesstrafe, und zwar William O. Douglas, William J. Brennan, Jr., und allen voran Thurgood Marshall. Zwar war William Brennan 1956 von dem Republikaner Dwight D. Eisenhower ernannt worden, doch im Laufe seiner Karriere wurde er zu einem der Hauptvertreter liberaler Politik, weshalb Präsident „Ike" Eisenhower Brennans Ernennung sogar als den größten Fehler seiner Amtszeit bezeichnete. Nicht nur in den turbulenten 1970er Jahren, auch in den folgenden Dekaden war Brennan ein vehementer Kritiker der Todesstrafe, da er sie als Instrument rassistischer Diskriminierung und als Verstoß gegen die Verfassung erachtete. Ein noch verlässlicherer Fürsprecher des „LDF" war Richter Thurgood Marshall. Als Afroamerikaner und als Jurist hatte er sich seit Jahren in der NAACP engagiert und sogar als Vorsitzender des „Legal Defense Fund" agiert. Als Kämpfer für die Bürgerrechte hatte er insgesamt 32 Fälle bis vor den Obersten Gerichtshof getragen, davon 29 mit Erfolg, unter anderem „Brown v. Board of Education". Präsident Lyndon B. Johnson berief ihn 1967 als ersten Afroamerikaner an den Obersten Gerichtshof. Die Ernennung wurde mit 69:11 Stimmen im Senat bestätigt – zehn der elf Gegenstimmen kamen von Senatoren aus den Südstaaten. Demnach standen den vier Stimmen für die Todesstrafe drei Stimmen gegen die Todesstrafe gegenüber. Es blieben also zwei Richter im „Supreme Court", die in ihrer Entscheidung offen waren. Einer war Potter Stewart, der zwar 1959 ebenfalls von Präsident Eisenhower ernannt worden war, aber für eine unabhängige Politik stand. Der zweite war Richter Byron White, der, obschon von Präsident John F. Kennedy ernannt, bislang durch tendenziell konservative Entscheidungen aufgefallen war.[12]

Die Argumente des LDF in „Furman" und den anderen Fällen waren maßgeblich von Anthony Amsterdam entwickelt. Zunächst arbeitete er solche Schwachstellen eines Todesstrafensystems heraus, die auch in einem einwandfrei funktionierenden Rechtssystem gegeben waren. Hier sei maßgeblich, dass die Todesstrafe in der zweiten Hälfte des 20. Jahrhunderts nicht mehr in Einklang mit den ethischen Standards in Fragen des Anstands und der Menschlichkeit stehe. Daher habe eine wachsende Behutsamkeit zu weniger Todesurteilen geführt. Die Furcht vor einem Fehlurteil sei ebenso gestiegen wie das Verlangen, gerade in Kapitalfällen die Standards eines fairen Prozesses zu beachten. Daher sei eine schnelle, aber auch leichtfertige Justiz einer langsamen, aber auch gründlicheren Rechtsfindung gewichen. Lange Verhandlungszeiten und – im Falle eines Todesurteils – beinahe automatische Appelle an nächsthöhere Instanzen und somit eine permanent wachsende Zeitspanne zwischen erster Urteilsfindung und Urteilsvollzug seien die Folgen. Daher sei wiederum die Zeit im Todestrakt zu einer immer längeren, unerträglichen psychologischen Tortur für die Verurteilten geworden. Nicht zuletzt Caryl Chessman hatte in seinen Büchern das quälende Dasein eines Todeskandidaten einer breiten Öffentlichkeit vor Augen geführt. Auch der psychiatrische Experte in der „Furman"-Verhandlung, Louis J. West, bemängelte die mental untragbaren Bedingungen in „Death Row". Er sah in den Todestrakten ein „gräuliches Reservoir verurteilter Männer, die wie in einem Laboratorium und unter unvorstellbarem Stress leben".

Zudem, so Amsterdam, war das Todesstrafensystem von Fehlern und Fallschlingen durchzogen. Welcher Angeklagte letztlich zum Tode verurteilt wurde und welcher nicht, war eine weit gehend willkürliche Entscheidung der Jury, die in der Regel von tradierten, häufig rassistisch geprägten Wahrnehmungsmustern abhängig war und nicht von rationalen, juristisch begründeten Erwägungen.[13]

Amsterdams Argumentation gründete in der Vorstellung, die menschliche Gesellschaft durchlaufe eine zivilisatorische Entwicklung. Aus einer solchen Perspektive musste die Todesstrafe „ebenso wie die Peitsche und die Verbannung von der Geschichte verurteilt" sein. Sie werde zwangsläufig aus den Strafrechtskodizes aller zivilisierten Nationen verschwinden, betonte Amsterdam. Dies führe auch die Entwicklung in anderen demokratischen Staaten vor Augen, wo dieser Schritt bereits weit gehend vollzogen sei. Die USA seien nun gefordert, die Verfassung und insbesondere deren achten Zusatz entsprechend dynamisch zu interpretieren. Die Auslegung der Verfassungsväter, dass die Todesstrafe keine grausame und ungewöhnliche Strafe sei, dürfe kein auf ewig unverrückbarer Maßstab sein. Dies hatte der „Supreme Court" im Rahmen anderer Urteile ja bereits konstatiert. Schließlich dürfe ansonsten keine der Strafpraktiken aus der Zeit der Verfassungsgebung als „grausam" und „ungewöhnlich" erachtet werden. Die Peitsche, das Brandmarken und der Pranger müssten dann unter dem Schutz der Verfassung fröhliche Urstände feiern – „die weitere Diskussion einer ‚statischen' Theorie des achten Verfassungszusatzes erscheint überflüssig", schloss Amsterdam diesen Teil seiner Darlegungen.[14]

Zog man nun, so Amsterdam, auf der Grundlage einer dynamischen Verfassungstheorie die gegenwärtige Deutung von „Grausamkeit" und „Ungewöhnlichkeit" in Betracht, dann müsse die Todesstrafe notwendigerweise als verfassungswidrig angesehen werden. Denn erstens sei die Zahl der Exekutionen seit der Mitte der 1930er Jahre ständig gesunken, um schließlich in den späten 1960er Jahren den Nullpunkt zu erreichen. Würden nun im Jahr 1972 in der Tat alle vorsätzlichen Mörder hingerichtet, spekulierte Amsterdam, so würde dies als „atavistischer Horror" empfunden. Ein kollektiver Aufschrei des Entsetzens wäre zu vernehmen. Denn spätestens seit 1963 seien Exekutionen in den USA „unberechenbar selten", was letztlich ein untrügliches Zeichen dafür sei, dass die Todesstrafe im gegenwärtigen Amerika keine breite Akzeptanz finde. Dies bestätigten auch die Meinungsumfragen, die Anfang der 1970er Jahre eine Zustimmungsrate zur Todesstrafe signalisierten, die zwar wieder leicht anstieg, aber immer noch bei lediglich 50% lag.[15] Weiterhin werde die allgemeine Abscheu gegen die Todesstrafe dadurch belegt, dass man Hinrichtungen im Verborgenen vollzog, erklärte Amsterdam: „Wir verstecken unsere Exekutionen, weil wir es Ekel erregend finden, sie anzusehen, weil ihr Anblick uns krank machen würde und weil ihre öffentliche Darbietung inakzeptabel wäre und die Würde des Menschen untergraben würde."

Hatte sich Amsterdam bis hierhin weitestgehend auf den achten Verfassungszusatz bezogen, so weitete er seine Darlegungen im Folgenden auf den 14. Zusatz aus. Zahlreiche Studien hatten mittlerweile bewiesen, dass insbesondere die Todesstrafenpraxis den Gleichbehandlungsgrundsatz systematisch durchbreche. Arme, Ungebildete, Unterprivilegierte und Mitglieder von Minderheiten würden deutlich überproportional zum Tode verurteilt, und dies gelte in besonderem Maße für Afroamerikaner. Letztlich sei die Todesstrafe nur in Folge dieser diskriminierenden Beschränkung auf Minderheiten für die Öffentlichkeit noch hinnehmbar. Es sei mehr als deutlich, dass die Gesellschaft eine gleichmäßige, nicht diskriminierende Anwendung der Todesstrafe nicht akzeptieren würde. Daher müsse das Oberste Gericht der Vereinigten Staaten anerkennen, dass die Todesstrafe eine Verirrung sei, ein gesellschaftlich rand- und kulturell rückständiger Akt extremer Gewalt von Seiten des Staates, arbiträr, diskriminierend und wider die Verfassung: „Solch eine Strafe, nicht Recht, sondern Terror, darf in einem demokratischen System keinen Raum finden. Sie ist eine grausame und ungewöhnliche Strafe, im Widerspruch zu dem achten und vierzehnten Verfassungszusatz."[16]

Es vergingen über fünf Monate, bis die Richter ihre Entscheidung bekannt gaben. In dieser Zeit des Wartens hielt sich der Optimismus auf Seiten des „Legal Defense Fund" und der weiteren Gegner der Todesstrafe in Grenzen, denn bislang hatte der Oberste Gerichtshof zwar verschiedene positive Signale ausgesandt, eine Grundsatzentscheidung aber immer vermieden. Zudem hatte sich die Richterkonstellation während der letzten Jahre nicht gerade im Sinne der Todesstrafengegner verbessert, denn alle drei Richter, die Präsident Nixon ernannt hatte, waren erklärte

Befürworter der Todesstrafe. Nixons Berufungen standen in Einklang mit seiner politischen Linie und einem sich immer deutlicher abzeichnenden Stimmungswandel im Land, war er doch als Vertreter von „Recht und Ordnung" in das Weiße Haus eingezogen. Der „Krieg gegen das Verbrechen" war schon seit den späten 1920er Jahren ein nationales Thema, und seit dem Ende des Zweiten Weltkrieges hatte er permanent auf der Agenda der Bundespolitik gestanden. 1964 hatte der Republikanische Präsidentschaftskandidat Barry Goldwater die Kriminalität zu einem zentralen Topos seiner Kampagne erhoben und wörtlich „die wachsende Bedrohung für die persönliche Sicherheit, den Leib, das Leben und das Eigentum jedes Einzelnen" beschworen. Zwar gewann der Demokrat Lyndon B. Johnson diese Wahlen mehr als deutlich, doch das offenbar so explosive Thema Gewalt und Verbrechen erhob auch er zu einem wichtigen Gegenstand seiner Politik. Das Jahr der nächsten Präsidentschaftswahlen, 1968, war nicht nur das Jahr der Hippies und der Friedensbewegung, das erste Jahr ohne Hinrichtung in der Geschichte der USA, sondern auch ein Jahr heftiger Ausschreitungen und tödlicher Attentate auf Robert Kennedy und Martin Luther King, Jr. Die Bürgerrechtsbewegung hatte sich radikalisiert, die Black Panther Party war präsent, und die Unruhen in Watts und den schwarzen Vierteln anderer Städte waren noch nicht vergessen. 1968 war der demokratische „Krieg gegen die Armut" gescheitert, und mit Richard Nixon zog ein allseits als Hardliner bekannter Politiker in das Weiße Haus ein. Anteil an dem Wahlerfolg Nixons hatte der designierte Vizepräsident, Spiro Agnew, mit kruden Anfeindungen gegenüber schwarzen Bürgerrechtlern, Liberalen, Intellektuellen und Protestlern. Nixon und Agnew standen in den Wahlen explizit für die so genannten „vergessenen Amerikaner" ein, also für diejenigen, die, wie das republikanische Team sagte, die Gesetze befolgten, ihre Steuern zahlten und zur Arbeit gingen, die ihre Kinder zur Schule schickten und ihre Kirchen besuchten. Im Zuge dieses „weißen Rückschlages" der späten 1960er Jahre rückten die Bilder randalierender Afroamerikaner und schwarzer „Wohlfahrtsempfänger im Cadillac" deutlicher in den Vordergrund des gesellschaftlichen Bewusstseins. Wie allseits bekannt und soziologisch nachgewiesen, war es besagter schwarzer Wohlfahrtsempfänger, der überwiegend die Todestrakte bevölkerte. Auch die Erfolge des ehemaligen Gouverneurs von Alabama, George Wallace, verdeutlichten die revisionistische Stimmung im Land. Als dritte Kraft der Präsidentschaftswahlen schürte er mit rassistischen und antiliberalen Parolen die Ängste der Menschen vor Unordnung, Chaos und Verbrechen, und er beschwor gesellschaftliche Übel, die laut Wallace sowohl aus den intellektuellen Zirkeln als auch aus den schwarzen Slums das traditionelle Amerika überzogen. Wallace war in seinem Denken kein Außenseiter, vielmehr erreichte er bei den Wahlen über 9,9 Millionen Stimmen, 13,6 % der so genannten „popular vote". Doch nicht Wallace wurde neuer Präsident, sondern „Tricky Dick" Nixon, der immer daran interessiert war, sich als „rauhbeinig" zu präsentieren. Liberale Entscheidungen des Obersten Gerichtshofes hatte Nixon bisweilen als „Verhätschelung von Kriminellen" kommentiert, und er hatte den „Supreme Court" seinen Vorstellungen entsprechend modelliert, als dieser 1972 über die Todesstrafe beriet.[17]

Demzufolge war die Stimmung in den USA auch von einem kollektiven Bedürfnis nach einer geordneten Gesellschaft geprägt, in der jeder Mensch seinen „angestammten Platz" hatte und den Werten von Recht, Ordnung und christlichem Glauben anhing. Zur Rückbesinnung auf traditionelle Werte in Abgrenzung von Bürgerrechts- und Frauenbewegung, von Pazifismus und Woodstock trug auch eine beständig wachsende Mordrate bei, die eine kollektive Furcht vor Kriminalität schürte und den Bestrebungen, die Todesstrafe abzuschaffen, entgegenwirkte.[18] Zu allem Überfluss verbanden sich Liberalismus und „Counterculture" auf der einen und gewalttätige Kriminalität auf der anderen Seite in weiten Teilen des öffentlichen Bewusstseins in der Person Charles Mansons. Manson schloss sich Ende der sechziger Jahre der Gegenbewegung an. Er sprach von sich selber einmal als Jesus Christus und ein anderes Mal als Teufel, und mit der Zeit scharte er eine Gruppe von ca. 30 jungen Frauen und Männern um sich. Von der Vision eines apokalyptischen „Rassenkrieges" zwischen Schwarz und Weiß getragen, den nur die Manson-„Familie" überleben würde, begingen sie eine Reihe von Ritualmorden, um sie Afroamerikanern in die Schuhe zu schieben. Zu den definitiv neun, möglicherweise aber 40 Opfern, für deren Tod Charles Manson und seine Gefolgsleute verantwortlich zeichneten, gehörte auch die im achten Monat schwangere Schauspielerin

Sharon Tate, die damalige Ehefrau des Regisseurs Roman Polanski. Sämtliche Mordopfer der Manson-Gruppe waren brutal massakriert und grotesk hergerichtet worden. Der Prozess gegen Manson und einige Mitglieder seiner „Familie" zog sich unter großer öffentlicher Beachtung durch die zweite Hälfte des Jahres 1970 hin, bevor insgesamt fünf Angeklagte zum Tode verurteilt wurden. In der so polarisierten US-Gesellschaft dieser Zeit faszinierte Charles Manson die Medien, und manche Menschen erhoben ihn gar zur Kultfigur. „Tuesday's Child", eine Underground-Zeitschrift aus Los Angeles, ernannte ihn sogar zum „Mann des Jahres". Bis heute rekurrieren Teile der Populärkultur auf Manson als Gegenentwurf gesellschaftlicher Ordnungsvorstellungen. Andererseits verkörperte er für weite Teile der US-Gesellschaft besser als jeder andere das Übel der Gegenkultur und des Liberalismus. Für das konservative Amerika war er das Monster, das unter der Fassade des „Flower Power" gedieh. Er erschien als innere Bedrohung der amerikanischen Gesellschaft und ihrer Werte, und in den Augen der Konservativen hatte er gezeigt, wo Drogen, Rockmusik, freie Liebe und Mystizismus hinführten. Treffend schrieb das politische durchaus angepasste Musikmagazin „Rolling Stone", in Manson habe das Establishment nach jahrelanger Suche endlich den langhaarigen Teufel gefunden, den es so sehr zu hassen liebte.[19]

Vor dem Hintergrund des konservativen Wandels, der verbreiteten Kriminalitätsfurcht und der wieder steigenden Zustimmungsraten zur Todesstrafe vermochte die Entscheidung, die der vorsitzende Richter Warren Burger für das Oberste Gericht am 29. Juni 1972 unter dem Titel „Furman v. Georgia" verkündete, durchaus zu überraschen: „Die Auferlegung und Ausführung der Todesstrafe in den verhandelten Fällen ist grausam und ungewöhnlich und verstößt gegen den achten und den vierzehnten Verfassungszusatz." Damit waren nicht nur die Todesurteile in den Fällen Jackson, Branch und Furman aufgehoben, sondern auch die gegen mehr als 600 weitere Menschen in 26 US-Staaten. Über den vierten Fall, „Aikens v. California", hatte der „Supreme Court" nicht mehr zu befinden, da kurz zuvor die Todesstrafe in Kalifornien bereits vom dortigen Obersten Gerichtshof als wider die Staatsverfassung erklärt worden war. Hinter den dürren Worten Warren Burgers verbarg sich eine buchdicke Stellungnahme.

Wie erwartet, hatten neben Burger auch die Richter William Rehnquist, Harry Blackmun und Lewis Powell gegen das Ansinnen des „Legal Defense Fund" votiert. Die Richter Thurgood Marshall, William Brennan, William O. Douglas und auch die „Wackelkandidaten" Potter Stewart und Byron White hatten im Sinne der Klagenden gestimmt. Dies war zweifelsfrei der größte Erfolg, den die Gegner und Gegnerinnen der Todesstrafe jemals errungen hatten.[20]

Gleichwohl war das Urteil problematisch. In gewissem Sinne spiegelte es die fragmentierte US-Gesellschaft, und dies nicht nur, weil es mit der denkbar knappsten Marge von einer einzigen Stimme gefällt worden war. Selbst in der Mehrheit gab es unterschiedliche Fraktionen, und jeder einzelne Richter formulierte eine eigene Stellungnahme. Einzig die Richter Brennan und Marshall erachteten die Todesstrafe als per se verfassungswidrig, da sie die menschliche Würde degradiere und den Verurteilten unnötige, auch mentale Leiden verursache. Zudem werde sie mit großer Willkür ausgesprochen und angewendet und sei keinesfalls notwendig, um die Gesellschaft vor Verbrechen zu schützen. Insofern sei der Tod eine sowohl ungewöhnliche als auch grausame Strafe, deren Anwendung zudem gegen den Grundsatz der Gleichbehandlung vor dem Gesetz verstoße.

Die anderen drei Richter der Mehrheitsfraktion stimmten dem Urteil Brennans und Marshalls nur eingeschränkt zu. Richter Douglas forderte eine traditionelle Interpretation des Grundrechtskatalogs von 1791, um eine Flut weiterer Verfahren zu vermeiden. Er erachtete jedoch den Ermessensspielraum, der sich in einem Kapitalprozess auftat, als nicht tragbar. Recht und Gesetz gewährten den einzelnen Entscheidungsträgern einen so großen Spielraum, dass Diskriminierungen auf Basis der Kategorien „Klasse" und „Rasse" unvermeidbar seien. „Die Gesetze geben keine Standards für die Auswahl der Strafe vor. Menschen dürfen leben oder müssen sterben, und die Entscheidung hängt von der Laune eines einzelnen Richters oder der zwölfköpfigen Jury ab", bemängelte Douglas. Daher sei die Todesstrafe mit den Grundsätzen der Verfassung unvereinbar. Ähnlich argumentierten auch die Richter Stewart und White. Für sie war vor allem die mehr oder minder zufällige Auswahl derjenigen nicht hinnehmbar, die in den letzten Jahren zum Tode verurteilt worden waren. „So unberechenbar und so unverantwortlich in ihrer Anwendung", entbehre die Kapitalstrafe jeglicher Legitimität und Abschreckung und dürfe nicht Teil eines demokratischen Staates sein.

Nur zwei von fünf Richtern hatten also die Todesstrafe als per se verfassungswidrig erklärt. Alle anderen Stellungnahmen suggerierten, dass Verfahrensänderungen dazu beitragen könnten, die Arbitrarität dieser Strafe aufzuheben. Der vorsitzende Richter Burger forderte die Einzelstaaten geradezu auf, ihre Statuten entsprechend zu überarbeiten und so den „Supreme Court" zu einer abermaligen Bewertung eines veränderten Todesstrafensystems zu bewegen. Gleichwohl erklärte er im privaten Umfeld, dass vermutlich nie wieder eine Hinrichtung in den USA vollzogen werden würde. Ähnlich dachte Anthony Amsterdam, und auch Hugo Adam Bedau, einer der profiliertesten Kämpfer gegen die Todesstrafe, prophezeite, dass „wir in diesem Land in diesem Jahrhundert nie mehr eine Exekution sehen werden". Burger, Amsterdam und Bedau haben sich getäuscht.[21]

10. Von William Furman zu
John Spenkelink (1979)

Die „Supreme Court"-Entscheidung in „Furman v. Georgia" war keineswegs eindeutig. Obschon sie die Todesstrafe für verfassungswidrig erklärte, wies das Gesamtbild des Urteils darauf hin, dass die Todesstrafe der Verfassung entsprechen könnte, wenn sie systematisch angewendet würde und das Ergebnis eindeutiger Verfahren wäre. Folglich bot das Urteil den Einzelstaaten die Möglichkeit, an ihren Verfahrenssystemen zu feilen, um sie in Einklang mit der Verfassung zu bringen. Das definitiv letzte Wort war somit noch nicht gesprochen. In diesem Sinne hatte Oberrichter Warren Burger in „Furman v. Georgia" ausdrücklich auf die Ambivalenz des Urteils hingewiesen, „die Zukunft der Todesstrafe in diesem Land hängt in der Schwebe". Dies, so Burger, sei letztlich ganz in seinem Sinne: „Ich bin nicht unzufrieden mit dem Sachverhalt, dass die gesetzgebenden Körperschaften nun die Möglichkeit haben und sogar die unumgängliche Verantwortlichkeit, das gesamte System der Todesstrafe neu zu bewerten." Schon bald nach dem „Furman"-Urteil setzten in verschiedenen Staaten Bemühungen ein, die Todesverfahren wasserdicht und somit verfassungskonform zu gestalten.

Revisionen in den Einzelstaaten nach „Furman v. Georgia"

Zunächst jedoch musste etwas mit den mehr als 600 Menschen geschehen, die in den Todestrakten US-amerikanischer Staatsgefängnisse ausharrten. Schließlich hatte der Oberste Gerichtshof deren Todesurteile für verfassungswidrig erklärt. Zum Beispiel warteten in Texas 47 Menschen auf ihre Hinrichtung – 37 wegen Mordes, sieben wegen Vergewaltigung und drei wegen bewaffneten Raubüberfalls. Einige weitere zum Tode Verurteilte saßen auf dem Weg in das Staatsgefängnis noch in verschiedenen texanischen Bezirksgefängnissen. Zwischen Juli 1972 und Januar 1973 wandelte Gouverneur Preston Earnest Smith alle diese Todesstrafen in lebenslange oder 99 Jahre während Haftstrafen um. Kritiker der „Furman"-Entscheidung monierten, die derart „begnadigten" Häftlinge seien eine Gefahr für die Öffentlichkeit, sollten sie jemals entlassen werden. Es hieß darüber hinaus, sie stellten eine Bedrohung der anderen Häftlinge und somit von Ruhe und Ordnung in den Gefängnissen dar. Entsprechende Untersuchungen konnten jedoch kein signifikant unterschiedliches Betragen im Vergleich zu anderen Häftlingen mit vergleichbarer Biografie und ähnlichem Strafmaß feststellen. 31 der 47 Todeskandidaten vor „Furman" wurden innerhalb der nächsten 14 Jahre sogar entlassen. Bis 1988 verstießen fünf dieser 31 gegen ihre Bewährungsauflagen, drei sind gestorben, und 23 lebten zum Zeitpunkt der Erhebung in den frühen 1990er Jahren immer noch in Freiheit. 1984 wurde in Georgia übrigens auch William Henry Furman begnadigt.[1]

In der Bevölkerung jedoch griff ein Gefühl größerer Verletzbarkeit um sich. Es war von der Furcht getragen, Hunderte von kriminellen Gewalttätern könnten nun in die Gesellschaft ausströmen. Die Charles Mansons waren im Bewusstsein einer breiteren Öffentlichkeit präsent und nicht Menschen wie diejenigen ehemaligen texanischen Todeskandidaten, die sich nach „Furman" und einer langjährigen Haftstrafe in die Gesellschaft reintegrierten. Auch hieß es, nach der Abschaffung der Todesstrafe mangele es an einer adäquaten Abschreckung gegen potenzielle Sexualverbrecher und Mörder. Solche kollektiven Ängste waren in Hinblick auf die „Furman"-Entscheidung insbesondere deshalb problematisch, weil sich die Oberrichter in ihrer Urteilsbegründung maßgeblich auf eine öffentliche Meinung gestützt hatten, die in den 1960er Jahren zunehmend kritisch gegenüber der Todesstrafe gewesen war. Bei Zustimmungsraten von nur knapp über 40% hatten die Oberrichter auf veränderte „Standards der Schicklichkeit" geschlossen, die die Todesstrafe zu einer „grausamen und ungewöhnlichen Strafe" werden ließen. Doch schon vor dem „Furman"-Urteil im Sommer 1972 hatte sich die öffentliche Wahrnehmung zu ändern begonnen, die Zustimmung zur Todesstrafe wuchs wieder vor dem Hintergrund des breiteren politisch-gesellschaftlichen Stimmungswandels. Ein erster deutlicher Indikator war dann im November 1972 ein Referendum in

Kalifornien, das von zwei Dritteln der Stimmberechtigten getragen wurde. „Das Volk hat uns aufgefordert, ihm die Todesstrafe zurückzugeben", sprach daraufhin Gouverneur Ronald Reagan vor der kalifornischen Legislative. Im März 1973 wies eine bundesweite Umfrage darauf hin, dass sich wieder 63 % der Bevölkerung ausdrücklich für die Todesstrafe aussprachen. Im folgenden Jahr stieg die Zustimmung um weitere vier Prozentpunkte.[2]

Einzelne Äußerungen von Persönlichkeiten des öffentlichen Lebens fügten sich in dieses Bild. Unmittelbar nach „Furman" verkündete Richard Nixon, dass er den Tod für die angemessene Strafe für bestimmte Verbrechen halte. Zwar war dies ohnehin bekannt, doch mit dieser Äußerung stellte sich der US-Präsident gegen den höchsten Gerichtshof der USA. In einer Radiorede über das US-Kriminalitätsproblem im März 1973 sprach Nixon von „weichköpfigen Richtern" und einer „Philosophie der Freizügigkeit", der endlich entgegengewirkt werden müsse. „Kriminelle müssen wieder für ihre Verbrechen bezahlen", fuhr Nixon fort, dies sei in den 1960er Jahren versäumt worden. Teil seines Programms war die Wiedereinführung der Todesstrafe für verschiedene Taten, die von Hochverrat und Kidnapping bis zur Flugzeugentführung und Mord an Bundespolizisten reichten. Noch derber als Richard Nixon nannte Georgias stellvertretender Gouverneur Lester Maddox die Entscheidung des Obersten Gerichtshofes eine „Lizenz für Anarchie, Vergewaltigung und Mord". Sein Kollege aus Alabama, Jere Beasley, monierte, die Mehrheit der Oberrichter habe offenbar den Kontakt zum wirklichen Leben verloren. „Die Menschen fühlen sich müde und krank von den vielen hinterhältigen Verbrechen", sagte ein führender Demokrat aus Nevada, Keith Ashworth, zu demselben Thema. Kritisch äußerte sich auch Atlantas Polizeichef John Inman, der den Verlust einer abschreckenden Waffe gegen das brutale Verbrechen beklagte, und sein Kollege aus Memphis, Bill Price, mahnte, dass nun selbst diejenigen töten würden, die bislang noch gezögert hätten. Auch waren teilweise überaus harsche Pressereaktionen zu vernehmen, die die Entscheidung des Obersten Gerichtshofes als „radikal" einschätzten. Sarkastisch legte die „New York Daily News" den Abgeordneten der Legislativen nahe, die Todesstrafe mit all der Schärfe vergangener Jahrhunderte wieder einzuführen, um zu testen, ob eine solch statische Interpretation der Verfassung den Obersten Gerichtshof überzeugen würde. Ein Kolumnist der „New York Times" prognostizierte für die nahe Zukunft eine Flut von Gesetzen, die obligatorische Todesstrafen für Verbrechen wie Vergewaltigung oder Polizistenmord vorschrieben.[3]

Die Prognosen, dass sich die Todesstrafe über die Legislativen der Einzelstaaten wieder den Weg in das US-amerikanische Justizleben bahnen würde, schienen sich schneller als erwartet zu bewahrheiten. Innerhalb eines Jahres nach „Furman" waren in zahlreichen Staaten Kommissionen mit der Aufgabe befasst, entsprechende Strategien auszuarbeiten und Vorschläge zu unterbreiten. Auch der US-Justizminister Richard G. Kleindienst verkündete bereits im Januar 1973, dass die Bundesregierung den Kongress ersuchen werde, auf bestimmte Verbrechen gegen den Bund obligatorisch die Todesstrafe zu erlassen. Entsprechende Anhörungen fanden vor einem Senatskomitee statt, das insgesamt die Furcht schürte, die Nation werde in einem Morast aus Mord, Vergewaltigung und anderen Gewaltverbrechen versinken, wenn es nicht gelinge, „Furman" zu umgehen. Dabei hätte den Vertretern aus Justiz und Politik bekannt sein müssen, dass die mangelnde abschreckende Wirkung der Todesstrafe als nachgewiesen galt. Im Sommer 1974, also zwei Jahre nach „Furman v. Georgia", war die Kapitalstrafe wieder in den Gesetzbüchern von 28 US-Staaten verankert, und in 17 dieser Staaten waren insgesamt bereits über einhundert Menschen zum Tode verurteilt worden. Ein gutes Jahr später hatten 34 Staaten neue Gesetze über die Todesstrafe erlassen, und über 360 Menschen saßen in „Death Rows" ein. 60% gehörten so genannten „Minderheiten" an, zum Zeitpunkt der „Furman"-Entscheidung waren dies 57% gewesen. Jedoch hatte man bis zu diesem Moment noch keines der Urteile vollstreckt. Hierzu bedurfte es der Absicherung durch eine entsprechende Entscheidung des „Supreme Court", die die Verfassungskonformität der neuen Gesetze bestätigte.[4]

In der Entwicklung einer neuen Gesetzes- und Verfahrensregelung zeigten sich insbesondere die Staaten engagiert, die lange an der Todesstrafe festgehalten hatten. Gleichermaßen wurde sie in keinem Staat wieder eingeführt, der die Todesstrafe schon vor „Furman v. Georgia" aus seinen Gesetzbüchern verbannt hatte – mit Ausnahme Oregons. Als erster US-Staat legalisierte Florida wieder das staatliche Töten, und zwar im Eilverfahren. Sowohl das Büro von Gouverneur Reubin Askew als auch die Legislative begannen bereits wenige Tage nach der „Furman"-Entscheidung, mögliche Gegenmaßnahmen zu überprüfen. Verschiedene Möglichkeiten wurden durchgespielt, wie bindende Standards für die Urteilsfindung durch die dezidierte Bestimmung mildernder und erschwerender Umstände oder auch – zur Vorbeugung gegen Willkür – obligatorische Todesurteile auf bestimmte Verbrechen wie vorsätzlichen Mord oder Bombenattentat mit Todesfolge.[5]

Doch eine obligatorische Todesstrafe ohne die Möglichkeit, eine Ausnahme zu machen, bereitete Gouverneur Askew Unbehagen. 16 seiner Gouverneurs-Kollegen in anderen US-Staaten unterschrieben allerdings in der Folgezeit genau solche Gesetzentwürfe, die auf ausgewählte Verbrechen zwangsläufig den Tod vorsahen. Zumeist handelte es sich hierbei um Polizistenmord, Auftragsmord, mehrfachen Mord und Mord durch eine Person, die bereits eine lebenslange Haftstrafe zu verbüßen hatte. In Florida einigte man sich jedoch auf ein anderes Konzept. Es beschränkte die Funktion der Jury letztlich darauf, nach dem Abwägen aller mildernden und erschwerenden Umstände ein Urteil zu empfehlen. Das Urteil selbst würde der Richter des Prozesses fällen. Es musste dann vom Obersten Gerichtshof Floridas bestätigt werden, um Rechtskraft zu erlangen. Durch diesen komplexen Weg der Urteilsfindung und -bestätigung meinte man, adäquat auf „Furman" reagiert zu haben: Durch klare Standards und die zahlreichen Instanzen sollte die Möglichkeit willkürlicher Todesurteile ausgeschlossen sein. Der Entwurf wurde mit überwältigender Mehrheit angenommen, und am 8. Dezember 1972 hatte Florida nach weniger als sechs Monaten als erster Staat eine handfeste Anwort auf „Furman v. Georgia" gegeben.[6]

Viele Staaten holten sich in dieser Zeit in Florida Rat zu den Verfahrensregelungen. In Texas trat am 14. Juni 1973, also nur ein knappes Jahr nach der „Furman"-Entscheidung, „House Bill 200" als Gesetz in Kraft. Erst fünf Monate zuvor hatte Gouverneur Price Daniel das letzte Todesurteil aus der Ära vor „Furman" in eine Haftstrafe umgewandelt. Auch die texanische Justiz verlangte nun ein vielschichtiges Verfahren, bevor ein Todesurteil bei bestimmten Typen vorsätzlichen Mordes gefällt werden konnte. Insgesamt etablierten sich zwei Hauptmodelle neuer Todesstrafengesetze. Das eine Modell setzte, wie in Florida, auf eine stärkere Formalisierung des Verfahrens und ein reglementiertes Abwägen mildernder und erschwerender Umstände in verschiedenen Instanzen. Ein erschwerender Umstand war zum Beispiel, wenn das Mordopfer im Staatsdienst gestanden hatte. Als mildernde Umstände konnten unter anderem das Alter des Täters oder der Täterin oder auch das mentale und emotionale Befinden zum Tatzeitpunkt in Erwägung gelten. Waren die Umstände entsprechend und das gesamte Verfahren ordnungsgemäß durchlaufen, so war dann die Todesstrafe quasi-obligatorisch. Manche Staaten legten auch nur erschwerende Umstände fest. Das andere Hauptmodell war die obligatorische Todesstrafe auf bestimmte Verbrechen. Viele Staaten hatten eine Mischung aus beiden Modellen beschlossen, und auch „obligatorisch" konnte von Staat zu Staat etwas Unterschiedliches bedeuten. Das generelle Ziel war immer, ein möglichst eindeutiges und präzises Verfahren zu etablieren, das keinen Raum für Zufälle, Vorurteile oder Diskriminierungen bieten sollte. Zudem war nun die Bestätigung von Todesurteilen durch höhere Instanzen zwingend notwendig.[7]

„Gregg v. Georgia" und die Rückkehr der Todesstrafe

Die legislativen Entwicklungen zeigten in aller Deutlichkeit, dass die „Furman v. Georgia"-Entscheidung vom Juni 1972 keineswegs das Ende der Auseinandersetzungen um die Todesstrafe bedeutete. Die Einzelstaaten reagierten, änderten die Gesetze und fällten schon bald wieder Todesurteile, von denen aber (noch) keines vollstreckt worden war. Damit dies auch langfristig so blieb, musste der „Legal Defense Fund" die Arbeit gegen die Todesstrafe fortsetzen, die neuen Statuten in den verschiedenen Staaten herausfordern und als ebenso verfassungswidrig wie die alten demaskieren.

Erstmals verhandelte der „Supreme Court" im April 1975 wieder über einen Todesstrafen-Fall. Jesse T. Fowler, der einen Bekannten während eines Würfelspiels getötet hatte, war gemäß der neuen Statuten des Staates North Carolina obligatorisch zum Tode verurteilt worden. Für die Gegner der Todesstrafe machte die Verhandlung deutlich, dass nun ein neuer Wind wehte. Offensiv verfocht der Generalstaatsanwalt North Carolinas die Verfassungkonformität des Todesstatutes. Zudem hob er die abschreckende Wirkung der Todesstrafe hervor, die entgegen der bisherigen Forschung in der jüngeren und kontrovers diskutierten Studie des Ökonomen Isaac Ehrlich behauptet wurde. Der „Supreme Court" war gespalten, und zu einer eindeutigen Entscheidung konnte er aufgrund einer Erkrankung von Richter William O. Douglas nicht gelangen.[8]

Für Richter Douglas, der in „Furman v. Georgia" gegen die Todesstrafe votiert hatte, berief Präsident Gerald Ford Richter John Paul Stevens. Ende März 1976 verhandelte der Oberste Gerichtshof erneut über die Todesstrafe, und es schien so, als würde allein die veränderte Richterkonstellation ihren Befürwortern die Mehrheit geben. Fünf Fälle hörten die Richter an, zwei von ihnen, „Woodson v. North Carolina" und „Roberts v. Louisiana", bezogen sich auf obligatorische Todesstrafenstatuten. In den drei anderen, „Proffitt v. Florida", „Jurek v. Texas" und „Gregg v. Georgia", attackierten die Kläger die Ermessensspielräume in den Verfahren. Alle fünf Fälle betrafen Morde, und alle Mordopfer waren weiß. Nirgendwo wurde die Schuld der Verurteilten angezweifelt, einzig der Verfassungsbruch durch die Todesurteile sollte aufgezeigt werden.[9]

Das Team des „Legal Defense Fund" argumentierte in „Woodson" und „Roberts", dass auch angebliche „obligatorische" Todesurteile Konsequenzen willkürlicher Entscheidungen waren. Die Willkür sei nun lediglich aus den Händen der Geschworenen in die Hände des Staatsanwaltes verlagert, der die erste Anklage formulierte; in die Hände der Richter oder der höheren Instanzen, die darüber befanden, ob sie einen Appell anhörten oder nicht; in die Hände des Gouverneurs, der bis zur letzten Sekunde Gnade walten lassen konnte. Obligatorische Todesurteile, so der LDF, hatten die grundsätzlichen Probleme nicht gelöst, die Todesstrafe war immer noch arbiträr.

In den drei anderen Fällen argumentierte der LDF, dass auch die vermeintlich stringenten Verfahrensweisen keine regelhaft urteilende Justiz geschaffen hätten. Eine rationale Entscheidungsfindung könne auch durch Steuerungsmechanismen, wie sie beispielsweise in Florida, Texas oder Georgia eingeführt worden waren, nicht gewährt werden. Nach wie vor eröffneten sich Ermessensspielräume, die eine weit gehend willkürliche und rassistische Urteilspraxis ermöglichten. Zudem hob der LDF hervor, dass sich die „Standards der Schicklichkeit" nicht innerhalb so kurzer Zeit so drastisch geändert haben könnten, dass die Todesstrafe nun nicht mehr als „grausam und ungewöhnlich" erachtet würde.

Demgegenüber betonten die Vertreter der Staaten Louisiana, North Carolina, Florida, Georgia und Texas, wie gleichmäßig, ausgewogen und gerecht die neuen Verfahrensweisen seien, so dass insbesondere rassistische Diskriminierung in der Justiz keinen Raum mehr finde. Die Todesstrafe stehe in Einklang mit der US-amerikanischen Verfassung und strahle zudem eine abschreckende Wirkung aus. Bereits das Klima während der Anhörungen und die Fragen der Richter ließen keinen positiven Ausgang für die Gegner der Todesstrafe erwarten. Es dauerte über drei Monate, bis die Oberrichter am 2. Juli 1976 ihre Entscheidungen verkündeten, die als „Woodson v. North Carolina" und „Gregg v. Georgia" in die Annalen eingehen sollten.[10]

In der „Woodson"-Entscheidung erklärte der Oberste Gerichtshof mit fünf zu vier Stimmen obligatorische Todesstrafen für verfassungswidrig, da sie gegen das achte und das vierzehnte „Amendment" verstießen. Todesurteile auf der Basis eines solchen Verfahrens widersprächen den „Standards der Zivilisation", die die Anerkennung eines jeden einzelnen Menschen als Individuum forderten. Der Weg zu einem Urteil müsse sowohl der Individualität des Angeklagten als auch der Einzigartigkeit jedes Verbrechens gerecht werden. Daher müssten mildernde (und auch erschwerende) Umstände gehört werden, bevor ein Urteil gefällt werde. 170 Todesurteile wurden in Folge der „Woodson"-Entscheidung in Haftstrafen umgewandelt.

Trotz dieses Teilerfolges war die Gesamtentscheidung des „Supreme Court" an diesem Tag ein derber Rückschlag für die Gegner der Todesstrafe. Denn in „Gregg v. Georgia" wurde die Klage mit sieben zu zwei Richterstimmen zurückgewiesen. Nur Thurgood Marshall und William Brennan, die in „Furman v. Georgia" als Einzige ohne jedes Wenn und Aber gegen die Todesstrafe votiert hatten, unterstützten auch diesmal das Ansinnen der Todeskandidaten und des LDF. Die Richter Potter Stewart und

Byron White, die noch vor vier Jahren gegen die praktizierte Form der Todesstrafe gestimmt hatten, wandten sich nun ebenso wie die Richter John Paul Stevens, Lewis Powell, Warren Burger, William Rehnquist und Harry Blackmun gegen den LDF. Sie erachteten die abwägenden Verfahren in Texas, Florida und Georgia als verfassungskonform. Modellcharakter erhielt das in Georgia praktizierte System der Urteilsfindung. Es hieß, dort seien nun erstens spezifische Richtlinien und regelhafte Standards zur Bestimmung eines todeswürdigen Verbrechens festgelegt. Zweitens würde man der Individualität eines jeden Angeklagten und der Eigentümlichkeit eines jeden Verbrechens gerecht werden, da mildernde Umstände immer berücksichtigt werden müssten. Drittens sei mit der automatischen Begutachtung eines Urteils durch einen höheren Gerichtshof ein weiterer Sicherheitsmechanismus gegen willkürliche und diskriminierende Todesurteile eingebaut. Zudem, argumentierten die Richter, könne von einer öffentlichen Abneigung gegen die Todesstrafe kaum mehr die Rede sein. Schließlich hätten die vom Volk gewählten Repräsentanten in 35 Staaten innerhalb kürzester Zeit Verfahren entwickelt, um Todesurteile zu ermöglichen. Auch die Meinungsumfragen der letzten Jahre signalisierten eine wieder wachsende Unterstützung für die Todesstrafe, in Kalifornien sei ein Referendum mehr als deutlich ausgefallen, und 460 Todesurteile seien seit 1972 von verschiedenen Jurys zumindest mitgetragen worden. Die Todesstrafe sei „Ausdruck eines kollektiven moralischen Aufschreis" bei den „schlimmsten aller Verbrechen": „Es ist nun eindeutig, dass ein großer Teil der amerikanischen Gesellschaft die Todesstrafe weiterhin als eine angemessene und notwendige Sanktion erachtet", lautete die Erkenntnis des Gerichts, und mithin könne von einem Verstoß gegen die „Standards der Schicklichkeit" nicht mehr die Rede sein. Mit dieser Entscheidung vom 2. Juli 1976 waren die Türen in die Hinrichtungskammern wieder weit aufgestoßen. Zumindest als Strafe für vorsätzlichen Mord war der Tod wieder akzeptiert und als verfassungskonform fixiert. Schon bald hatten die anderen Staaten ihre Todesstatuten an der „Gregg v. Georgia"-Entscheidung ausgerichtet.[11]

„Let's Do It": Gary Mark Gilmore

In weiten Teilen der US-amerikanischen Öffentlichkeit wurde die „Gregg"-Entscheidung als Rückkehr zur Normalität apostrophiert. Doch die erste Hinrichtung in den USA nach zehnjähriger Unterbrechung war alles andere als ein ganz normaler Fall. Der Todeskandidat selbst, Gary Gilmore, hatte dafür gekämpft, sterben zu dürfen.

Gilmore hatte eine lange kriminelle Karriere hinter sich, als er im Alter von 36 Jahren im Oktober 1976 im US-Bundesstaat Utah zum Tode verurteilt wurde. Insgesamt hatte er 18 seiner letzten 21 Lebensjahre in diversen Besserungs- und Haftanstalten verbracht. Im April 1976 wurde Gilmore aus dem „Oregon State Penitentiary" auf Bewährung und in die Obhut seines Onkels und seiner Tante nach Utah entlassen. Drei Monate später überfiel er eine Tankstelle in Orem und schoss den Aushilfstankwart Max Jensen kaltblütig von hinten in den Kopf. In der folgenden Nacht beging er eine ähnliche Tat, dieses Mal war das Opfer der Nachtportier Bennie Bushnell im City Center Motel in Provo. Bei diesem zweiten Überfall zog Gilmore sich eine blutende Wunde zu, so dass er schnell gefasst und nur wenige Monate nach „Gregg v. Georgia" zum Tode verurteilt wurde.[12]

Wahrscheinlich hätte Gary Gilmores Fall über Utah hinaus keine Aufmerksamkeit erregt. Doch der Angeklagte entschied sich, den Staat mit allen ihm zur Verfügung stehenden Mitteln zum Vollzug des Urteils zu zwingen. Plötzlich kämpfte ein Todeskandidat gegen die Abolitionisten und titulierte die Anti-Todesstrafen-Anwälte als „Idioten". Gilmore stürzte die aktiven Gegner der Todesstrafe in ein grausames Dilemma, wie Hugo Adam Bedau betonte, denn diesmal konnten sie nur schwerlich für sich in Anspruch nehmen, im Sinne des Verurteilten zu agieren. Zu allem Überfluss hatte Utah als einziger Staat die Möglichkeit eines martialischen Todes durch ein Erschießungskommando in seinen Statuten verankert. Gilmore empfand dies als Chance, dem Tod, wie er sagte, „mit Mut und Würde" entgegentreten zu können, und die „New York Times" erhob „mit Mut und Würde" am 9. November 1976 zum Zitat des Tages. Selbstredend war dem

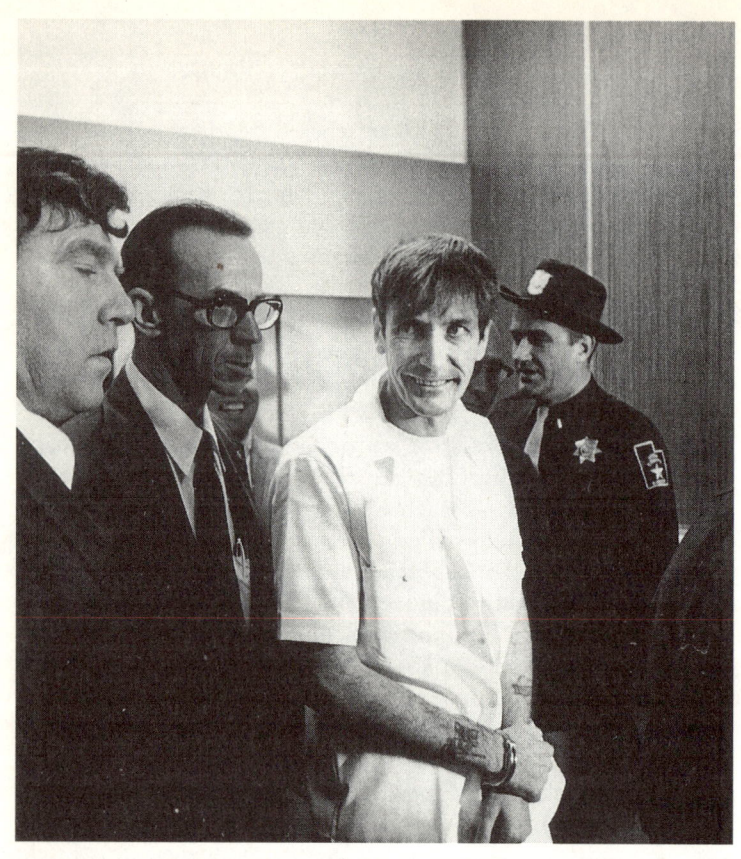

Gary Gilmore, 1976/77.

Hinrichtungskandidaten die Aufmerksamkeit der Medien gewiss, beinahe täglich war Gilmore in den Schlagzeilen. Der Staat Utah schreckte jedoch davor zurück, mit dem Todeskandidaten eine Art „Selbstmordpakt" zu schließen. Als der Gouverneur den ersten Hinrichtungstermin verschob, schimpfte Gilmore ihn einen „moralischen Feigling", und am Tag der ursprünglich geplanten Exekution unternahmen er und seine Freundin Nicole einen Selbstmordversuch. Danach trat er in den Hungerstreik. Seine Popularität stieg ständig, und am 29. November brachte die Wochenzeitschrift „Newsweek" eine große Geschichte über den

Doppelmörder aus Utah, die mit „death wish" betitelt war. Gilmore wurde in Anlehnung an Charles Manson als „mansonesquer" Soziopath porträtiert, als kaltblütiges Monster und Dämon. Andererseits legte er ein souveränes öffentliches Auftreten an den Tag, verfügte über großes künstlerisches Talent und eine außergewöhnliche Intelligenz. Seine Liebesbriefe an seine Freundin Nicole waren voller Lyrik und literarischer Zitate. Schnell war klar, dass sich ein solcher Charakter mit einer solchen Biografie gut vermarkten lassen würde, und Gilmore verkaufte die Rechte an seiner Geschichte für die damals beträchtliche Summe von $ 100 000. Am 17. Januar 1977 starb er im „Utah State Prison", vor einer Wand aus Sandsäcken auf einen Bürostuhl geschnallt. „Let's do it", sollen seine letzten Worte gewesen sein, bevor fünf Männer auf sein Herz schossen und die erste Hinrichtung in den USA nach beinahe zehn Jahren vollzogen. Was an dem Geschehen um Gary Gilmore vielleicht am meisten verwirrte, war, dass sich ausgerechnet der zum Tode Verurteilte bis zum letzten Augenblick als Handelnder inszenierte, der sein eigenes Schicksal bestimmte. „Es ist mein Leben. Verflucht. Es ist mein Fall. Es ist meine Strafe", hatte er bei jeder sich bietenden Gelegenheit betont.[13]

Posthum sollte sich die Berühmtheit Gary Gilmores noch mehren, und dies nicht etwa, weil sein Tod eine regelrechte Welle von Exekutionen nach sich gezogen hätte. Gilmore hatte seinen Körper zu medizinischen Forschungszwecken zur Verfügung gestellt und seine Organe gespendet. Dies veranlasste die britische Punk-Rock-Band „The Adverts" noch 1977, den sarkastischen Song „Gary Gilmore's Eyes" zu spielen, in dem ein Organspendenempfänger nach der Transplantation erwacht und erschreckt feststellt, dass er die Welt nun durch Gilmores Augen sieht. Zwei Jahre darauf bezog sich auch die Popgruppe „Police" in „Bring On the Night" auf Gary Gilmores Sterben. In den Printmedien erschien im „Playboy" im April 1977 posthum ein langes Interview mit Gilmore, das Gesprächsteile wiedergab, die stellenweise sogar in den letzten Stunden vor seiner Exekution aufgezeichnet worden waren. Im Vorspann wird Gary Gilmore als Spiegel der Gesellschaft präsentiert, da er Intelligenz und Eloquenz mit brutaler Gewalttätigkeit in sich vereinte. Dies ist auch ein zentraler Aspekt in Norman Mailers biografischem Roman „Gnadenlos", der die letzten neun Monate Gilmores in epischer Breite darstellt. Mailer zeichnet auf über eintausend Seiten in großer Detailfülle ein vielschichtiges Bild Gilmores, das auch die Pathologien der US-amerikanischen Gesellschaft aufzeigt. Die letzten 48 Stunden seines Lebens füllen über 150 Seiten, und alleine auf zehn Seiten erstrecken sich die letzten Minuten. In dieser minutiösen Darstellung demaskiert Mailer die Gewalttätigkeit des staatlich verordneten Tötens, zugleich aber wird der voyeuristischen Lust der Leserinnen und Leser Genüge getan. Endlich wird ihnen ganz genau gezeigt, was im „Utah State Prison" geschehen ist. Gleichwohl führt Norman Mailer die hilflose Brutalität des Hinrichtens vor Augen, die sich der moderne Staat seit über 150 Jahren so sehr zu verbergen bemühte. 1980 erhielt Mailer für dieses Werk den „Pulitzer-Preis", und im November 1982 strahlte der Fernsehkanal NBC die Geschichte in einem vierstündigen Zweiteiler aus.[14]

1996 wählte in Utah ein weiterer Todeskandidat das Erschießungskommando. Der wegen Kindermordes verurteilte John Albert Taylor behauptete seine Unschuld und wollte mit dem spektakulären Tod durch Erschießen die letzte Möglichkeit nutzen, gegen das Urteil zu protestieren.[15]

John Arthur Spenkelink und die Rückkehr zur Normalität

Gary Gilmore stand für das Psycho- und Soziopathische, sein Sterben war mehr als außergewöhnlich. Die zweite Hinrichtung nach der „Gregg"-Entscheidung jedoch wies den Weg zurück zur Normalität des verordneten Sterbens in den Staatsgefängnissen. John Arthur Spenkelinks Weg zur Exekution trug Züge, die sich in den folgenden Jahren in zahlreichen Verfahren wiederholen sollten: ein mittelloser Angeklagter, karrierebewusste Politiker und Staatsanwälte, einander widersprechende Richterstimmen etc.

In den frühen 1970er Jahren verbüßte John Arthur Spenkelink eine lebenslängliche Haftstrafe wegen bewaffneter Raubüberfälle, mit der Chance auf Bewährung nach frühestens fünf Jahren. Da er jedoch alles andere als ein vorbildlicher Häftling war, bestand keine Aussicht auf eine vorzeitige Entlassung. Im Oktober 1972 floh er aus dem „Slack Canyon Prison" in Kalifornien. Auf seiner Flucht gabelte er den Anhalter Joe Szymankiewicz auf, der eine lange Karriere als gewalttätiger Schwerverbrecher hinter sich hatte. Im Verlauf der weiteren Reise tyrannisierte Szymankiewicz Spenkelink in zunehmendem Maße, beraubte ihn, zwang ihn zu Sex und russischem Roulette. Am 4. Februar 1973 erschoss John Spenkelink seinen Mitreisenden von hinten in einem Motel in Tallahassee, Florida, danach schlug er mit einem Beil auf sein Opfer ein. Trotz der Umstände erkannte die Jury auf Mord ersten Grades, und am 20. Dezember 1973 fällte Richter John Rudd das Todesurteil.[16]

Nun nahm sich der LDF des Falles an, der durch die Instanzen bis zum Obersten Gerichtshof in Washington ging. Der „Supreme Court" lehnte jedoch am 2. März 1979 eine Revision des Todesurteils ab, und die Macht, Spenkelink zu begnadigen oder seinen Hinrichtungsbefehl zu unterzeichnen, lag nun beim Gouverneur Floridas. Dies war erst seit kurzer Zeit Daniel Robert Graham, ein Demokrat, der sich in den Wahlen als volkstümlicher und harter Politiker präsentiert hatte, um seinem Ruf als liberaler „Weichling" entgegenzuwirken. Graham hatte unter anderem damit geworben, Hinrichtungsbefehle tatsächlich unterzeichnen zu wollen. Nun hatte seine Regierung einen schwachen Start erlebt, und insbesondere angesichts einer permanent steigenden Kriminalitätsrate wollte er Stärke beweisen. Da kam ihm John Spenkelink gerade recht. Er wurde Mitte Mai 1979 auserkoren, von den mittlerweile wieder 134 Todeskandidaten im „Florida State Prison" als Erster sterben zu müssen. Spenkelink war geständig, der Fall in allen Instanzen abgeschmettert, und er war weiß, was für – bzw. in diesem Fall: gegen – ihn sprach. Denn auch nach den Verfahrensrevisionen der siebziger Jahre zeigten statistische Beobachtungen, dass Afroamerikaner im Todesapparat benachteiligt wurden. Zudem hätte die Hinrichtung eines Schwarzen zu sehr den faden Beigeschmack der alten Lynchjustiz gehabt. Zwar gab es viele sachkundige Beobachter, die gerade Spenkelinks Todesurteil als schweren juristischen Fehler erachteten. Doch mit Blick auf den Stand seines Verfahrens und die politische Situation war er der ideale Kandidat, um eine Regierung von dem Stigma der Schwäche zu befreien. Am 18. Mai 1979 unterzeichnete Bob Graham den Vollstreckungsbefehl. Die Hinrichtung John Arthur Spenkelinks wurde für Mittwoch, den 23. Mai, angesetzt.

Mit Unterstützung von „Amnesty International", der 1961 gegründeten Menschenrechtsorganisation, setzten Spenkelinks Anwälte alle Hebel in Bewegung, um den Tod ihres Mandanten noch abwenden zu können. Gnadenbitten aus aller Herren Länder erreichten Gouverneur Graham, Todesstrafengegner und -gegnerinnen versammelten sich sowohl vor dem „Florida State Prison" als auch vor dem Haus des Gouverneurs. Das Verteidigungsteam wandte sich an die verschiedensten Instanzen mit dem Argument, mit diesem Fall wolle sich der Staat Florida von eineinhalb Jahrhunderten des Rassismus in der Strafjustiz reinwaschen. Daher sei auch Spenkelink ein Opfer dieses Rassismus. Tatsächlich folgten zwei Richter, unter ihnen auch Oberrichter Thurgood Marshall, zwei Tage vor dem Ablauf der Frist dieser Argumentation. Sie ordneten einen Aufschub der Hinrichtung an, um den Fall abermals von der Justiz beurteilen zu lassen. Doch die Freude im Spenkelink-Lager währte nur kurz. Eineinhalb Tage später hob der Oberste Gerichtshof der USA – in diesem Fall das einzige Gremium, das zu dieser Maßnahme befugt war – den Aufschub durch Thurgood Marshall auf. Der aus mehreren Hundert Bewerbern ausgewählte Henker konnte nun doch seiner Aufgabe nachkommen. Am Freitag, den 25. Mai 1979, um 10:18 Uhr morgens, war John Arthur Spenkelink nach drei Stromstößen auf dem elektrischen Stuhl des „Florida State Prison" tot.

Auch Spenkelink war während des Kampfes um sein Leben und sein Sterben zu einer nationalen Berühmtheit geworden. Das „New York Times Magazine" hatte ihn porträtiert, und das Titelfoto wurde von der Schlagzeile „Wird er der Erste sein?" begleitet. Die Herausgeber von Floridas Tageszeitungen wählten seine Geschichte zur größten Story des Jahres. Zur Exekution war neben dem Gefängnis eigens ein dreißig Meter hoher Sendeturm errichtet worden, damit die erste erzwungene Hinrichtung in den USA nach beinahe zwölf Jahren als Topstory möglichst schnell verbreitet werden konnte. Vertreter des Staates Florida versprachen, dass man solche Angelegenheiten bald routinierter über die Bühne bringen werde. Vor dem Obersten Gerichtshof in

Washington versammelten sich Demonstranten, und die „American Civil Liberties Union" nannte Spenkelinks Hinrichtung einen
„offiziellen Mord". Zugleich verdiente ein Softball-Polizeiteam
aus Jacksonville in Florida gutes Geld mit dem Verkauf von
T-Shirts, auf denen zu lesen war: „Einer weniger – 133 sind noch
offen".[17]

11. Von John Spenkelink bis zum Jahr 2000

Während Gary Gilmores Tod der US-amerikanischen Öffentlichkeit wie ein gewalttätiger Exzess erschienen war, wies die Hinrichtung John Arthur Spenkelinks den Weg in eine neue Normalität des Sterbens im US-amerikanischen Justizsystem. Doch entgegen der verbreiteten Erwartung zog auch die Tötung Spenkelinks nicht sofort eine Flut von Exekutionen nach sich. Die Staaten blieben in den folgenden Jahren in der Vollstreckung von Todesurteilen zurückhaltend. Tatsächlich kann für die nächsten Hinrichtungen sogar weniger John Spenkelink, sondern vielmehr Gary Gilmore als Modell bezeichnet werden. Am 10. Oktober 1979 ließ sich Jesse Bishop im Staat Nevada hinrichten, weil er das Leben im Todestrakt nicht mehr ertragen konnte. Eineinhalb Jahre darauf folgte Steven Judy in Indiana, ebenfalls auf eigenes Betreiben. Weitere eineinhalb Jahre später tat es ihm Frank Coppola in Virginia gleich. So dauerte es nach der Exekution Spenkelinks dreieinhalb Jahre, bis abermals der Vollzug einer Hinrichtung erzwungen wurde, und zwar am 7. Dezember 1982 an Charlie Brooks, Jr., in Texas. Im Jahr darauf wurden fünf Exekutionen vollstreckt, keine einzige auf Betreiben des Verurteilten

Hinrichtungen USA, 1976–2000

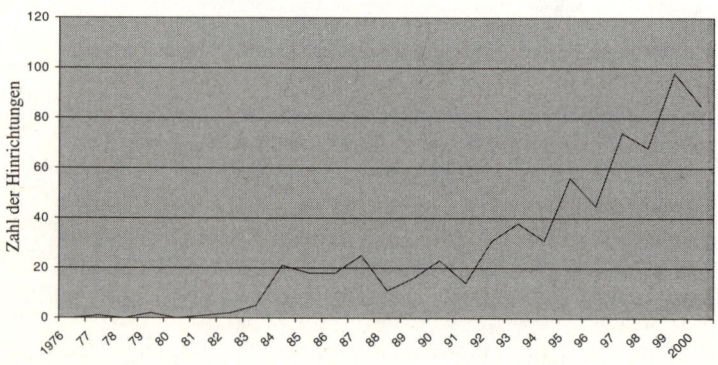

und alle im Süden der USA. 1984 wurde das verordnete Sterben tatsächlich wieder zu einer Art Normalität, zumindest in den Gefängnissen des Südens, dem so genannten „Todesgürtel". 21 Menschen wurden in diesem Jahr hingerichtet und alle in den Südstaaten: acht schwarze Männer, zwölf weiße Männer und eine weiße Frau. Die US-Gesamtzahl ist sukzessive gestiegen, bis sie 1999 mit 98 Hinrichtungen den bisher höchsten Wert seit 1951 erreichte.[1]

Der Rückzug des Obersten Gerichtshofes nach 1982

Ein erster von drei Gründen für den Hinrichtungsschub zwischen 1982 und 1984 war eine abermals veränderte Politik des Obersten Gerichtshofes. Zunächst hatten die Richter trotz der „Gregg"-Entscheidung fast immer im Sinne der Todeskandidaten befunden, und zwar in insgesamt 14 von 15 entsprechenden Fällen, die sie angehört hatten. Beispielsweise wurde Vergewaltigung als Kapitalverbrechen zurückgewiesen und das Spektrum der mildernden Umstände ausgeweitet. Insgesamt vertrat das Oberste Gericht die so genannte „death-is-different"-Haltung: Auch wenn die Todesstrafe nicht grundsätzlich als Verfassungsverstoß gewertet wurde, so erforderte sie doch eine außergewöhnliche Verfahrenssicherheit. Anfang 1983 äußerte Richter Lewis F. Powell jedoch seine Unzufriedenheit mit dem Todesstrafensystem und dieser Grundsatzhaltung des Obersten Gerichtshofes. Mittlerweile saßen wieder über 1000 Menschen in den Todeszellen, und diesen Zustand erachtete Powell als für alle Seiten unbefriedigend und untragbar. Er war mit dieser Ansicht nicht allein im „Supreme Court", und drei Richterernennungen durch Präsident Ronald Reagan stützten den folgenden Wandel der Gerichtspolitik. Die neue Maxime des Obersten Gerichtshofes lautete, sich aus der Todespraxis der Einzelstaaten herauszuhalten. Dies signalisierte eine Reihe von Entscheidungen der Oberrichter. Sie relativierten die Zuständigkeit von Bundesgerichten als Berufungsinstanz, Geschworene durften vor der Urteilsberatung auf einen angeblichen „Unsicherheitsfaktor" von Haftstrafen hingewiesen werden, und die Beurteilung dessen, was als mildernder oder erschwerender Umstand zu gelten hatte, konnte nun flexibler gehandhabt werden. Auch wurde in den folgenden Jahren die Notwendigkeit für die Gerichte, in vergleichbaren Fällen eine konsistente Entscheidungslinie nachweisen zu können, aufgeweicht. Zudem hatten Staatsanwälte es nun wieder leichter, mögliche Geschworene mit moralischen Skrupeln in Hinblick auf die Todesstrafe auszusortieren. Die Folgen dieser und anderer Entscheidungen während der 1980er Jahre lagen auf der Hand: Klagen und Appelle der Verurteilten mit Verweis auf ihre per Verfassung garantierten Rechte waren nun schwieriger durchzusetzen. Für die Einzelstaaten sollte es wieder leichter werden, Todesurteile zu fällen und auch tatsächlich zu vollstrecken. Dennoch verdoppelte sich während der 1980er Jahre die Zeit, die ein Verurteilter im Todestrakt auf die Hinrichtung wartete, von durchschnittlich vier auf acht Jahre.[2]

Am 22. April 1987 erteilte der Oberste Gerichtshof in „McCleskey v. Kemp" den Bemühungen, über die Verfassung gegen die Todesstrafe zu kämpfen, die vielleicht deutlichste Absage. Der Afroamerikaner Warren McCleskey war in Georgia wegen Mordes an einem weißen Polizisten zum Tode verurteilt worden. McCleskey und der LDF gingen mit Bezug auf die rassistisch diskriminierende Praxis in Georgias Justiz gegen das Todesurteil vor. Hierbei stützten sie sich auf eine Studie des Rechtsprofessors David Baldus, der statistisch nachgewiesen hatte, dass Mörder von Weißen deutlich häufiger zum Tode verurteilt wurden als Mörder von Schwarzen, und zwar insbesondere dann, wenn die Täter schwarz waren. Zwar erkannte der „Supreme Court" die statistische Validität der Baldus-Studie an. Er bestritt aber deren Relevanz für das Todesurteil gegen McCleskey, da der Nachweis rassistischer Diskriminierung in diesem spezifischen Fall nicht gegeben sei. Darüber hinaus hieß es, ähnliche Studien zu anderen Faktoren könnten gewiss ähnliche Korrelationen aufzeigen, z. B. in Hinblick auf das Geschlecht oder die Gesichtsform. Daher würde die Anerkennung von McCleskeys Appell möglicherweise den Zusammenbruch des gesamten Rechtswesens bedeuten. Oberrichter Powell fuhr fort: „McCleskeys Einwände müssten den legislativen Körperschaften vorgelegt werden. Es liegt nicht in der Zuständigkeit dieses Gerichtes, die angemessene Strafe für bestimmte Verbrechen zu bestimmen. […] Trotz weit reichender Argumente, die den Tod als Strafmittel in unserer multiethnischen

Gesellschaft grundsätzlich in Zweifel stellen, ist die für uns einzig relevante Frage in diesem Fall, ob das Gesetz des Staates Georgia korrekt angewandt wurde. Wir stimmen überein, [...] dass dies der Fall ist." Deutlicher konnte die Botschaft nicht sein: Der Oberste Gerichtshof war von nun an nicht mehr die Instanz, die sich mit grundsätzlichen Fragen zur Todesstrafe befassen würde.[3]

Die tödliche Injektion

Ein zweiter Faktor, der in den frühen 1980er Jahren den Vollzug von Hinrichtungen begünstigte, war die Entwicklung und Einführung einer neuen Exekutionsmethode. Zwar hatte das Oberste Gericht 1976 in „Gregg v. Georgia" verkündet, dass die Todesstrafe als solche den „Standards der Schicklichkeit" entspreche. Doch für die bestehenden Methoden der Urteilsvollstreckung galt dies offenbar nicht. Und Richter William Brennan hatte 1972 in der „Furman"-Entscheidung auch darauf verwiesen, dass keines der bestehenden Hinrichtungsverfahren „einen sofortigen und schmerzfreien Tod" garantierte. Der elektrische Stuhl und die Gaskammer galten mittlerweile weithin als grausam und überholt, und ihnen haftete auch der schale Beigeschmack einer unregelhaften und rassistischen Justiz an. Und Leid, Schmerz, Qual, Grausamkeit und Rassismus durften mit der Todesstrafe nicht mehr assoziiert werden. Nun war in Großbritannien bereits in den 1950er Jahren über die Einführung der Giftspritze als „alternative, angenehmere Methode der Hinrichtung" verhandelt worden. Ähnlich klang jetzt auch der Tenor der US-amerikanischen Debatte. In unübertrefflicher Schlichtheit brachte der Gouverneur Kaliforniens, Ronald Reagan, bereits 1973 zum Ausdruck, dass eine tödliche Injektion auch das kollektive Gewissen erleichtern könne. Der ehemalige Pferdezüchter und spätere US-Präsident betonte, ein krankes oder verletztes Pferd zu erschießen, sei für den Tierfreund nur schwer zu verkraften. Womöglich, so Reagan, sei das gesellschaftliche Problem mit der Todesstrafe ähnlich gelagert: „Vielleicht sollten wir die Sache noch einmal überdenken und prüfen, ob es heutzutage nicht menschlichere Methoden gibt, wie eine professionell verabreichte Injektion oder ein Schlafmittel." In der Debatte der voranschreitenden 1970er

Jahre war dann regelmäßig vom verordneten Sterben durch ein „ein ultraschnell wirkendes Barbiturat" die Rede. Im Vergleich zu einem Erschießungskommando, einem Galgen, einem elektrischen Stuhl oder einer Gaskammer klang ein solches Tötungsmittel beinahe nach einem Werbeslogan, der dem Konsumenten das Ende allen Leidens durch ein patentes Schmerzmittel verspricht. Ein beinahe sanftes Entschlafen durch eine tödliche Spritze schien einer Hinrichtung den Anstrich eines medizinischen Gnadenaktes zu verleihen.[4]

Ohnehin galt diese Zeit auch außerhalb der Todestrakte als eine Phase der „Medikalisierung" des Lebens und des Sterbens, um eine Formulierung von Philippe Ariès zu borgen. Die ärztliche Technik mit scheinbar unbegrenzten Möglichkeiten zur Lebensverlängerung schien perfektioniert, und sie konnte ihre Wirkung nur in den Hightechstationen der Hospitäler vollends entfalten. Daher war auch der medikalisierte und apparative Tod zum „normalen Tod" geworden, und häufig ging das Leben sogar erst dann zu Ende, wenn dies ein medizinisch-bürokratischer Apparat beschlossen hatte. „Der Tod wird reguliert und organisiert von einer Bürokratie, die sich [...] nicht daran hindern lässt, den Tod als ihre Angelegenheit zu betrachten, als eine Sache, die im Interesse der Allgemeinheit so wenig wie möglich stören sollte", schreibt Ariès in seiner „Geschichte des Todes".[5]

Zudem trat der schon seit langem geführte Kampf gegen den Schmerz in der zweiten Hälfte des 20. Jahrhunderts in eine neue Phase ein. Mittlerweile galt Schmerz nicht mehr nur als schlimme Begleiterscheinung einer medizinischen Therapie oder als Symptom einer Krankheit, sondern er wurde vielmehr als Diagnose selbst gedacht und behandelt. Seit den 1960er Jahren richteten die größeren Krankenhäuser der USA spezielle Zentren und Kliniken zur Bekämpfung und Therapie des Schmerzes ein, und in den frühen 1980er Jahren war in der medizinischen Forschung sogar vom „Sieg über den Schmerz" die Rede. Schmerzfreiheit jedenfalls, bemerkt David B. Morris in seiner „Geschichte des Schmerzes", wurde von der US-Bevölkerung des späteren 20. Jahrhunderts als ein Zustand angesehen, der quasi verfassungsrechtlich garantiert war – „Schmerzen", so Morris, „sind ein Skandal."[6]

In diese Konfiguration fügte sich das Bestreben, über eine tödliche Injektion angeblich schmerzfrei und in medizinisch-therapeutischer Atmosphäre das Leben eines Verurteilten zu beenden. Dies gilt auch für das skurrile Verfahren, den Arm des oder der Verurteilten wie bei einem therapeutischen Eingriff dort zu desinfizieren, wo die Nadel eingeführt wird. Das allgemeine Einvernehmen durchbrach allerdings der US-amerikanische Ärzteverband „American Medical Association". Er lehnte jede aktive Beteiligung seiner Mitglieder am Hinrichtungsgeschehen ab. Doch die neuen Regelungen blieben in dieser Hinsicht unpräzise: Wie bislang auch war zwar die Anwesenheit eines Arztes oder einer Ärztin bei der Exekution gefordert, aber nicht deren todbringendes Handeln. Die Statuten verlangten lediglich, dass die Tötung von einer entsprechend „qualifizierten" Person wie zum Beispiel einer Krankenschwester vollzogen werden musste. Gleichwohl sollten Ärzte mit der Verbreitung der Giftspritze eine wachsende Bedeutung im Hinrichtungsverfahren erlangen. Ihre Aufgaben erstreckten sich von der Schulung des Personals über die Überwachung der Hinrichtung bis zur Feststellung des Todes. In den frühen 1990er Jahren protestierten US-amerikanische Ärzte- und Menschenrechtsverbände vehement gegen diese Entwicklung, weil die Teilhabe von Medizinern an Exekutionen den Kern ihrer beruflichen Ethik unterwandere.[7]

Der Vormarsch der Giftspritze war nicht zu stoppen. Oklahoma war der Vorreiter; Texas, Idaho und New Mexico zogen sofort nach. Neun weitere Staaten folgten bald. Daran konnten auch acht Todeskandidaten nichts ändern, die die US-amerikanische Lebensmittel- und Medikamentenkontrollbehörde „Food and Drug Administration" per Gericht auffordern ließen, den „ungebilligten Gebrauch von zugelassenen Medikamenten in staatlichen Hinrichtungsverfahren" zu verhindern. Untrennbar war die tödliche Injektion mit den Schlagworten „Menschlichkeit", „Gewissheit", „Schicklichkeit" verbunden. Sie schien als neuer Heilsbringer akzeptiert, um „Grausamkeiten" in den Hinrichtungskammern zu vermeiden. Als der texanische Gouverneur Dolph Briscoe im Mai 1977 das entsprechende Gesetz unterzeichnete, meinte er, dem verordneten Tod nun mehr „Würde" verliehen zu haben. Briscoes Vorstellung von einem würdevollen Sterben unterschied sich offenbar wesentlich von der Gary Gilmores.[8]

Zu dieser Zeit stritt in Texas gerade ein Fernsehjournalist um das Recht, die erste texanische Hinrichtung nach dem Moratorium filmen zu dürfen. Die texanischen Behörden hatten Filmaufnahmen zunächst untersagt. Das zuständige Bezirksgericht entschied allerdings im Sinne des Journalisten und hob das Verbot auf. Doch die nächste gerichtliche Instanz beschied wiederum, dass ein Filmverbot durchaus mit der Verfassung in Einklang stehe und die Presse- und Informationsfreiheit nicht einschränke. Fürderhin wurde die Diskussion über eine Fernsehübertragung von Exekutionen direkt in die US-amerikanischen Wohnzimmer regelmäßig geführt. Schließlich verspricht eine TV-Hinrichtung hohe Einschaltquoten. Dem Ansinnen der Fernsehkanäle steht jedoch die Selbstdefinition des modernen Hinrichtungssystems entgegen, nach der angeblich vor allem die Verborgenheit der Tötung das nötige Maß an Schicklichkeit gewährt. Diese Verborgenheit gilt als Indikator einer Kultur, die eben keinen Gefallen an der Gewalt findet, sondern sie lediglich als bisweilen notwendiges Übel hinzunehmen bereit ist. Hätten die Gerichte 1977 dennoch im Sinne des Journalisten entschieden und die Aufnahmen genehmigt, so wäre eine „klinische" Exekution mit einer Giftspritze sicher vorteilhaft für das Ansehen der Staatsgewalt gewesen. Der öffentliche Aufschrei gegen die Grausamkeit des Staates wäre weniger laut gewesen als bei einer Hinrichtung auf dem elektrischen Stuhl oder gar durch eine Gewehrsalve wie bei Gary Gilmore.[9]

Gleichwohl vergingen seit der nominellen Einführung der Giftspritze über fünf Jahre, bis sie erstmals zum Einsatz kam. Charles Brooks, Jr., in Texas war am 7. Dezember 1982 der erste Mensch, der durch eine tödliche Injektion hingerichtet wurde. Zwar war das mediale Interesse groß, doch die weitere Resonanz auf das Geschehen blieb dürftig. Es waren nur wenige technische und medizinische Experten aus anderen Staaten nach Texas gekommen, um das neue Verfahren zu begutachten. Es gab keine Anstrengungen, den Schmerz oder die Angst der Verurteilten zu eruieren oder die Wirkungsgeschwindigkeit des Giftcocktails zu messen. Der Einsatz der neuen Hinrichtungstechnologie löste keine kritische Reflexion oder erneute Diskussion über die Todesstrafe aus. Schon bald sollte auch das Medieninteresse an den nächtlichen Veranstaltungen nachlassen. Zwar versammelten sich in den Tagen vor und während einer Hinrichtung immer wieder unterschiedliche Aktionsgruppen vor den Gefängnissen. Schweigende Mahnwachen mit Kerzenlichtern stehen Verfechtern der

Todesstrafe gegenüber, auf deren Schildern Slogans wie „kill him in vein" zu lesen sind. Doch schon bald fasste die Medienwelt diese Konfrontationen als lokale Ereignisse auf, die von keiner grundsätzlichen, also die Grundfesten des Staates und der Gesellschaft erschütternden Bedeutung mehr zu sein schienen. In der Mitte der 1980er Jahre war die Todesstrafe in der Tat wieder eine US-amerikanische Normalität, und trotz permanent steigender Hinrichtungszahlen waren technisch problematische Exekutionen vergleichsweise selten geworden. Nach der Verabreichung eines Beruhigungsmittels führen verschiedene Medikamentenlösungen in kurzen Abständen zunächst zur Bewusstlosigkeit und dann zum Tod der Verurteilten. Auch diese Art der Hinrichtung ist zuweilen maschinell gesteuert, und entsprechendes Equipment lieferte vor allem während der 1980er Jahre der Exekutionsausstatter Fred Leuchter. Leuchters Karriere kam nicht zuletzt deshalb zu einem abrupten Ende, weil er 1988 als Experte für Tötungstechnik im Rahmen eines Nazi-Prozesses „gutachtete", die Gaskammern des NS-Regimes hätten nicht die technischen Möglichkeiten geboten, sechs Millionen Menschen zu töten. Daraufhin verliefen die Geschäfte des Auschwitz-Leugners Leuchter mit den verschiedenen US-Staaten zunehmend schleppend. Viele Kontrakte wurden gekündigt. Doch ob manuell oder maschinell, die tödliche Injektion funktionierte so zuverlässig wie keine Hinrichtungsart zuvor. Letztlich sind nur sehr wenige Fälle überliefert, in denen die Vollstreckungen technische Probleme aufwarfen, nachdem die tödliche Infusion einmal auf den Weg gebracht war. Nicht zuletzt deshalb ist die Giftspritze heute in 35 von insgesamt 38 US-Staaten mit Todesstrafe autorisiert. 520 der insgesamt 683 Exekutionen von 1977 bis Ende des Jahres 2000 wurden mit der Giftspritze vollstreckt. Beinahe ein Drittel der anderen geht auf das Konto Floridas und seinen elektrischen Stuhl. Und auch Florida hat Anfang des Jahres 2000 wegen anhaltender technischer Schwierigkeiten mit dem elektrischen Stuhl und zahlloser, auch sichtbar grausamer Exekutionen die tödliche Injektion als mögliche Hinrichtungsmethode eingeführt.[10]

Nicht zuletzt die Zuverlässigkeit, mit der Hinrichtungen durch die Giftspritze vonstatten gehen, hat dazu beigetragen, den öffentlichen Widerstand gegen die Todesstrafe in den 1980er Jahren und der ersten Hälfte der 1990er Jahre abklingen zu lassen. Die

Geschichte der Todesstrafe während der letzten beiden Jahrhunderte hat immer wieder gezeigt, wie eng sichtbar grausame Exekutionen und Proteste gegen die Todesstrafe miteinander verbunden sind. Veränderungen des Tötungsverfahrens haben dann immer wieder dazu geführt, dass die Kritik abflaute. Larry Fitzgerald, der Leiter der Öffentlichkeitsarbeit für das texanische Gefängnissystem, traf eine weithin geteilte Einschätzung, als er den Tod durch die Injektion als „sanftes Entschlafen" charakterisierte: „Das Einzige, was die Zuschauer wahrnehmen, ist ein letztes, seufzendes Ausatmen." Die öffentliche Aufregung und das Interesse der Presse an jedem einzelnen Fall ließ auch mit der wieder steigenden Zahl der Exekutionen nach. Ab der Mitte der 1980er Jahre setzte eine gewisse Gewöhnung an das verordnete Sterben ein. Von 1977 bis 1983 hat die „New York Times" über jede einzelne Hinrichtung berichtet, die in den USA vollzogen wurde. Ab 1984 schrieb sie nur noch über ausgewählte Fälle, zumeist über solche, die besonders spektakulär waren. Auch andere Zeitungen wie der „Boston Globe", die „Washington Post" oder die „Los Angeles Times" widmeten sich nur noch wenigen Hinrichtungen ausführlich, ansonsten waren sie höchstens eine Randnotiz wert.[11]

Religiöser Fundamentalismus und konservative Reagan-Revolution

Der Rückzug des Obersten Gerichtshofes und die Einführung der Giftspritze fanden vor dem Hintergrund eines sich verändernden politisch-gesellschaftlichen Klimas statt. Dies war ein dritter Faktor, der die Rückkehr der Todesstrafe begünstigte. Die Präsidentschaftswahl Ronald Reagans im November 1980 machte den Aufschwung des religiös fundamentalistischen Lagers in den USA so manifest wie kaum ein anderes Ereignis. Die „Neue Christliche Rechte" hatte den ehemaligen Westerndarsteller mit der neoliberalen Agenda „weniger Steuern und weniger Eingriffe der Regierung in die Belange des täglichen Lebens" maßgeblich unterstützt. Sie wandte sich gegen die sozialen und kulturellen Veränderungen der 1960er und 1970er Jahre und wurde im Wesentlichen von der Mittelschicht angelsächsischer Herkunft getragen. Die Werte von

Familie, Moral, Bibeltreue, christlicher Erziehung und indivi-dueller Verantwortlichkeit sowie der Kampf gegen Abtreibung, Pornografie und Homosexualität standen und stehen im Zentrum der Bewegung. Eine ihrer Säulen waren religiös fundamentalisti-sche Kirchen, deren Führer – so genannte „Televangelists" – ihre Glaubensgrundsätze über mehrere Hundert Radio- und Fernseh-stationen in das ganze Land hinauspredigten. So erreichten sie ein Publikum von Hundert Millionen Menschen und sammelten jährlich Spendengelder von mehr als einer Milliarde Dollar. Jerry Falwell und seine Sendung „Old Time Gospel Hour" waren in dieser Hinsicht besonders erfolgreich. Die Medien nahmen insbe-sondere Falwells Gruppierung „Moral Majority" als eine Interes-senvertretung wahr, die maßgeblichen Anteil am Wahlsieg Rea-gans hatte. Auch auf Bezirks- und Einzelstaatsebene setzten die „Moral Majority" und andere orthodoxe Christen ihre konserva-tiven Programminhalte in politisches Handeln um.

Die Breitenwirkung konservativ religiöser Organisationen und ihrer Wertordnungen gründet nicht zuletzt in dem traditionellen und verbreiteten Denken, Nordamerika sei „Gottes auserwähltes Land". So wird der 4. Juli von vielen US-Amerikanerinnen und Amerikanern nicht nur als patriotisch-politischer Unabhängig-keitstag, sondern auch als religiöser Feiertag wahrgenommen. In dieser politisch-religiösen Melange beanspruchen die Führer der christlichen Rechten einen beinahe prophetischen Status: „Wenn Amerika Gott vergisst, dann wird es seinem Zorn und seiner Ge-rechtigkeit unterworfen werden. Wenn aber der Weg eines Volkes dem Herrn gefällt, so wird es mit übernatürlicher Hilfe gesegnet sein", predigte beispielsweise Jerry Falwell im Jahr 1980.[12]

Finanz- und ausgerechnet Sexskandale stürzten die Fernseh-kirchen Ende der 1980er Jahre zunächst in eine Krise. Auch das Engagement des religiös-fundamentalistischen Marion „Pat" Ro-bertson im Kampf um die republikanische Präsidentschafts-kandidatur 1987/88 führte zu einem letztlich bestenfalls mäßigen Erfolg. Gleichwohl überstand die christliche Rechte diese für sie schwierige Phase, und Robertson rief mit der „Christian Coa-lition" eine neue machtvolle Organisation mit beinahe zwei Millionen Mitgliedern und Unterstützern ins Leben. Nach wie vor sind Abtreibung, Erziehung, Familienwerte, Sexualität und Verbrechen die Hauptthemen der christlichen Rechten, Gesundheitswesen und Steuerpolitik liegen beinahe gleichauf. Dabei werden fundamentalistische Positionen in scheinbar offenerer, dialogischer Art und Weise in der Politik effektiver denn je vertreten. In der Lobbyarbeit zeigten sich die christlichen Rechten überaus stark, und in der Republikanischen Partei sind sie fest verankert. Schon 1992 buhlte George Bush, Sr., offensiv um die Unterstützung der „Christian Coalition". Die neueren politischen Erfolge der religiösen Rechten verdeutlicht insbesondere die Ernennung George Ashcrofts zum Justizminister der Regierung George W. Bush, Jr., im Jahr 2000. Die Berufung des religiösen Fundamentalisten gilt als Desaster für Minderheiten und Frauen, und als Justizminister übt er zudem großen Einfluss auf die Ernennung der Oberrichter aus. Vertreter der „Christian Coalition" frohlockten, nun befänden sich die bibeltreuen Christen endgültig auf dem Vormarsch.[13]

Todesstrafe als Teil des US-amerikanischen Alltags

Die Einführung der tödlichen Injektion, der Rückzug des Obersten Gerichtshofes und das religiös getragene gesellschaftliche Klima seit der konservativen Reagan-Revolution haben dazu beigetragen, die Todesstrafe zu einem Teil des US-amerikanischen Alltags werden zu lassen. Neoliberalismus, christlicher Fundamentalismus und die so genannten „Familienwerte" haben das kollektive Denken seit den 1980er Jahren maßgeblich geprägt. Dabei ist individuelle Verantwortlichkeit für das eigene Sein und Tun bei gleichzeitigem Rückzug des Staates zu einem zentralen gesellschaftlichen Ordnungskonzept geworden. Die Welt galt in zunehmendem Maße als Ergebnis eines permanenten Kampfes zwischen Gut und Böse, und eine Krise wurde als moralisches Versagen eines Individuums und des Kollektivs interpretiert. In einer solchen Denk- und Verhaltensordnung war es wieder opportun, die Todesstrafe als Vergeltung und als Mittel im Kampf gegen das Böse und den Werteverfall zu fordern.

Komplementär hat sich die Furcht vor Gewalttaten und das Wissen um die Verletzbarkeit des Menschen in der öffentlichen Debatte etabliert. Bis zur Mitte der 1990er Jahre stiegen insbesondere die Gewaltverbrechen deutlich an und – neben Steuersenkungen – wurde das populistische Versprechen einer harten Strafpraxis zum Garanten eines Wahlsieges. So hieß es 1994 von Seiten der Wahlkämpfer, „die drei Topthemen in Gouverneurs-kampagnen dieses Jahres sind Verbrechen, Verbrechen und Verbrechen". Für beinahe jeden Bewerber war die Haltung zur Todesstrafe der ultimative „Lackmustest" der Amtsfähigkeit, zu-mal deren Befürwortung einer öffentlichen Anerkennung des Verbrechensopfers und einer geradezu therapeutischen Form der Rache für dessen Angehörige entsprach. Auch auf der Agenda der „Christian Coalition" steht die „rigorose Bestrafung von Krimi-nellen und der Kampf für die Rechte der Opfer" ganz oben. In diese Richtung veränderten sich seit der Mitte der 1980er Jahre auch die Todesstrafengesetze vieler Einzelstaaten. Bis zu diesem Zeitpunkt hatten sich strafverschärfende Tatbestände vorrangig auf Verbrechen gegen Organe der Staatsgewalt bezogen. Nun rückte zusätzlich das individuelle und tendenziell wehrlose Verbrechensopfer in den Vordergrund, also Kinder und Teenager, ältere Menschen, Behinderte oder schwangere Frauen. 1991 er-kannte der Oberste Gerichtshof auch die Leiden der Angehörigen eines Mordopfers als prozess- und urteilsrelevant an, da, so der vorsitzende Richter Rehnquist, nicht nur der Individualität des Täters, sondern auch „der Einzigartigkeit des Opfers als Indivi-duum Rechnung getragen werden muss". Vier Jahre zuvor hatte der „Supreme Court" eine solche Rechtsprechung, die den Aus-gleich von Schuld und die Rückkehr der Rache anerkannte, noch abgewiesen.[14]

Die Zustimmungsrate zur Todesstrafe in der US-Bevölkerung lag während der 1980er und 1990er Jahre deutlich über 70 % und erreichte 1994 gar 80 % – die höchste Rate, die jemals gemessen wurde. Eine starke Opposition war kaum mehr wahrnehmbar. Sicherlich hat es auch in dieser Zeit zahlreiche lokale Aktions-gruppen gegeben, deren Engagement nicht unterbewertet wer-den sollte. Protestler und Mahnwachen vor Gefängnissen, der „Legal Defense Fund", die „American Civil Liberties Union" oder „Amnesty International" haben weiterhin existiert, doch an einer Breitenwirkung mangelte es.[15]

Die große Zustimmung zur Todesstrafe geht mit einem politi-schen System einher, das vergleichsweise bedingungslos auf dem Votum der Wählerinnen und Wähler gründet. Sheriffs, Bezirksstaatsanwälte und Richter werden gewählt, und sich „hart gegen das Verbrechen" zu präsentieren, ist nicht nur ein Muss für Gouverneurs- oder Präsidentschaftskandidaten. Ein Ruf als „weicher Liberaler" ruiniert die Karriere mit ziemlicher Gewissheit. Im Gegensatz dazu vermögen viele siegreich geführte Todesstrafen-Prozesse einem Kandidaten in der Regel die Wählerschaft zu sichern. Politische Opportunität des Handelns geht dann zuweilen vor juristischer Exaktheit oder gar Fairness. Dies illustrieren zahlreiche Beispiele, der Fall John Spenkelink in Florida ist nur eines von ihnen: Schon im Vorfeld der Präsidentschaftswahl 1988 hatte Lee Atwater als Wahlkampfleiter von George Bush, Sr., darauf gedrängt, den Kampf gegen das Verbrechen zum Topthema zu erheben, da die Demokratischen Kandidaten samt und sonders Gegner der Todesstrafe waren. Während des Wahlkampfes machte Bush dann die Vergewaltigung einer weißen Frau durch den verurteilten schwarzen Mörder Willie Horten zu einem dominanten Thema. Horton hatte die Tat während eines Freigangs begangen und stammte aus Massachusetts, wo der Demokratische Präsidentschaftskandidat Michael Dukakis Gouverneur war. Der Fall Horton wurde zum Sinnbild „liberalen" Versagens in der Kriminalitätsbekämpfung erhoben. Ein weiteres Beispiel sind die texanischen Gouverneurswahlen von 1990, als die Kandidaten darum stritten, wer am deutlichsten für die Todesstrafe sei. Einer der Kandidaten präsentierte sich in Fernsehspots vor den Bildern von Hingerichteten, die unter seiner Verantwortung getötet worden waren. Ähnlich ließ sich Floridas Gouverneur Bob Martinez 1990 während seiner Kampagne zur Wiederwahl vor einem Bild des Serienmörders Ted Bundy filmen, der während seiner Amtszeit exekutiert worden war. Auch Bill Clinton hat 1992 in seinem ersten Präsidentschaftswahlkampf die Todesstrafe instrumentalisiert. Als ehemaliger Kriegsdienstverweigerer, Vietnam-Gegner und „68er" lief er Gefahr, als liberaler Weichling etikettiert zu werden. Zudem drohte ihm wegen einer außerehelichen Affäre das Ende seiner Kandidatur schon in den Vorwahlen. Also ließ Clinton es sich nicht nehmen, als Gouverneur von Arkansas der Exekution des verurteilten Doppelmörders Ricky Rector zuzustimmen. Er reiste dafür eigens nach Arkansas, um zu beweisen, dass auch er ohne Wenn und Aber hinter der Todesstrafe steht. Dass Rector in Folge eines Kopfschusses unter einer schweren geistigen Behinderung litt, störte Clinton nicht. Rector ist einer von 60 Menschen, die seit den 1970er Jahren in den USA trotz einer diagnostizierten geistigen Behinderung exekutiert wurden.[16]

Wenn sich in den 1980er und frühen 1990er Jahren eine öffentlich wahrnehmbare Kritik an der Todesstrafe entzündete, dann zumeist an einzelnen Fällen wie z.B. dem Mumia Abu-Jamals. Abu-Jamal wurde am 3. Juli 1982 in Philadelphia zum Tode verurteilt, weil er den Polizist Daniel Faulkner während einer Verkehrskontrolle erschossen haben soll. Abu-Jamals politische Aktivität als ehemaliges Mitglied der „Black Panther Party" und als kritischer Radiojournalist hat den Prozess maßgeblich geprägt. Zum Tatzeitpunkt wurde er seit über zehn Jahren im Rahmen des verrufenen „Counterintelligence Program" vom FBI und der berüchtigten Polizei Philadelphias überwacht. Während des Prozesses betonte die Staatsanwaltschaft eine angeblich politisch motivierte Gewaltbereitschaft Abu-Jamals, indem sie auf über zehn Jahre zurückliegende Äußerungen rekurrierte. Jamal hatte keinerlei Vorstrafen. Auch die Aussagen über ein angebliches Geständnis, die ballistischen Untersuchungen und die Darlegungen von Zeuginnen und Zeugen sind überaus dubios, so dass Zweifel an der Schuld des Angeklagten mehr als berechtigt sind. Beispielsweise wurden im Verlauf des Verfahrens Zeuginnen, die in der Nähe des Tatortes als Prostituierte arbeiteten und mit dem Gesetz in Konflikt geraten waren, unter Druck gesetzt und zu einer Aussage gegen Abu-Jamal gedrängt. Zahlreiche entlastende Aspekte wurden den Geschworenen vorenthalten. Der damalige Bezirksstaatsanwalt von Philadelphia hat nach dem Fall eine erfolgreiche politische Karriere durchlaufen, Mumia Abu-Jamal sitzt immer noch im Todestrakt. Aufgrund seiner politischen Aktivität und seiner autobiografischen wie rechtswissenschaftlichen Publikationen wird ihm besondere Aufmerksamkeit zuteil, Benefizkonzerte und Protestmärsche in den USA und anderen Staaten halten seine Geschichte im öffentlichen Bewusstsein.[17]

Zur Jahrtausendwende saßen allerdings über 3700 Häftlinge in US-amerikanischen Todeszellen, und nur den wenigsten wird eine solch große Aufmerksamkeit zuteil wie Mumia Abu-Jamal. Dabei werden in vielen Fällen Zeuginnen drangsaliert, Aussagen manipuliert und Geständnisse erpresst. So war es auch im Fall des am 20. Mai 1987 in Mississippi hingerichteten Edward Earl Johnson, dessen Unschuld erst nach der Exekution bewiesen werden konnte. Nachdem Präsident Clinton im April 1996 den „Antiterrorism and Effective Death Penalty Act" unterzeichnet hat, drohen sich solche Fälle zu häufen. Clinton segnete das Gesetz ab, um die Prozesslänge und die mittlerweile durchschnittlich neun- bis zehnjährige Verweildauer im Todestrakt zu verkürzen. Das Gesetz schränkt die Berufungs- und Revisionsmöglichkeiten der Todeskandidaten massiv ein. Dadurch benachteiligt es insbesondere die Mittellosen, die sich eine strukturierte Verteidigung von Anbeginn des Verfahrens nicht leisten können. Einspruchsfristen wurden in manchen Staaten bereits vor diesem Gesetz überaus rigide gehandhabt. Bisweilen steht nicht die Frage nach Schuld oder Unschuld, sondern die Einhaltung der Verfahrensregelungen im Vordergrund. Der „Effective Death Penalty Act" bestätigt und bestärkt eine solche Politik. Konservative Stimmen aus dem Senat verkündeten zudem, dass nun endlich den „frivolen Petitionen von Verurteilten, die das Justizsystem und die Opferfamilien verhöhnen", ein Riegel vorgeschoben sei. Die Zahl der Todeskandidaten stieg nach dem „Effective Death Penalty Act" um ca. 500 in drei Jahren. Auch die Hinrichtungen haben sich deutlich erhöht, von 45 im Jahr 1996 auf 74 im Jahr 1997 und 98 im Jahr 1999. 2000 war mit 85 Exekutionen erstmals seit langem wieder ein Rückgang zu verzeichnen.[18]

Etwa 90 % der Todeskandidaten können aufgrund ihrer schlechten sozialen Situation keinen Anwalt finanzieren und werden von einem Pflichtverteidiger vertreten, der selten so motiviert ist, wie es angebracht wäre. Es kommt immer wieder vor, dass Pflichtverteidiger während der Verhandlung einnicken, und so spricht die kritische Öffentlichkeit vom „sleeping lawyer syndrome". Ein 72-jähriger Anwalt soll während eines Mordverfahrens in Houston, Texas mehrfach in anscheinend tiefen Schlaf gefallen sein. Auf Nachfrage des Richters bestätigte er seine Auszeiten und rechtfertigte sich, die ganze Angelegenheit sei „so langweilig". Gleichwohl befand das Gericht, das Recht des Angeklagten auf einen fairen Prozess sei nicht verletzt worden, da die Verfassung nirgendwo vorschreibe, dass der Verteidiger auch wach sein müsse. Das Berufungsgericht stimmte dem zu. Pflichtverteidiger sind in aller Regel an einem langen Prozess alles andere als interessiert, da dann der Aufwand höher und die Entlohnung letztlich niedriger ist. In manchen Gerichtsbezirken werden bevorzugt solche Anwälte zu Pflichtverteidigern bestellt, die für ihre Neigung, „kurzen Prozess" zu machen, bekannt sind. Abermals wird deutlich, wie sehr die soziale Herkunft und die finanziellen Möglichkeiten der Angeklagten über Leben oder Tod entscheiden. Ein gerechtes System und eine grundsätzlich faire Verhandlung, so das „National Law Journal", sei schon in Folge solcher Voraussetzungen ausgeschlossen. Diese Meinung wird von der US-amerikanischen Anwaltskammer geteilt, und 1997 formulierte auch ein Bericht des Menschenrechtskomitees der Vereinten Nationen eine solche Kritik. Stephen Bright vom „Southern Center for Human Rights" vergleicht die Fairness und Offenheit eines texanischen Todesstrafenprozesses gar mit der eines professionellen Wrestling(schau)kampfes – der Sieger steht schon vorher fest. Neben den finanziellen Möglichkeiten und somit der Kategorie „Klasse" ist immer noch die Kategorie „Rasse" ausschlaggebend für den Ausgang eines Verfahrens. Die Hautfarbe von Täter und Opfer ist entscheidend für das Urteil. Afroamerikaner stellen über 40 % der Menschen in den Todestrakten, obschon sie lediglich ca. 12 % der Bevölkerung ausmachen. In Texas wird über Schwarze sechsmal wahrscheinlicher ein Todesurteil gefällt als über Weiße, wenn das Opfer weiß war. In Georgia hat ein Schwarzer, der einen Weißen tötet, ein 22fach höheres Risiko, zum Tode verurteilt zu werden, als ein Weißer, der einen Schwarzen tötet. Insgesamt wurden 80 % der Exekutierten für einen Mord an einem Weißen hingerichtet, obschon die Opfer von Morden etwa zu gleichen Teilen Weiße und Schwarze sind. Auch das Geschlecht der Angeklagten spielt in der Frage des Urteils eine Rolle. Rein statistisch werden ca. 13 % aller Morde in den USA von Frauen begangen, doch nur 2 % der Menschen in den Todestrakten sind weiblichen Geschlechts. Unter den 683 Menschen, die von der Wiedereinführung der Todesstrafe bis zum Ende des Jahres 2000 hingerichtet wurden, waren lediglich fünf Frauen – 0,73 %. Die Aufregung um die Exekution Karla Faye Tuckers am 4. Februar 1998 hat gezeigt, wie schwer es offenbar fällt, eine Frau zu töten. Offensichtlich haben die Verfahrensregeln, die seit der „Gregg"-Entscheidung im Jahr 1976 verankert wurden, wenig daran geändert, dass Rasse, Klasse und Geschlecht maßgeblich darüber entscheiden, wer zum Tode verurteilt und hingerichtet wird und wer nicht. Jack Greenberg, Rechtsprofessor an der Columbia University in New York, bezeichnet das „arbiträre, irrationale, rassistische Todesstrafensystem" auch als „das Erbe unserer eigenen Apartheid".[19]

Die wachsende Skepsis der späten 1990er Jahre

Die Hinwendung zur Todesstrafe stieß 1993 auf Widerstand aus unerwarteter Richtung. Oberrichter Harry Blackmun, seit „Furman v. Georgia" ein verlässlicher Fürsprecher der Todesstrafe, äußerte deutliche Kritik an dem Todesstrafensystem. Unmittelbarer Stein des Anstoßes war, dass sich das Oberste Gericht aus formalen Gründen geweigert hatte, ein Kapitalverfahren wieder aufzunehmen, obschon der Verurteilte neue Unschuldsbeweise einbringen wollte. Richter Blackmun wandte sich gegen diese Entscheidung und betonte, dass er unter solchen Bedingungen generelle Zweifel an der Verfassungskonformität der Todesstrafe habe, und: „Die Hinrichtung einer Person, die möglicherweise ihre Unschuld zeigen kann, reicht gefährlich nah an Mord heran." Ein Jahr später nutzte Blackmun den Fall des verurteilten Raubmörders Bruce Callins zu der kategorischen Erklärung, dass er „von diesem Tag an nicht länger an der Todesmaschinerie herumpfuschen" werde. Nach über zwei Jahrzehnten der Bemühungen, so Blackmun, „fühle ich mich moralisch und intellektuell gezwungen, schlicht und einfach einzugestehen, dass das Todesstrafenexperiment gescheitert ist. […] Die Unvermeidbarkeit faktischer, rechtlicher und moralischer Fehler führt zu einem System, von dem wir wissen, dass es zwangsläufig zur fälschlichen Tötung einiger Angeklagter führen muss; ein System, das die fairen, konsistenten und verlässlichen Todesurteile nicht gewährleisten kann, die die Verfassung fordert."[20]

Die häufig dubiosen und inkonsistenten Verfahren, die Richter Blackmun hervorhob, sind seit der Mitte der 1990er Jahre vermehrt in den Blickpunkt des öffentlichen Interesses gerückt. Für diese Wendung zeichnen sicherlich die Bilder von befreiten, ehemaligen Insassen der Todestrakte mitverantwortlich, die seit einiger Zeit in zunehmender Regelmäßigkeit über die Bildschirme flimmern und so sichtbares Zeugnis einer ungerechten Justiz sind. Immer häufiger konnte die Unschuld von Verurteilten durch

Untersuchungen des Erbgutes nachgewiesen werden. Auch der gegenwärtige US-Präsident George W. Bush, Jr., hat im Wahlkampf 2000 der Macht der DNA-Analyse Rechnung getragen. Im Juni 2000 setzte er erstmals in seiner Amtszeit als Gouverneur von Texas eine Exekution aus: Ein genetischer Fingerabdruck hätte eventuell die Unschuld des Hinrichtungskandidaten Ricky McGinn beweisen können. Bush zeigte Gespür für die sich wandelnde gesellschaftliche Stimmung, denn im Sommer 2000 debattierte die US-amerikanische Öffentlichkeit intensiv über die Unzulänglichkeiten des Todesstrafensystems. Im Zentrum der Debatte stand die Frage, wie viele Unschuldige wohl schon exekutiert worden seien. Der DNA-Test bestätigte McGinns Schuld, und im September 2000 wurde er exekutiert. Bush jedoch hatte das politische Fiasko verhindert, als allseits bekannter Hardliner im Wahlkampf der Hinrichtung eines möglicherweise Unschuldigen vorgestanden zu haben.[21]

Insgesamt sind seit 1976 über 90 Menschen aus den Todestrakten freigekommen. Maßgeblich daran beteiligt ist der Journalimus-Professor David Protess von der Northwestern University in Chicago. Gemeinsam mit Studierenden nimmt er Fälle wieder auf, die in der Regel längst entschieden schienen. Als Protess auf einer Bühne in Chicago dreißig Menschen zusammenführte, die aus Todestrakten freigekommen waren, war dies ein eindrucksvolles Bild. Nicht zuletzt die Erfolge seines Engagements haben die US-Anwaltskammer bereits im Frühjahr 1997 dazu veranlasst, gemeinsam mit der „New York Times" und der „Chicago Tribune" einen Hinrichtungsstopp im Staat Illinois und ein Todesstrafen-Moratorium für die USA zu fordern. 1999 erregten Protess und seine Studierenden abermals große Aufmerksamkeit, als sie die Unschuld Roy Porters bewiesen. Porter hatte seit 17 Jahren im Todestrakt gesessen und war einmal nur in letzter Sekunde der Giftspritze entkommen. Bis zum Sommer 2000 stieg die Zahl der aufgedeckten Fehlurteile in Illinois auf vierzehn. Somit waren dort seit 1976 mehr Menschen aus dem Todestrakt entlassen als hingerichtet worden. Zudem hatte die „Chicago Tribune" zwischenzeitlich einen penibel recherchierten Bericht publiziert, der Schockierendes nahe legte. Von 285 Todesurteilen in Illinois gründete beinahe die Hälfte auf mehr als zweifelhaften Verfahren, die durch nachlässige Anwälte, unlautere Belastungszeugen (wie Häftlinge, die sich durch ihre Aussage eine Strafmilderung sicherten), unzulässige Beweise oder eine rein weiße Jury, die über einen schwarzen Angeklagten zu Gericht saß, geprägt waren. Der Gouverneur von Illinois George Ryan ist an sich ein erklärter Befürworter der Todesstrafe. Dennoch verordnete er am 31. Januar 2000 ein Moratorium. Eine Kommission wurde beauftragt, das gesamte System zu überarbeiten. Zahlreiche weitere Staaten haben mittlerweile Schritte unternommen, die auf eine weit reichende Revision der Todesstrafengesetze hinweisen. Das Vertrauen in das Strafrechtssystem ist zumindest ein wenig erschüttert, und vielen Kritikern erscheint die Todesstrafe immer mehr wie ein weiteres Regierungsprogramm, das schlechterdings nicht funktioniert. Die wieder sinkenden Zustimmungsraten innerhalb der Bevölkerung bestätigen die wachsende Skepsis. Sicherlich hat auch der deutliche Rückgang der Gewaltverbrechen und der Morde während der letzten Jahre an dieser Wende seinen Anteil. David Protess wurde im Mai 2001 der „Zukunftspreis der Leipziger Medienstiftung" verliehen.

Zugleich jedoch haben sich Justiz und Politik in zahlreichen Staaten bislang wenig beeindruckt gezeigt. Texas hat im Jahr 2000 mit 40 Exekutionen einen traurigen Rekord aufgestellt, und dies, obschon eine weitere Untersuchung der „Chicago Tribune" auch die Leichtfertigkeit des texanischen Todesstrafensystems aufgezeigt hat. In etwa 30 % der texanischen Hinrichtungsfälle der vorangegangenen fünf Jahre präsentierte die Verteidigung keinen oder nur einen Entlastungszeugen. Ein Drittel der Hingerichteten wurde von einem Anwalt vertreten, der später gemaßregelt wurde oder gar seine Lizenz verlor, und in nachweislich 23 Fällen hatte ein Komplize gegen die später zum Tode Verurteilten ausgesagt. Mittlerweile weist eine umfassende Untersuchung ähnliche Ergebnisse für die gesamten USA vor. James S. Liebman und sein Forscherteam von der New Yorker Columbia University haben für die Studie „A Broken System" 5760 Kapitalverurteilungen und sämtliche 4578 Appelle zwischen 1973 und 1995 untersucht, um eine valide Aussage über das Todesstrafensystem in den USA formulieren zu können. Nach Liebman nimmt die Fehlerhaftigkeit des Systems „epidemische Ausmaße" an. Seine Untersuchung besagt, dass mehr als zwei Drittel aller von der Justiz überprüften Todesurteile auf schweren juristischen Fehlern basierten. Gerade diese systemimmanenten Schwächen führen zu den langwierigen Verfahren, die in Politik, Justiz und Öffentlichkeit so heftig bemängelt werden. Die Hauptfehlerquellen sind nachlässige Verteidiger und die Unterdrückung von entlastendem Material durch Polizei und Staatsanwaltschaft. Statistisch betrachtet, präsentiert sich die Justiz von Illinois sogar verlässlicher als der Durchschnitt, und besonders schlecht kommen die hinrichtungsfreudigsten Staaten Virginia, Florida und Texas weg. Exemplarisch sei auf den Fall Gary Grahams verwiesen, der im Juni 2000 nach fast 20 Jahren im Todestrakt in Texas wegen Raubmordes hingerichtet wurde, also genau zu der Zeit, als Liebman seine Studie veröffentlichte. Es gab nur eine einzige Belastungszeugin, die den damals 17-Jährigen von ihrem Auto aus in zehn Metern Entfernung für zwei oder drei Sekunden gesehen haben will. Beweise für Grahams Schuld gab es nicht, und zahlreiche Zeugen der Verteidigung wurden nicht zugelassen. In seinen letzten Worten bezeichnete Graham seine Hinrichtung als „legales Lynching" eines unschuldigen Afroamerikaners und als „Schandtat" für jedes zivilisierte Land: „Es gibt überwältigende und zwingende Beweise zu meiner Verteidigung, die von keinem Gericht Amerikas jemals angehört wurden." Nicht zuletzt aufgrund der Vielzahl solcher Fälle betont James Liebman, das System der Todesstrafe breche unter seinen eigenen Fehlern zusammen – es sei nicht nur grausam, sondern schlechterdings sorglos und irrational. Nach der Publikation der Studie bezeichnete auch die angesehene „Washington Post" das Konzept Todesstrafe als gescheitert. Der damalige Präsidentschaftskandidat und Vizepräsident Al Gore, auch ein bekennender Befürworter der Todesstrafe, zeigte sich überrascht und verwirrt über die Unregelmäßigkeiten und Schwächen des Systems.[22]

Berichte und Aktivitäten der letzten Jahre haben die Todesstrafe wieder zu einem umkämpften Thema der öffentlichen Debatte gemacht. Ein deutliches Zeichen des neuen Engagements ist auch die Kampagne „Moratorium 2000", die sich unter Leitung der Ordensschwester Helen Prejean für einen weltweiten Todesstrafenstopp einsetzt. Am 18. Dezember 2000 konnte „Moratorium 2000" eine Petition mit über 3 Millionen Unterschriften an den UN-Generalsekretär Kofi Annan überreichen. Trotz dieser Erfolge empfinden viele Abolitionisten die neue Aufmerksamkeit für die Todesstrafe als ambivalent. Denn die gegenwärtige Auseinandersetzung dreht sich weniger um die Todesstrafe als solche, sondern mehr um die Frage, ob und wie die Schuld oder Unschuld eines jeden Angeklagten mit Gewissheit geklärt werden kann. „Ungerechtfertigte" Exekutionen müssen vermieden werden, lautet der Tenor. Diese Argumentation impliziert, dass Exekutionen gerechtfertigt sein können, nämlich wenn die Schuld zweifelsfrei nachgewiesen ist. Die DNA-Analyse scheint einen Weg zu weisen, individuelle Verantwortung für ein Kapitalverbrechen beinahe sicher markieren zu können. Vor diesem Hintergrund könnte es durch den genetischen Fingerabdruck auch zu einer nachhaltigen Legitimation der Todesstrafe kommen. Die Gewissheit der Schuld des Verurteilten würde es wieder möglich machen, „guten Gewissens" hinzurichten.

Der Blick auf das Verborgene: Todesstrafe und Medien

Die Geschichte eines jeden Todeskandidaten und jeder Todeskandidatin bietet Stoff für die dramatische Inszenierung eines menschlichen Schicksals. Daher haben Todesstrafen und entsprechende Gerichtsverfahren häufig ein großes Publikum, vor allem wenn es sich um außergewöhnliche Fälle handelt. In diesem Zusammenhang ist das wiederholte Bemühen von Fernsehjournalisten, Bilder von Exekutionen senden zu dürfen, besonders brisant. Hinrichtungen wären wieder öffentlich, allerdings auf eine neue Art. Das Publikum könnte die punktgenau geplante und vollzogene Tötung eines Menschen beobachten und zugleich in der Privatsphäre seiner Wohnzimmer verharren – mit Chips, Bier, Nahaufnahmen in Zeitlupe und allem, was zu einem Fernsehabend dazugehört. Die Übertragung einer Hinrichtung verspricht ultimatives Reality-TV, und die von der Historikerin Karen Halttunen für das frühe 19. Jahrhundert diagnostizierte „Pornografie der Gewalt" wäre auf eine neue Stufe erhoben.

Wenn Fernsehanstalten vor Gericht ziehen, um ein Übertragungsrecht einzuklagen, beziehen sie sich in der Regel auf den ersten Verfassungszusatz, der die Presse- und Informationsfreiheit garantiert. So war es bereits 1977, als ein texanischer Fernsehsender um das Recht stritt, die erste Hinrichtung nach dem Moratorium filmen zu dürfen. So war es auch im Frühjahr 1991, als die kalifornische Station KQED plante, die Exekution des „grinsenden Mörders" Robert Alton Harris zu senden. Es handelte sich um die erste Hinrichtung in Kalifornien seit 1967, und Harris war wegen der Brutalität seiner Tat berühmt und berüchtigt. Die Klage von KQED wurde von Bundesrichter Robert Schnacke zurückgewiesen, und zwar nicht zuletzt wegen der Unruhe, die eine solche Sendung auslösen würde, wenn sie über die TV-Geräte in den Todestrakten gesehen würde. Schon während des Verfahrens war deutlich geworden, dass Richter Schnacke das Ansinnen des Senders als geschmacklos erachtete. Eine bemerkenswerte Pointe erhielt der Fall dadurch, dass Harris' Sterben am 21. April 1992 doch gefilmt wurde, allerdings nicht durch einen Fernsehsender, sondern im Auftrag der Justiz. Von dem Video erhoffte sich Richterin Marilyn H. Patel eine Entscheidungshilfe in Hinblick auf die Grausamkeit und mithin die Verfassungskonformität des Todes in der Gaskammer. Wenige Jahre nach der Debatte um die Harris-Hinrichtung focht auch der berühmte US-Show- und Talkmaster Phil Donahue um die gerichtliche Erlaubnis, eine Exekution in der „Donahue Show" zeigen zu können. Er betonte seine angebliche Absicht, so Verbrechen zu verhindern. Allerdings gingen Donahues TV-Quoten gerade bergab. Zusätzliche Brisanz erhielt die Angelegenheit, da der Verurteilte David Lawson einer Übertragung zugestimmt hatte. Mithin konnten die privaten Rechte des Hinrichtungskandidaten nicht als Grund für eine Ablehnung des Ansinnens herangezogen werden. Gleichwohl wies die Justiz auch Donahues Antrag ab.[23]

Bislang war der eigentliche Sterbemoment im Fernsehen noch nie zu sehen. Doch auch so ist der Medienrummel um spektakuläre Fälle groß. Karla Faye Tucker war im Februar 1998 die erste Frau seit dem Ende des Bürgerkrieges in Texas und die zweite Frau seit 1976 in den gesamten USA, die hingerichtet wurde. Im Todestrakt hatte sie sich von einer drogenabhängigen Prostituierten, die sich mit ihrer Lustempfindung während der brutalen Morde gebrüstet hatte, zu einer Laienpredigerin gewandelt. Nicht nur der Papst, sondern auch der christliche Fundamentalist Pat Robertson setzten sich für Tucker ein. Die öffentliche Aufregung verdeutlicht, wie schwer es fällt, eine Frau hinzurichten, zumal dann, wenn sie

„weiß, attraktiv, artikuliert und geläuterte Christin" ist, wie die „New York Times" betonte. Der Medienrummel führt auch die pure Faszination vor Augen, die von ihrem Fall ausging. In den Tagen vor der Hinrichtung strahlten verschiedene US-Fernseh-sender aufgezeichnete Interviews mit Tucker aus, und am Tag der Exekution selbst berichtete CNN live aus Huntsville. CNNs Dokumentation über das Sterben Tuckers war im Februar die er-folgreichste Sendung des Kanals. Bei Fox News Channel gingen eine Stunde vor der Exekution Bilder von den übel zugerichteten Opfern Tuckers über den Sender. Fox hatte zuvor die Warnung ausgestrahlt, Kinder von den Bildschirmen fernzuhalten. Das Inte-resse des Publikums hat dies gewiss nicht gemindert.[24]

Bilder der Hingerichteten waren aber auch im Fall Tucker nicht im Fernsehen zu sehen. Ein solcher Anblick ist mittlerweile jedoch in der virtuellen Welt des Internet möglich. Dort zirkulie-ren Abbildungen zahlreicher Exekutierter, vom vielleicht immer noch berühmtesten US-amerikanischen Massenmörder Ted Bun-dy oder dem am 7. Juli 1999 in Florida auf dem elektrischen Stuhl hingerichteten Allen Lee Davis. Die Fotografien von Davis sind zunächst durch eine Entscheidung des Obersten Gerichtshofes Floridas in das Internet gelangt. Dieser hatte sich mit der Frage auseinander zu setzen, ob der Tod auf dem elektrischen Stuhl eine „grausame und ungewöhnliche Strafe" ist, nachdem sich die so genannten „misslungenen" Exekutionen in Florida gehäuft hatten. Zwar bestätigte das Gericht die Verfassungskonformität des elekt-rischen Stuhls, doch Oberrichter Leander Shaw formulierte eine abweichende Meinung, die er auch auf Bilder von Davis stützte. Wie jedes andere Urteil wurde auch dieses – mitsamt der Bilder – vom Obersten Gericht Floridas in das Internet gestellt. Die vielen Anfragen der darauf folgenden Tage brachten den Server mehr-fach zum Absturz, und schon bald bedienten auch zahlreiche an-dere Internetadressen das öffentliche Verlangen nach Fotos des blutverschmierten und aufgedunsenen Mannes. Die öffentliche Debatte über diesen Fall bringt eine morbide Faszination zum Ausdruck, und manche Kommentare von Surfern und Surferin-nen beschreiben die Bilder makaber als „wunderbar" und „sehr lebhaft". Einige Internetseiten bieten zudem eine virtuelle Tour durch den Todestrakt bis in die Hinrichtungskammer, also entlang genau des Weges, den die Todeskandidaten vor ihrer Exekution gehen. Und im Frühjahr 2001 wurde zwar kein Film, aber doch ein Tonbandmitschnitt einer Hinrichtung in Georgia im Internet veröffentlicht.[25]

Den Blick in die Hinrichtungskammer haben in den letzten Jahren Spielfilme zunehmend eröffnet. „Dead Man Walking" (1995) mit Sean Penn und Susan Sarandon, „Last Dance" (1996) mit Sharon Stone, „The Green Mile" (1999) mit Tom Hanks oder „True Crime" (1999) mit Clint Eastwood sind nur einige populäre Beispiele, die mit Starbesetzung auf ein Massenpublikum zielen. Auf den ersten Blick formulieren alle diese Filme eine Kritik am Justizsystem und der Todesstrafe. Zugleich aber spielen sie mit der Lust des Publikums am Schauen, denn in der Fiktion ist das möglich, was ansonsten eben unmöglich ist, nämlich selbst den Moment des verordneten Sterbens öffentlich zu machen. Im Spielfilm darf das Publikum hinter die Kulissen schauen und sehen, wie der Strom den Körper durchfließt oder die Nadel in den Arm geführt wird. Thematisch steht die Frage nach Schuld und Unschuld im Zentrum des gegenwärtigen Todesstrafen-Kinos. Auch „Dead Man Walking", der als der kritischste der Filme gilt und auf einer authentischen Vorlage Helen Prejeans beruht, kreist um die Schuldfrage. In dem Film selbst nimmt sich die Ordensschwester Prejean des Kriminellen Matthew Poncelet an, der kurz vor der Hinrichtung wegen gemeinschaftlichen Mordes in Zusammenhang mit Vergewaltigung steht. Poncelet leugnet seine Schuld, und im Zentrum des weiteren Films steht die Frage, ob die Schwester ihn dazu bewegen wird, die Verantwortung für seine Taten zu tragen. Im Verlauf der Geschichte kommt nicht nur Schwester Helen, sondern auch das Publikum der Wahrheit und Poncelets Rolle beim Mord Stück für Stück näher. Schließlich, im Angesicht des Todes, übernimmt er expressis verbis die Verantwortung und zeigt Reue. Letztlich wird dem Publikum in „Dead Man Walking" nicht mehr ein Produkt einer spezifischen Sozialisation vorgeführt, wie es Bigger Thomas in Richard Wrights „Native Son" aus dem Jahr 1940 war. Vielmehr wird ein verantwortliches Subjekt gezeigt, das sich nun den Konsequenzen seines Tuns stellen muss und dies nach der Übernahme der Verantwortung auch kann. In der langen Sterbeszene wechseln Bilder des grausamen Verbrechens und der klinischen Exekution einander ab, und den Zuschauenden wird nun die Rolle Poncelets vollends vor Augen geführt. Die Parallelität der Tode könnte suggerieren, dass auch in der Hinrichtungskammer nichts anderes als ein Mord geschieht. Doch andererseits wird der Tod auf dem Injektionstisch im Vergleich zu dem grausamen Verbrechen an einem unschuldigen jungen Liebespärchen beinahe wie eine Wohltat präsentiert. Eine solche Darstellungsweise forderten Verfechter der Todesstrafe, als 1991 um die TV-Übertragung der Harris-Hinrichtung gestritten wurde. Um einem möglichen Sympathiegewinn des Doppelmörders durch eine Fernsehübertragung der Exekution entgegenzuwirken, wollten sie, dass Bilder ausgestrahlt werden, die an Harris' grausames Verbrechen erinnern. Ähnliches hat Fox News Channel vor der Hinrichtung Karla Faye Tuckers getan.[26]

Die politische Botschaft von „Dead Man Walking" erscheint also bestenfalls ambivalent, denn die Symbolik des Sühnetodes in der Hinrichtungskammer ist beinahe perfekt. Und diese Repräsentation von Schuld, Verantwortung, Reue und Tod bettet sich in den USA in einen Diskurs ein, in dem es seit zwei Jahrzehnten wieder salonfähig ist, die Todesstrafe als Sühne von Schuld zu postulieren. Trotz der in den letzten Jahren gewachsenen Kritik klingt es in den USA keineswegs unpassend, wenn Hinterbliebene eines Mordopfers einen vermeintlichen Ausgleich für den erlittenen Verlust fordern und einen Tod für einen Tod einklagen. Und wie in der Kolonialzeit verweisen auch Ankläger bisweilen ausdrücklich auf den Willen Gottes, wenn sie vor der Jury auf Tod plädieren – und dies mit Erfolg. Oder sie stellen sich nach einer Exekution vor laufende Fernsehkameras und verkünden, der Hingerichtete schmore nun gewiss schon in der Hölle. Staatsmännischer brachte George W. Bush, Jr., ein solches Denken während des Wahlkampfes 2000 im Fernsehen zum Ausdruck. Dort verkündete er nicht ohne Stolz, dass „wir in Texas" jedes Verbrechen verfolgen, „und wir sorgen dafür, dass es bestraft wird". Am deutlichsten fasst jedoch der Kommentar eines texanischen Schießlehrers eine Haltung in Worte, die in weiten Teilen der USA trotz steigender Skepsis gegenüber der Todesstrafe immer noch fest verwurzelt ist: „Sobald ein Täter überführt und verurteilt ist, soll er augenblicklich hingerichtet werden – sauber, schnell und human. Letztlich aber soll Gott ihn richten, und deshalb schicken wir ihn zu Gott, damit er seine Entscheidung treffen kann – Ende der Durchsage."[27]

12. Epilog:
Der Fall Timothy McVeigh

Am 19. April 1995 zerstörte eine 5000 Pfund schwere Bombe das „Alfred P. Murrah Federal Building" in Oklahoma City. 168 Menschen, darunter 19 Kinder, starben bei dem bis dahin schwersten terroristischen Anschlag der US-amerikanischen Geschichte. Sofort versicherte Präsident Bill Clinton der schockierten Nation, dass die Bundesregierung „schnell, sicher und streng" Gerechtigkeit walten lassen werde. Justizministerin Janet Reno präzisierte: „Wir werden sie finden, wir werden sie verurteilen, und wir werden die Todesstrafe für sie beantragen." Zeitgleich mit der Tat hatte die politische Instrumentalisierung des Verbrechens und seiner Bestrafung begonnen.

Der Attentäter war jedoch kein islamistischer Fanatiker, wie zunächst gemutmaßt worden war, sondern ein „netter amerikanischer Junge" – weiß, aus dem ländlichen New York, keine dreißig Jahre alt und dekorierter Golfkriegsveteran. Zugleich war Timothy McVeigh ein Waffenfanatiker und Eigenbrödler, dessen Hass auf die Bundesregierung keine Grenzen mehr kannte, seitdem bei dem Sturm des FBI auf das Hauptquartier der Davidianer-Sekte in Waco, Texas über 80 Menschen gestorben waren. Den Anschlag von Oklahoma City, auf den Tag zwei Jahre nach Waco, verstand McVeigh als Kriegsakt gegen Washington. Die 19 toten Kinder bezeichnete er als „Kollateralschaden".

Am 13. Juni 1997 verurteilte eine Jury in Denver Timothy McVeigh zum Tod. Vier Jahre später, am 16. Mai 2001, sollte er im Bundesgefängnis von Terre Haute, Indiana durch eine Giftspritze sterben. Doch die erste Hinrichtung im Namen der Bundesregierung seit 38 Jahren musste verschoben werden: Das FBI hatte es versäumt, der Verteidigung McVeighs mehrere Tausend Seiten an Befragungsberichten und anderen Dokumenten zukommen zu lassen. Präsident George W. Bush, Jr., der seine politische Karriere nicht zuletzt seiner positiven Haltung zur Todesstrafe verdankt, zögerte nicht, diese Panne der Bundesbehörden in einen politischen Erfolg münzen zu wollen. Gemeinsam mit Justizminister George Ashcroft betonte Bush, der vierwöchige Aufschub bis zum 11. Juni beweise „die Fairness und die Integrität des amerikanischen Rechtssystems". Dabei war nur wenige Monate zuvor der Liebman-Report publiziert und in der Öffentlichkeit ausführlich diskutiert worden. Bekanntlich zeigt James Liebman in dem Bericht, dass seit der Einführung neuer Todesstrafengesetze im Jahr 1973 das Zurückhalten von Beweismaterial durch Polizei oder Staatsanwaltschaft eine der Hauptfehlerquellen in Kapitalprozessen ist. Die weiteren zentralen Schwachpunkte des Systems sind rassistische Voreingenommenheit sowie inkompetente und unmotivierte Anwälte, die in aller Regel die mittellosen Angeklagten vertreten. Insofern kommen Bushs und Ashcrofts Kommentare einem Zynismus gegenüber all denjenigen gleich, die von diesen Unregelmäßigkeiten des US-amerikanischen Justizsystems betroffen sind. Sie blenden zudem die historische Realität aus, nämlich eine seit der Kolonialzeit und der Sklaverei unverändert nach Rassen-, Klassen- und Geschlechtskategorien diskriminierende Justizpraxis. Sie steht seit über einem halben Jahrhundert im zunehmenden Kreuzfeuer der Kritik, was Bush gezielt ignorierte. Auch die Verfahrensänderungen, die der „Supreme Court" in „Gregg v. Georgia" 1976 als verfassungskonform absegnete, konnten nachweislich weder ein integeres noch ein faires Rechtssystem erzeugen. Nach wie vor sind insbesondere afroamerikanische Männer auf allen Stufen des Verfahrens benachteiligt.

Im Fall McVeigh erwartete allerdings niemand wirklich, dass die Überprüfung der Dokumente zu einer Neubewertung des Urteils führen würde. Nach Ablauf des Aufschubes wurde die Hinrichtung am 11. Juni 2001 planmäßig im Bundesgefängnis von Terre Haute im Staat Indiana vollzogen. Vor dem Gefängnis herrschte eine Atmosphäre wie beim alljährlichen Football-Endspiel. Händler verkauften alle Arten von Andenken, von Kaffeetassen bis zu T-Shirts. Darauf stand unter dem Bild einer Spritze „Gastfreundschaft in Indiana" oder unter einem Foto McVeighs „Stirb! Stirb! Stirb" geschrieben. Etwa 1600 Medienvertreter versammelten sich am Ort der Hinrichtung, um von dort zu berichten. Acht US-Fernsehkanäle sendeten live, und auch die „Tagesthemen" konnten sich eine Direktschaltung nach Terre Haute nicht verkneifen. Schließlich sollten die US-amerikanische Nation und die Weltöffentlichkeit so nah wie möglich dabei sein, wenn der Mann getötet wurde, der mittlerweile auch durch verschiedene Bücher als der amerikanische Terrorist schlechthin und als „All-American Monster" bekannt war.[1]

Freilich war auch über eine Live-Übertragung des eigentlichen Tötungsakts gestritten worden. McVeigh selbst hätte sein Sterben am liebsten als Fernsehspektakel inszeniert, damit er der Welt als Märtyrer in Erinnerung bleiben würde, der im Krieg gegen die Bundesregierung gefallen war. Die großen US-Fernsehstationen nahmen schnell Abstand von einem solchen Projekt, und am Ende focht die Internetfirma „Entertainment Network" allein um das Recht, die Hinrichtung für $ 1,95 auf die heimischen Computermonitore zu schicken. In einer Demokratie habe die Öffentlichkeit das Recht, ein solches Ereignis zu beobachten, argumentierte die Unternehmensleitung. Diesen Einwand gegen nichtöffentliche Hinrichtungen hatten Kritiker schon in den 1830er Jahren vorgebracht, als mehr und mehr Staaten begannen, die Todesurteile hinter Gefängnismauern zu vollstrecken. Als der Staat New York am Ende des 19. Jahrhunderts gar auf den Ausschluss der Presse von den elektrischen Hinrichtungen hinarbeitete, wehrte sich diese erfolgreich, indem sie auf das Informationsrecht der Bevölkerung pochte. Nach der Wiedereinführung der Todesstrafe in den 1970er Jahren führten Medienvertreter regelmäßig die per Verfassung garantierte Informationsfreiheit ins Feld, wenn sie um das Recht kämpften, Bilder einer echten Exekution öffentlich machen zu dürfen. Doch die Justiz wies ein solches Ansinnen immer zurück. Auch im Fall McVeigh befand ein Bundesrichter, die Medien strebten lediglich nach sensationsheischender Berichterstattung. Dass ausgerechnet „Entertainment Network" am hartnäckigsten um die Senderechte rang, verweist par excellence auf die voyeuristische Komponente, die der Beobachtung von Grausamkeiten spätestens seit der Tabuisierung von Gewalt im ausgehenden 18. Jahrhundert innewohnt. Das Unternehmen verdient sein Geld hauptsächlich mit einer Webseite, die sich auch noch „Voyeurdorm" nennt. Dort werden angebliche Studentinnen gezeigt, die sich 24 Stunden am Tag in allen Lebenslagen von zahllosen Kameras filmen und über das Internet beobachten lassen.

Auch wenn das Bemühen von „Entertainment Network" letztlich ohne Erfolg blieb, so kam die Exekution Timothy McVeighs doch näher an eine öffentliche Hinrichtung heran, als dies seit 1936 jemals der Fall gewesen war. In diesem Zusammenhang spielt die wachsende Bedeutung der Verbrechensopfer und ihrer Rechte in der US-amerikanischen Justiz und Gesellschaft eine wichtige Rolle. Das Leid der Hinterbliebenen findet Berücksichtigung, wenn die Gerichte über ein Verbrechen urteilen, und auch Justizminister Ashcroft hatte anlässlich von McVeighs Hinrichtungsaufschub betont, er wisse, wie sehr „die Opfer und ihre Familien darauf warten, dass Gerechtigkeit geübt wird". Wie es fundamentalistische Prediger seit der Kolonialzeit – sei es in den 1840er, den 1920er oder eben seit den 1980er Jahren – immer wieder gefordert haben, trägt die Todesstrafe nun seit einiger Zeit wieder deutlicher den Charakter der ausgleichenden Gerechtigkeit, des Abgeltens von Schuld, der Vernichtung des Bösen. In weiten Teilen der US-Öffentlichkeit wird ihr die Fähigkeit zugewiesen, ein angeblich moralisch begründetes Rechtsempfinden zu befriedigen und einen Täter der „gerechten Strafe" zuzuführen. Um die angebliche Gerechtigkeit dieser Strafe auch wirklich empfinden und den angestrebten Ausgleich der Schuld auch wirklich spüren zu können, haben die Angehörigen eines Verbrechensopfers in den USA das Recht, bei der Exekution anwesend zu sein. Wegen der hohen Zahl der Opfer führte dies im Fall McVeigh zur Übertragung der Hinrichtung auf eine Videoeinwand in Oklahoma City. „Ich möchte zuschauen, wie dieser Kerl in die Hölle geschickt wird", bekannte die Mutter eines Oklahoma-Opfers, die wie rund 250 andere Menschen auch zusehen durfte, wie McVeigh starb. Zwar war diese Vorführung immer noch eine geschlossene Veranstaltung, aber dennoch das größte Massenspektakel dieser Art seit dem Ende öffentlicher Hinrichtungen. Darüber hinaus empfand sich auf gewisse Weise die ganze Nation als traumatisiertes Opfer des Terroranschlages. Konnten somit nicht alle staatstreuen Bürgerinnen und Bürger das Recht für sich in Anspruch nehmen, Timothy McVeigh als Fleisch gewordenes Böses sterben zu sehen? Zumindest „ganz Oklahoma", forderte McVeigh persönlich in der Lokalpresse, „sollte zuschauen dürfen".

Es scheint zunächst überraschend, dass auch Gegner der Todesstrafe diese Meinung vertraten. So forderte der renommierte

Rechtswissenschaftler und Politologe Austin Sarat, die Hinrichtung McVeighs zu übertragen. Schließlich, so Sarat, sei die US-Gesellschaft von der grausamen Existenz der Todesstrafe deshalb weitestgehend unberührt, weil ihr Vollzug in den letzten beiden Jahrhunderten von einem großen Spektakel zu einem bürokratischen Akt umgestaltet worden sei. Die Verlagerung der Hinrichtungen aus dem Bereich des Sichtbaren heraus trage also dazu bei, die Todesmaschinerie in Gang zu halten – unabhängig davon, welche möglichen Effekte eine TV-Übertragung aus der Todeskammer hätte. Sarat zufolge könnte nur die Sichtbarkeit des staatlich verordneten Tötens deutlich machen, dass in einer Demokratie jeder einzelne Bürger und jede Bürgerin eine Verantwortung für das Todesstrafensystem trage. Schließlich sei die Hinrichtung eines Verbrechers ein Akt des Staates, der im Namen aller Menschen vollzogen werde. Daher sei jede Exekution per definitionem ein Akt der „Öffentlichkeit", ob sie nun im Verborgenen stattfinde oder nicht.[2]

Die Reformbewegung steht keinesfalls einhellig hinter Sarats Argumenten. Manche Reformer befürchten, durch eine TV-Übertragung würden die Hinrichtungen endgültig in den unendlichen Fernsehbilderstrom von Gewalt und Tod eintauchen, in dem Fiktion und Realität kaum mehr unterscheidbar scheinen. 1993 kommentierte der Soziologe Ron Steffey seine Zeugenschaft einer wirklichen Hinrichtung auf dem elektrischen Stuhl mit den Worten: „Es fällt mir schwer zu unterscheiden, ob ich heute Nacht einen weiteren Charles-Bronson-Film oder die Wirklichkeit gesehen habe." Andere Abolitionisten befürchten, eine Hinrichtung im Fernsehen könnte die Todesstrafe in den Augen vieler Zuschauender auf den einen kurzen Moment des Sterbens reduzieren und die lange, menschenunwürdige Existenz im Todestrakt vergessen machen. Und dem Moment des Sterbens an sich sollte seit den 1890er Jahren durch die Technologisierung des Tötens die sichtbare Grausamkeit genommen werden. Mit der tödlichen Injektion scheint dies seit den späten 1970er Jahren gelungen. Womöglich wäre im TV nicht viel mehr zu sehen als „ein letztes, seufzendes Ausatmen", wie der Leiter der Öffentlichkeitsarbeit für das texanische Gefängnissystem meint.[3]

Auch über die Frage einer Live-Übertragung hinaus hat die Reformbewegung die McVeigh-Hinrichtung unterschiedlich gedeutet. Einerseits steht außer Zweifel, dass Timothy McVeigh das Regierungsgebäude in Oklahoma City in die Luft gesprengt und also die Tat, die ihm zur Last gelegt wird, begangen hat. Doch derzeit entzündet sich die Kritik an der Todesstrafe an den Unwägbarkeiten des Rechtssystems. Offenbar ist es in den allermeisten Fällen eben unmöglich, eine solche Verantwortlichkeit ohne jeden Zweifel zu markieren. Folglich war der Attentäter von Oklahoma in dieser Hinsicht nicht gerade der geeignete Hinrichtungskandidat, um einen weiter reichenden Protest gegen die Todesstrafe zu mobilisieren. Andererseits werfen die zahllosen Dokumente, die das FBI zunächst für sich behalten hatte, die Frage auf, wie wohl erst in den vielen Fällen verfahren wird, die nicht derart im Blickpunkt der Öffentlichkeit stehen.

Darüber hinaus könnte gerade der Fall McVeigh dazu beitragen, die Diskussion über die Todesstrafe von den Fragen nach der Verfahrenssicherheit und der möglichen Unschuld eines jeden Todeskandidaten wegzuführen. Er könnte die Debatte wieder auf das gesellschaftliche Selbstverständnis in Bezug zu Gewalt und Todesstrafe lenken, wie es seit der Aufklärung bis zur Mitte des 20. Jahrhunderts immer wieder diskutiert worden ist. Für die Abolitionisten bietet der Fall die beste Gelegenheit zu verdeutlichen, dass man bedingungslos gegen die Todesstrafe ist, weil sie dem Selbstverständnis einer Gesellschaft widerspricht, die das menschliche Leben achtet. Jede Hinrichtung ist eine zielgerichtete, vorsätzliche Tötung, die nichts anderes zum Ausdruck bringt als die Existenz des Rachegedankens und die Gewaltbereitschaft des Staates. Sie legitimiert den Einsatz von Gewalt zur „Lösung" von Problemen und etabliert diese im Zentrum der Gesellschaft. Schließlich war Timothy McVeigh ein „gewöhnlicher amerikanischer Junge" und der schlimmste Attentäter der US-Geschichte zugleich – das Kind einer gewaltbasierten Kultur. „Wir sind gegen jede Form des Mordens", betonte die Organisation „Death Penalty Focus" anlässlich der bevorstehenden Hinrichtung Timothy McVeighs, „einschließlich des staatlich sanktionierten Tötens. Die Todesstrafe entmenschlicht unsere Gesellschaft, und sie raubt uns die Wertschätzung des menschlichen Lebens."

Anhang

Anmerkungen

Vorwort

1 Nicht behandeln werde ich die Militärgerichtsbarkeit mit nachweislich 267 Hinrichtungen im Laufe der US-Geschichte. Deren Betrachtung würde in einen gänzlich anderen Bereich führen und den Rahmen dieses Buches sprengen; vgl. Robert M. Bohm, Deathquest: An Introduction to the Theory and Practice of Capital Punishment in the United States. Cincinnati, OH 1999, 61–69; vgl. zu den Hinrichtungszahlen M. Watt Espy: Executions in the United States, 1608–1987: The Espy File. Ann Arbor, MI 1987.

1. Todesstrafe in der Kolonialzeit

1 Danforth nach Daniel A. Cohen, „In Defense of the Gallows: Justifications of Capital Punishment in New England Execution Sermons, 1674–1825", in: American Quarterly 40 (1988), 147–164, 148–151; Robert F. Oaks, „,Things Fearful to Name': Sodomy and Buggery in Seventeenth-Century New England" (1978), in: Eric H. Monkkonen (Hg.), Crime & Justice in American History: Historical Articles on the Origin and Evolution of American Criminal Justice, Bd. 1,2: The Colonies and Early Republic. Westport, CT/London 1991, 462–475, 471–472; Lawrence M. Friedman, Crime and Punishment in American History. New York 1993, 35.
2 Vgl. insg. Hermann Wellenreuther, Niedergang und Aufstieg: Geschichte Nordamerikas vom Beginn der Besiedlung bis zum Ausgang des 17. Jahrhunderts. Münster/Hamburg/London 2000; Patricia U. Bonomi, Under the Cope of Heaven: Religion, Society, and Politics in Colonial America. Oxford/New York 1986.
3 Vgl. die Beiträge von Stephen Foster, Gail S. Marcus, John M. Murrin in: David D. Hall/John M. Murrin/Thad W. Tate (Hg.), Saints & Revolutionaries: Essays in Early American History. New York/London 1984; David H. Flaherty, „Law and the Enforcement of Morals in Early America" (1971), in: Monkkonen (Hg.), Crime & Justice, Bd. 1,1: The Colonies and Early Republic, 127–177; Friedman, Crime and Punishment, 19–58.
4 Friedman, 33–34; Kathryn Preyer, „Penal Measures in the American Colonies: An Overview", in: American Journal of Legal History 26

(1982), 326–353; Douglas Greenberg, „Crime, Law Enforcement, and Social Control in Colonial America", in: ebd., 293–325.

5 Mary Beth Norton, Founding Mothers and Fathers: Gendered Power and the Forming of American Society. New York 1997, 323–358; N.E.H. Hull, Female Felons: Women and Serious Crime in Colonial Massachusetts. Urbana, IL/Chicago 1987, 19–41; Jules Zanger, „Crime and Punishment in Early Massachusetts" (1965), in: Monkkonen (Hg.), Bd. 1,2, 851–857; vgl. auch „The Capital Laws of Massachusetts" von 1641, in: Bryan Vila/Cynthia Morris (Hg.), Capital Punishment in the United States: A Documentary History. Westport, CT 1997, 7–9.

6 Friedman, 41; Preyer, „Penal Measures"; Flaherty, „Law and the Enforcement of Morals", in: Monkkonen (Hg.), Bd. 1,1, 149–169; Edwin Powers, Crime and Punishment in Early Massachusetts, 1620–1692: A Documentary History. Boston 1966.

7 David D. Hall, Worlds of Wonder, Days of Judgement: Popular Religious Belief in Early New England. New York 1989, 172–186; Marcus, „Due Execution", 111–123; Daniel A. Cohen, Pillars of Salt, Monuments of Grace: New England Crime Literature and the Origins of American Popular Culture, 1674–1860. Oxford/New York 1993; Cohen, „In Defense of the Gallows", 147–164; Karen Halttunen, Murder Most Foul: The Killer and the American Gothic Imagination. Cambridge, MA/London 1998, 7–32, auf 11 das Zitat von Adams; Daniel E. Williams (Hg.), Pillars of Salt: An Anthology of Early American Criminal Narratives. Madison, WI 1993; weitere Quellentexte in Vila/Morris (Hg.), Capital Punishment in the United States, 12–16.

8 Cohen, „In Defense", 147–164; Cotton Mather nach Halttunen, Murder Most Foul, 13–18.

9 Friedman, 44–48; Peter C. Hoffer, The Salem Witchcraft Trials: A Legal History. Lawrence, KA 1997.

10 Carol Karlsen, The Devil in the Shape of a Woman: Witchcraft in Colonial New England. New York/London 1998²; David D. Hall (Hg.), Witch-Hunting in Seventeenth-Century New England: A Documentary History, 1638–1692. Boston 1991, 310–313 für Auszüge aus dem Prozess gegen Martha Carrier.

11 Wellenreuther, Niedergang und Aufstieg, 246–282; Norbert Finzsch/James O. Horton/Lois E. Horton, Von Benin nach Baltimore: Die Geschichte der African-Americans. Hamburg 1999, 52–100.

12 Walter F. Prince, „The First Criminal Code of Virginia" (1899), in: Monkkonen (Hg.), Bd. 1,2, 547–599; vgl. zur Sozialstruktur insg. Kathleen Brown, Good Wives, Nasty Wenches, and Anxious Patriarchs: Gender, Race, and Power in Colonial Virginia. Chapel Hill, NC/London 1996; Donna Spindel, Crime and Society in North Carolina, 1663–1776. Baton Rouge, LA 1989, 50–52.

13 Greenberg, „Crime, Law Enforcement and Social Control", 302–303; Flaherty in Monkkonen (Hg.), Bd. 1,1, 140–159; Donna J. Spindel/ Stuart W. Thomas, Jr., „Crime and Society in North Carolina" (1983), in: Monkkonen (Hg.), Bd. 1,2, 699–720; Erwin C. Surrency, „The Courts in the American Colonies", in: Monkkonen (Hg.), Bd. 2: Courts and Criminal Procedure, 428–451; Norton, Founding Mothers and Fathers, 240–277, 323–358.

14 Preyer, „Penal Measures", 329–332, 340–342; Arthur P. Scott, Criminal Law in Colonial Virginia. Chicago 1930; Peter Linebaugh, The London Hanged: Crime and Civil Society in the Eighteenth Century. Cambridge/New York 1992.

15 Kenneth M. Stampp, The Peculiar Institution: Slavery in the Antebellum South. New York 1956.

16 Finzsch u. a., Von Benin nach Baltimore, 63–66.

17 Finzsch u. a., Von Benin, 68–72.

18 Vgl. zum „Slave Code" von 1740 Kermit L. Hall/William M. Wiecek/ Paul Finkelman, American Legal History: Cases and Materials. New York/Oxford 1991, 36–41; Spindel, Crime and Society in North Carolina, 54–55, 133–137; Michael S. Hindus, „Black Justice Under White Law: Criminal Prosecutions of Blacks in Antebellum South Carolina" (1976), in: Monkkonen (Hg.), Bd. 2, 238–262.

19 Preyer, „Penal Measures", 336–338, 343–345; Greenberg, 301–302; Flaherty, 138–139.

20 Michael Meranze, Laboratories of Virtue: Punishment, Revolution, and Authority in Philadelphia, 1760–1835. Chapel Hill, NC/London 1996, 19–54; Negley K. Teeters, „Public Executions in Pennsylvania" (1960), in: Monkkonen (Hg.), Bd. 1,2, 756–835.

2. Aufklärung, Revolution und Verfassungsgebung

1 Cesare Beccaria, Über Verbrechen und Strafen: Nach der Ausgabe von 1766 übersetzt und hg. v. Wilhelm Alff. Frankfurt/M. 1966, § 2, 53; vgl. zu Vertragsgesellschaft und Todesstrafe Jürgen Martschukat, Inszeniertes Töten: Eine Geschichte der Todesstrafe vom 17. bis zum 19. Jahrhundert. Köln/Weimar/Wien 2000, 54–112.

2 Jean-Jacques Rousseau, Gesellschaftsvertrag oder Grundsätze des Staatsrechts (1762). Stuttgart 1996, I.6, 17.

3 Beccaria, Von Verbrechen und Strafen, § 28, 112, 116.

4 Marcello T. Maestro, Cesare Beccaria and the Origins of Penal Reform. Philadelphia 1973, 34–45, 125–143; Louis P. Masur, Rites of Execution: Capital Punishment and the Transformation of American Culture, 1776–1865. Oxford/New York 1991 (1989), 50–54.

5 Masur, Rites of Execution, 53–54; Kathryn Preyer, „Crime, the Criminal Law and Reform in Post-Revolutionary Virginia", in: Law and History Review 1 (1983), 53–85; Richard Bardolph (Hg.), The Civil

Rights Record. New York 1970, 6–13, zum Gesetzentwurf in Virginia.

6 Vgl. für die Unabhängigkeitserklärung etwa Carol Berkin u. a., Making America: A History of the United States. Boston u. a. 1995, A 13-A 14.

7 Masur, 54–59.

8 Friedman, 71–73; Jürgen Heideking, Die Verfassung vor dem Richterstuhl: Vorgeschichte und Ratifizierung der amerikanischen Verfassung, 1781–1791. Berlin/New York 1988, 789–857; Jack N. Rakove (Hg.), Declaring Rights: A Brief History with Documents. Boston/New York 1998.

9 Vgl. insg. Martschukat, Inszeniertes Töten.

10 Raoul Berger, Death Penalties: The Supreme Court's Obstacle Course. Cambridge, MA/London 1982, 29–58.

11 Berger, Death Penalties, 47–49.

12 Preyer, „Crime, the Criminal Law and Reform", 53–85; „A Bill for Proportioning Crimes and Punishments, 1779", in: Vila/Morris, 16–18.

13 Meranze, Laboratories of Virtue, 87–171; Masur, 61–70.

14 Benjamin Rush, An Enquiry into the Effects of Public Punishments upon Criminals and upon Society. Philadelphia 1787; ders., Consideratons on the Injustice and Impolicy of Punishing Murder by Death. Philadelphia 1792; William Bradford, An Inquiry How Far the Punishment of Death Is Necessary in Pennsylvania with Notes and Illustrations. Philadelphia 1793.

15 Tatsächlich heißt es, zwischen 1530 und 1630 seien 75 000 Menschen hingerichtet worden; in der ersten Hälfte des 18. Jahrhunderts sollen es in London 281 Menschen gewesen sein, in der zweiten Hälfte hat sich diese Zahl beinahe verfünffacht; V. A. C. Gatrell, The Hanging Tree: Executions and the English People, 1770–1868. Oxford/New York 1994, 7.

16 Rush, An Enquiry into the Effects of Public Punishments.

17 Meranze, 120–127; Masur, 64–65; Robert E. Shalhope, The Roots of Democracy: American Thought and Culture, 1760–1800. Boston, MA 1990.

18 Philip E. Mackey (Hg.), Voices Against Death: American Opposition to Capital Punishment, 1787–1975. New York 1976, mit einer konzisen Einleitung; Masur, 76; Teeters, „Public Executions", in: Monkkonen (Hg.), Bd. 1,2, 760.

19 Cohen, „In Defense", 153–159; William E. Nelson, „Emerging Notions of Modern Criminal Law in the Revolutionary Era: An Historical Perspective" (1967), in: Monkkonen (Hg.), Bd. 1,2, 429–461.

20 Halttunen, 33–59; The American Bloody Register. Boston 1784.

21 Halttunen, 33–35.

22 Halttunen, 35–49; Nelson, „Emerging Notions of Modern Criminal Law", in: Monkkonen (Hg.), Bd. 1,2, 440–441, 445.

23 Masur, 72.

3. Todesstrafe und alternative Strafentwürfe
in der jungen Republik

1 Rush, An Enquiry into the Effects of Public Punishments.
2 Michel Foucault, Überwachen und Strafen: Die Geburt des Gefängnisses. Frankfurt/M. 1994 (1975); Scott Christianson, With Liberty For Some: 500 Years of Imprisonment in America. Boston, MA 1998, 59–63; Pieter Spierenburg, „Four Centuries of Prison History: Punishment, Suffering, the Body, and Power", in: Norbert Finzsch/Robert Jütte (Hg.), Institutions of Confinement: Hospitals, Asylums, and Prisons in Western Europe and America, 1500–1900. Cambridge/New York 1997, 17–35; Nelson, in: Monkkonen (Hg.), Bd. 1,2, 434; Spindel, 120–121.
3 Friedman, 48–50; Christianson, 75–77, 89–91; Michael Ignatieff, A Just Measure of Pain: The Penitentiary in the Industrial Revolution, 1750–1850. London 1978, 45–79.
4 Meranze, 131–171; Friedman, 77–78; Christianson, 93–109.
5. Christianson, 110–132; Gustave de Beaumont/Alexis de Tocqueville, Amerikas Besserungs-System und dessen Anwendung auf Europa. Berlin 1833, 57.
6 Christianson, 132–138; Foucault, Überwachen und Strafen, 304–307; Friedman, 79–82; Charles Dickens, American Notes. Leipzig 1842.
7 Mackey, Voices Against Death, xviii.
8 Mackey, xviii–ixx; Roland Diller, Discourse on Capital Punishment. New Holland, PA 1825.
9 Mackey, 14–15; vgl. zur internationalen Rezeption Spangenberg, „Ueber das neue Criminalgesetzbuch des Staates von Louisiana", in: Neues Archiv des Criminalrechts 7 (1825), 69–96.
10 Edward Livingston, Remarks on the Expediency of Abolishing the Punishment of Death. Philadelphia 1831, erster „Report Made to the Legislature of Louisiana, in March, 1822", 5–20.
11 Mackey, xix, 14–15.
12 Robert Rantoul, Jr., „Report on the Abolition of Capital Punishment: Has Society the Right to Take Away Life?" (1836), in: Mackey, 34–55.
13 Edward Schriver, „Reluctant Hangman: The State of Maine and Capital Punishment, 1820–1887", in: New England Quarterly 63 (1990), 271–287; Mackey, xxi; Charles Spear, Essays on the Punishment of Death. Boston 1844[5], 61.

4. Der Vollzug von Hinrichtungen in den Gefängnissen

1 Jürgen Habermas, Strukturwandel der Öffentlichkeit: Untersuchungen zu einer Kategorie der bürgerlichen Gesellschaft. Frankfurt/M. 1993 (1962).

2 Masur, 78; Sergio Moravia, „From ‚Homme Machine' to ‚Homme Sensible'", in: Journal of the History of Ideas 39 (1978), 45–60; George S. Rousseau, „Nerves, Spirits, and Fibres: Towards Defining the Origins of Sensibility", in: The Blue Guitar 2 (1976), 125–153; Roy Porter, Die Kunst des Heilens: Eine medizinische Geschichte von der Antike bis heute. Heidelberg/Berlin 2000 (1997), 243–245, 250–253.

3 Masur, 96–97; Shalhope, Roots of Democracy, insb. 44–46.

4 Masur, 95–96; Rush, An Enquiry; der englische Friedensrichter Henry Fielding war eine Ausnahme, als er bereits in der Mitte des 18. Jahrhunderts den geheimen Vollzug von Todesurteilen propagierte, um deren schreckende Wirkung zu vergrößern.

5 David Grimstead, American Mobbing, 1828–1861: Toward Civil War. New York 1998; Carl E. Prince, „The Great ‚Riot Year': Jacksonian Democracy and Patterns of Violence in 1834", in: Journal of the Early Republic 5,1 (1985), 1–19; Michael Feldberg, The Turbulent Era: Riot and Disorder in Jacksonian Democracy. Oxford/New York 1980.

6 Masur, 96–97; Teeters, in: Monkkonen (Hg.), Bd. 1,2, 763–764, 781–785; Spear, Essays on the Punishment of Death, 61.

7 Masur, 110; Thomas Upham, The Manual of Peace. New York 1836, 234–235, nach Vila/Morris, 50–51.

8 Masur, 94–95; Teeters, in: Monkkonen (Hg.), Bd. 1,2, 787; Philip E. Mackey, Hanging in the Balance: The Anti-Capital Punishment Movement in New York State, 1776–1861. New York 1982, 108–118; Michael Madow, „Forbidden Spectacle: Executions, the Public, and the Press in Nineteenth-Century New York", in: Buffalo Law Review 43 (1995), 461–562.

9 Masur, 111–114.

10 Masur, 112; Sara M. Evans, Born for Liberty: A History of Women in America. New York 1991 (1989), 67–70, 93–118.

11 Lydia Maria Child, Letter XXXI, 19. Nov. 1842, in: Letters from New York. New York 1845³, in: Vila/Morris, 58–62; Masur, 112.

12 Martschukat, Inszeniertes, 215; Hugo Adam Bedau (Hg.), The Death Penalty in America. New York 1967, 21–22.

13 Gerald J. Baldasty, The Commercialization of News in the Nineteenth Century. Madison, WI 1992, 36–58.

14 Patricia Cline Cohen, The Murder of Helen Jewett: The Life and Death of a Prostitute in Nineteenth-Century New York. New York 1998; Andie Tucher, Froth & Scum: Truth, Beauty, Goodnes, and the Ax Murder in America's First Mass Medium. Chapel Hill/London 1994, 29; Halttunen, 70, 199–203.

15 Halttunen, 60–90.

16 Mackey, xx-xxii; Mackey, Hanging in the Balance, 117–118.

17 John L. O'Sullivan, Report in Favour of the Abolition of the Punishment of Death by Law. New York 1841, in: Mackey, 57–69; Vila/Morris, 52–53; Masur, 141–145.

18 Mackey, Hanging, 124–125.
19 Spear, Auszüge in Mackey, 77–90; Masur, 117–140.
20 Masur, 147–157; Mackey, xxii-xxvi; George B. Cheever, Punishment by Death: Its Authority and Expediency. New York 1842; Vila/Morris, 53–56.
21 Mackey, xxvi-xxviii; Masur, 157–159; Thorsten Sellin, The Penalty of Death. Beverly Hills/London 1980, 139–148.

5. Extralegale Todesstrafen: Lynchings

1 Christian G. Fritz, „Popular Sovereignty, Vigilantism, and the Constitutional Right of Revolution", in: Pacific Historical Review 63,1 (1994), 39–66; David A. Johnson, „Vigilance and the Law: The Moral Authority of Popular Justice in the Far West" (1981), in: Monkkonen (Hg.), Bd. 4: The Frontier, 187–215; C. W. Harper, „Committees of Vigilance and Vigilante Justice" (1978), in: Monkkonen (Hg.), Bd. 2, 196–207; Richard Slotkin, The Fatal Environment: The Myth of the Frontier in the Age of Industrialization 1800–1890. New York 1985, 135–137.
2 Fitzhugh Brundage, Lynching in the New South: Georgia and Virginia, 1880–1930. Urbana, IL/Chicago 1993; Stewart E. Tolnay/E. M. Beck, A Festival of Violence: An Analysis of Southern Lynchings, 1882–1930. Urbana, IL/Chicago 1995; Gail Bedermann, Manliness & Civilization: A Cultural History of Gender and Race in the United States, 1880–1917. London/Chicago 1995; Norbert Finzsch, „Rassistische Gewalt im Süden der USA: 1865–1920", in: Kriminologisches Journal 26 (1994), 191–209.
3 Edward L. Ayers, Vengeance and Justice: Crime and Punishment in the Nineteenth-Century American South. Oxford/New York 1984, 9–33; Norbert Finzsch/Michaela Hampf, „Männlichkeit im Süden, Männlichkeit im Norden: Zur Genese moderner amerikanischer Männlichkeitskonzepte um die Mitte des 19. Jahrhunderts", in: WerkstattGeschichte 29 (2001); vgl. auch den Beitrag Raimund Lammersdorfs in Hans Joas/Wolfgang Knöbl (Hg.), Gewalt in den USA. Frankfurt/M. 1994.
4 Orlando Patterson, Slavery and Social Death: A Comparative Study. Cambridge 1982; Edward Ball, Die Plantagen am Cooper River: Eine Südstaaten-Dynastie und ihre Sklaven. Frankfurt/M. 1999.
5 Daniel J. Flanigan, „Criminal Procedure in Slave Trials in the Antebellum South" (1974), in: Monkkonen (Hg.), Bd. 2, 97–124; Michael S. Hindus, „Black Justice Under White Law: Criminal Prosecutions of Blacks in Antebellum South Carolina" (1976), in: Monkkonen (Hg.), Bd. 2, 238–262.
6 Hindus, „Black Justice Under White Law", in: Monkkonen (Bd. 2), 238–262.
7 Finzsch u. a., Von Benin, 228–301.

8 Norbert Finzsch/Jürgen Martschukat (Hg.), Different Restorations: Reconstruction and „Wiederaufbau" in the United States and Germany: 1865–1945–1989. Providence, RI/Oxford 1996.

9 Finzsch u. a., Von Benin, 314–326.

10 Sonya Michel, „The Reconstruction of White Southern Manhood", in: Finzsch/Martschukat (Hg.), Different Restorations, 140–164; William H. Tucker, The Science and Politics of Racial Research. Urbana, IL/Chicago 1994, 9–36.

11 Finzsch u. a., Von Benin, 324–331; David M. Chalmers, Hooded Americanism: The History of the Ku Klux Klan. Durham, NC 1987 (1981); Allen W. Trelease, White Terror: The Ku Klux Klan Conspiracy and Southern Reconstruction. Baton Rouge, LA 1995 (1971).

12 Tolnay/Beck, Appendix C, 269–275; Brundage, Lynching in the New South, 1, 7, Appendix A, 261–283.

13 Neil R. McMillan, Dark Journey: Black Mississippians in the Age of Jim Crow. Urbana, IL/Chicago 1989, 224.

14 Tolnay/Beck, 17–54, 18; Bederman, Manliness & Civilization, 48.

15 James Allen u. a., Without Sanctuary: Lynching Photography in America. Santa Fe, NM 2000, Bilder 24–26, S. 174–175; Bilder 54, 55, S. 184; Bilder 59–61, S. 185–186.

16 Jens Jäger, Photographie: Bilder der Neuzeit: Einführung in die historische Bildforschung. Tübingen 2000, 130; Brundage, 17–48.

17 Bederman, 45–76.

18 Jacqueline Jones Royster (Hg.), Southern Horrors and Other Writings: The Anti-Lynching Campaign of Ida B. Wells, 1892–1900. Boston/New York 1997.

19 Bederman, 45–76.

20 Finzsch, „Rassistische Gewalt", 202–203; Robert L. Zangrando, The NAACP Crusade Against Lynching, 1909–1950. Philadelphia 1980.

6. Todesstrafe in einer technisierten Gesellschaft: Der elektrische Stuhl

1 Mackey, xxviii.

2 Mackey, xxx; William J. Bowers, Death as Punishment in America, 1864–1982. Boston 1984, 11.

3 Schriver, „Reluctant Hangman", 279–287.

4 Edmund C. Stedman, „The Gallows in America", in: Putnam's Magazine Feb. 1869, 225–235, in: Mackey, 131–140; Bederman, 10–15.

5 David B. Morris, Geschichte des Schmerzes. Frankfurt/M. 1996 (1991), 87–93; The Living Age 13, 161 (12. Juni 1847), 481; „The Discovery of Etherization", in: The Atlantic Monthly 21, 128 (Juni 1868), 718–726, 720.

6 David E. Nye, American Technological Sublime. Cambridge, MA/London 1994; Thomas P. Hughes, American Genesis: A Century of Inven-

tion and Technological Enthusiasm, 1870–1970. New York 1989 (dt.: Die Erfindung Amerikas, 1991); Edward W. Byrn, „The Progress of Invention During the Past Fifty Years", in: Scientific American (25. Juli 1896), 82–83.

7 David E. Nye, Electrifying America: Social Meanings of a New Technology, 1880–1940. Cambridge, MA/London 1991.

8 James Gilbert, Perfect Cities: Chicago's Utopias of 1893. Chicago/London 1991, 75–130; Henry Adams, The Education of Henry Adams (1907). New York 1931, Kap. XXII, XXV.

9 Elbridge T. Gerry, „Capital Punishment by Electricity", in: North American Review (Sept. 1889), 321–325, 324; Craig Brandon, The Electric Chair: An Unnatural American History. Jefferson, NC/London 1999, 12.

10 Jürgen Martschukat, „The Art of Killing By Electricity: Das Erhabene und der Elektrische Stuhl", in: Amerikastudien/American Studies 24,3 (2000), 325–347; Roger Neustadter, „The ‚Deadly Current': The Death Penalty in the Industrial Age", in: Journal of American Culture 12,3 (1989), 79–87.

11 Report of the Commission to Investigate and Report the Most Humane and Practical Method of Carrying Into Effect the Sentence of Death in Capital Cases. Albany, NY 1888; Brandon, The Electric Chair, 52–53.

12 Report of the Commission, insb. 13–14, 33, 51–73, 75.

13 New York Times, 17. Dez. 1887, 4; Harold P. Brown, „The New Instrument of Execution", in: North American Review (Nov. 1889), 586–593, 593; William D. Howells, „Execution by Electricity", in: Harper's Weekly: A Journal of Civilization 32 (14. Jan. 1888), 23.

14 Martschukat, „‚The Art of Killing By Electricity' ".

15 Brandon, 89–105, Deborah W. Denno, „Is Electrocution an Unconstitutional Method of Execution? The Engineering of Death Over the Century", in: William and Mary Law Review 35 (1994), 551–692, 577–578.

16 Denno, „Is Electrocution an Unconstitutional Method of Execution?", 577–598; Brandon, 67–88, 106–159; Richard Rudolph/Scott Ridley, Power Struggle: The Hundred-Year War Over Electricity. New York 1986, 22–56; 1878 hatte der Oberste Gerichtshof der USA in Wilkerson v. Utah, 99 U.S. 130 (1878), entschieden, dass eine Erschießung nicht gegen den 8. Verfassungszusatz verstößt; der Fall hatte in der Folgezeit aber vergleichsweise geringe Bedeutung; sämtliche im Folgenden genannten „Supreme Court"-Entscheidungen finden sich unter *http://laws.findlaw.com/us/* (Juni 2001).

17 In re Kemmler, 136 U.S. 436 (1890); Denno, 582, 587.

18 Gilbert, Perfect Cities, 114, 119.

19 Martschukat, „‚The Art' "; Report of the Commission, 91.

20 Brandon, 160–167.

21 „Far Worse than Hanging", in: New York Times, 7. Aug. 1890, 1; Martschukat, „‚The Art'".

22 Martschukat, „‚The Art'"; Neustadter, „The ‚Deadly Current'"; Denno, 598–607.

23 Martschukat, „‚The Art'".

24 Martschukat, „‚The Art'"; Execution of Czolgosz with Panorama of Auburn Prison. Thomas A. Edison Inc. 9. Nov. 1901 – *http://memory. loc.gov/ammem/papr/mckhome.html.*, 21. Juni 2000.

7. Reform und Rückschlag: Von der Jahrhundertwende bis zum Zweiten Weltkrieg

1 Spitzka nach der New York Times, „Far Worse Than Hanging", 2.

2 Robert H. Wiebe, The Search for Order: 1877–1920. New York 1967; John Milton Cooper, Pivotal Decades: The United States, 1900–1920. New York 1990.

3 Brandon, 205–211; Denno, 690.

4 Denno, 606.

5 Bowers, 13.

6 Bowers, 44–65; James W. Marquart/Sheldon Ekland-Olson/Jonathan K. Sorensen, The Rope, the Chair and the Needle: Capital Punishment in Texas, 1923–1990. Austin 1994, 1–17.

7 Marquart u. a., The Rope, the Chair, and the Needle, 1–17, Appendix A, 197–200.

8 Marquart u. a., Appendix B, 201–233.

9 Bowers, 12–13; „Gas Kills Convict Almost Instantly", New York Times, 9. Feb. 1924, in Vila/Morris, 78–79; Grossman, 98–99.

10 Bowers, 13, 395–523; Stephen Trombley, The Execution Protocol: Inside America's Capital Punishment Industry. New York 1992, 12–13; Adolf S. Peter, „Killing Me Softly: Is the Gas Chamber, or Any Other Method of Execution, ‚Cruel and Unusual Punishment'", in: Hastings Constitutional Law Quarterly 22 (1995), 815–866, 831–833.

11 John F. Galliher/Gregory Ray/Brent Cook, „Abolition and Reinstatement of Capital Punishment During the Progressive Era and Early 20th Century", in: Journal of Criminal Law and Criminology 83,3 (1992), 538–576.

12 William D. Howells, „State Manslaughter", in: Harper's Weekly 48 (6. Feb. 1904), 196–198; Mackey, xxxiv-xxxv, 150–155.

13 Galliher u. a., „Abolition and Reinstatement of Capital Punishment", 552–553; Mackey, xxxii-xxxiii; New York Times, 20. Feb. 1906, 8.

14 Galliher u. a., 545–560; Bowers, 502–505; Mackey, xxxiii.

15 Lynn Dumenil, The Modern Temper: American Culture and Society in the 1920 s. New York 1995.

16 Herbert Ehrmann, „The Death Penalty and the Administration of Justice", in: Annals of the American Academy of Political and Social

Science 284 (1952), 73–84, in: Mackey, 210–224, 217; Brandon, 222–224; Francis Russell, Tragedy in Dedham: The Story of the Sacco-Vanzetti Case. New York 1962; ders., Sacco & Vanzetti: The Case Resolved. New York 1986.

17 Friedman, 339–341.

18 Nancy T. Ammerman, „North American Protestant Fundamentalism“, in: Linda Kitz/Julia Lesage (Hrsg.), Media, Culture, and the Religious Right. Minneapolis/London 1998, 55–113; William Martin, With God on Our Side: The Rise of the Religious Right in America. New York 1996, 13–15.

19 Tucker, The Science and Politics of Racial Research, 54–137; Carl N. Degler, In Search of Human Nature: The Decline and Revival of Darwinism in American Social Thought. New York/Oxford 1991.

20 Friedman, 273.

21 Mackey, xxxvi–xl; Galliher u. a., 560–573.

22 Mackey, xxxvi–xl.

23 Lewis E. Lawes, Life and Death in Sing Sing. Garden City, NY 1928, 137–157; Lawes, Man's Judgement of Death. New York 1924; Lawes, Twenty Thousand Years in Sing Sing. New York 1932; Robert G. Elliott, „I Am Against Capital Punishment“, in: Collier's 102 (Okt. 1938), 28, 31–33; Robert G. Elliott, Agent of Death: The Memoirs of an Executioner. New York 1940; Brandon, 221–225; Mackey, 191–209; Vila/Morris, 84–85.

24 Marquart u. a., 19–25; Don Reid, Eyewitness: I Saw 189 Men Die in the Electric Chair. Houston 1973, 94, 101–110; Gallup-Umfragen, Januar 1937, Januar 1938, in: Vila/Morris, 89–90.

25 Marquart u. a., 1, 26–28.

26 Friedman, 299, 376; James Goodman, Stories of Scottsboro. New York 1995; Michael R. Radelet/Hugo A. Bedau/Constance E. Putnam, In Spite of Innocence: Erroneous Convictions in Capital Cases. Boston 1992, 116–118; Powell v. State of Alabama, 287 U. S. 45 (1932).

27 Brandon, 225–228; Sandra S. Phillips/Mark Haworth-Booth/Carol Squiers (Hg.), Police Pictures: The Photograph as Evidence. San Francisco 1997, 102; David K. Frasier, Murder Cases of the Twentieth Century: Biographies and Bibliographies of 280 Convicted or Accused Killers. Jefferson, NC 1996, 413–416; L. Kay Gillespie, Dancehall Ladies: Executed Women of the 20th Century. Lanham, MD 2000, 27–32.

28 Friedman, 266, 399–400; Bowers, 34–38; Ludovic Kennedy, The Airman and the Carpenter: The Lindbergh Kidnapping and the Framing of Richard Hauptmann. London 1985; Jim Fisher, The Lindbergh Case. New Brunswick 1987; Frasier, Murder Cases of the Twentieth Century, 209–214.

8. Vom Zweiten Weltkrieg bis zu den 1960er Jahren

1 Bedau (Hg.), The Death Penalty in America, 14–15.
2 Bowers, 25–26; Franklin E. Zimring/Gordon Hawkins, Capital Punishment and the American Agenda. Cambridge/New York 1986, 28–29.
3 Mackey, xliii-xliv. Die anderen Staaten mit Galgen waren Idaho, Iowa, Kansas, Montana, New Hampshire und Washington; Bowers, 13, Anm. a.
4 Arthur S. Miller/Jefferey H. Bowman, Death By Installments: The Ordeal of Willie Francis. New York 1988, 1–42.
5 Miller/Bowman, Death By Installments, 43 ff.; Denno, 607–612; State of LA. ex rel. Francis v. Resweber, 329 U.S. 459 (1947).
6 Brandon, 236–239; Gallup-Umfragen, Januar und November 1953, New York Times, 20. Juni 1953, 1, in: Vila/Morris, 99–101; Stephen E. Ambrose, Rise to Globalism: American Foreign Policy Since 1938. New York 1988 (1971); Ellen Schrecker, Many Are the Crimes: McCarthyism in America. Princeton, NJ 1999 (1988).
7 Caryl Chessman, Todeszelle 2455: Ein Bericht. München 1960 (1954); Chessman, Mein Kampf ums Leben: Tatsachenbericht. München 1961 (1955), 173; Mackey, xlv.
8 Richard Wright, Native Son. New York 1940; David Guest, Sentenced to Death: The American Novel and Capital Punishment. Jackson, MS 1997, 75–103.
9 Guest, Sentenced to Death, 82–83, 91; Burrhus F. Skinner, The Behavior of Organisms: An Experimental Analysis. New York 1938.
10 Bowers, 15–16, 31; Zimring/Hawkins, Capital Punishment, 33; Powell v. State of Ala., 287 U.S. 45 (1932); vgl. generell Finzsch u.a., Von Benin, 447–489; Harvard Sitkoff, The Struggle for Black Equality, 1954–1992. New York 1993 (1981).
11 Bowers, 21–22, 35; Zimring/Hawkins, 31; James A. McCafferty, „The Death Sentence and Then What?", in: Crime and Delinquency 7 (1961), 363–372, in: Bedau (Hg.), The Death Penalty in America, 90–103; vgl. dort auf 103–119 auch die Hinrichtungsstatistik des „Bureau of Prisons" von 1962; Gunnar Myrdal, An American Dilemma: The Negro Problem and Modern Democracy. New York 1944, 554.
12 Bowers, 22, 69–70, 101; Patton v. State of Mississippi, 332 U.S. 463 (1948), mit Verweis auf und Link zu Strauder v. State of West Virginia, 100 U.S. 303 (1880).
13 Bowers, 22, 68; Marvin E. Wolfgang, „A Sociological Analysis of Criminal Homicide", in: Federal Probation 25 (1961), 48–55, in: Bedau (Hg.), The Death Penalty in America, 74–89.
14 Bowers, 23; Thorsten Sellin (Hg.), The Death Penalty. Philadelphia 1959; Sellin, Capital Punishment. New York 1967.
15 American Institute of Public Opinion, „Public Opinion and the Death Penalty" (1960), in: Bedau (Hg.), The Death Penalty in America,

236–241; nach einer Gallup-Umfrage lag die Zustimmung im Jahr 1957 sogar „nur" bei 47 %, Vila/Morris, 102.

9. „Grausame und ungewöhnliche Strafen": Furman v. Georgia und das vorübergehende Ende der Todesstrafe

1 Gerald H. Gottlieb, „Testing the Death Penalty", in: Southern California Law Review 34 (1961), 269–278; Herbert H. Haines, Against Capital Punishment: The Anti-Death Penalty Movement in America, 1972–1994. New York/Oxford 1996, 26; Hugo Adam Bedau, The Courts, the Constitution, and Capital Punishment. Lexington, MA/Toronto 1977, 81–90; Michael Meltsner, Cruel and Unusual: The Supreme Court and Capital Punishment. New York 1973, 20–24.

2 Haines, Against Capital Punishment, 27; Meltsner, Cruel and Unusual, 28–35; Trop v. Dulles 78 U.S. 590 (1958), in: Vila/Morris, 102–105; Rudolph v. Alabama, 375 U.S. 889 (1963).

3 Haines, 28; Zimring/Hawkins, 35; Meltsner, 29–30; Marvin E. Wolfgang/Marc Riedel, „Race, Judicial Discretion, and the Death Penalty", in: Annals of the American Academy of Political and Social Science 407 (1973), 119–133; Rupert V. Barry, „Furman to Gregg: The Judicial and Legislative History", in: Howard Law Journal 22 (1979), 53–117, 64.

4 Zimring/Hawkins, 33–38; „ACLU's New Stand on Death Penalty", in: Civil Liberties 227 (Juni 1965), 2, und Gallup-Umfrage von 1966, beide in Vila/Morris, 125–127.

5 Haines, 30–32; Barry, „Furman to Gregg", 71.

6 Haines, 32; Bowers, 26, 417, 419.

7 Zimring/Hawkins, 35–36; Vila/Morris, 132–136; Witherspoon v. Illinois, 391 U. S. 510 (1968).

8 Haines, 35–37; Barry, 44–47; Meltsner, 244–245; McGautha v. California, 402 U.S. 183 (1971).

9 Mackey, xlviii.

10 Brandon, 241; Haines, 36–37.

11 Burt Henson/Ross R. Olney, Furman v. Georgia: The Death Penalty and the Constitution. New York u. a. 1996; Furman v. Georgia, 408 U.S. 238 (1972).

12 Vgl. vor allem Meltsner; allg. Bernard Schwartz, A History of the Supreme Court. Oxford/New York 1993.

13 Meltsner, 267–285; Haines, 35–38; Louis J. West, „Psychiatric Reflections of the Death Penalty (1974)", in: Mackey, 289–299.

14 Anthony Amsterdam, „A Cruel and Unusual Punishment (1971)", in: Mackey, 264–288.

15 Gallup-Umfrage von 1976 mit Verweisen auf den März 1972, in: Vila/Morris, 160–161.

16 Amsterdam in: Mackey, 264–288; Meltsner, 269.

17 Friedman, 273–275; Douglas T. Miller, On Our Own: Americans in the Sixties. Lexington, MA/Toronto 1996, 241–244.

18 Bowers, 102–129.

19 Frasier, 313–320; vgl. vor allem die Arbeit des Anklägers im Manson-Prozess, Vincent Bugliosi/Curt Gentry, Helter Skelter: The True Story of the Manson Murders. New York 1974, bis 1994 in sechs Auflagen; Miller, On Our Own, 287–288.

20 Furman v. Georgia, 408 U.S. 238 (1972); Barry Latzer, Death Penalty Cases: Leading U.S. Supreme Court Cases on Capital Punishment. Boston u. a. 1998, 19–44; Meltsner, 289; Haines, 38–40.

21 Bedau, The Courts, the Constitution, 90; Haines, 39–40.

10. Von William Furman zu John Spenkelink (1979)

1 Marquart u. a., 122–126.

2 Zimring/Hawkins, 38–41; „States on Move: Half of Legislatures Considering Bills on Capital Offenses", New York Times, 11. März 1973, in: Vila/Morris, 148–150.

3 Meltsner, 290–291; Zimring/Hawkins, 38, 47; Bedau, The Courts, 93; „President Asks Law to Restore Death Penalty", „States on Move", New York Times, 11. März 1973, in: Vila/Morris, 148–151.

4 Bedau, The Courts, 93, 98; Zimring/Hawkins, 41; Barry, 95; als bedeutende statistische Studie gilt Sellin, Capital Punishment, von 1959; eine abschreckende Wirkung der Todesstrafe beschreibt Isaac Ehrlich z. B. in „The Deterrent Effect of Capital Punishment: A Question of Life and Death", in: American Economic Review 65 (1975), 397–417, Auszüge in: Vila/Morris, 157–160; Steven Stack, „Publicized Executions and Homicide, 1950–1980", in: American Sociological Review 52 (1987), 532–540.

5 Zimring/Hawkins, 43; vgl. zu Florida David von Drehle, Among the Lowest of the Dead: The Culture of Death Row. New York 1995, 151–153.

6 Haines, 46; Barry, 90–91; Drehle, Among the Lowest of the Dead, 154–155.

7 Barry, 84–95; Haines, 46; Zimring/Hawkins, 43; Marquart u. a., 130–131.

8 Haines, 50–51; Ehrlich, „The Deterrent Effect of Capital Punishment".

9 Haines, 51–52; Barry, 95–104.

10 Woodson v. North Carolina, 428 U.S. 280 (1976), Gregg v. Georgia, 428 U.S. 153 (1976).

11 Haines, 50–54; Zimring/Hawkins, 64–69; Bedau, The Courts, 111–119.

12 Frasier, 182–183; Mikal Gilmore, Shot in the Heart. New York u. a. 1994.

13 Bedau, The Courts, 121–125.

14 Norman Mailer, Gnadenlos. München 1979 (The Executioner's Song. Boston 1979); Guest, 131–169.

15 Michael Schwelien, „Countdown für John Albert Taylor", in: DIE ZEIT, 6 (2. Feb. 1996), 11–13.

16 Von Drehle, 1–116.

17 Vgl. neben von Drehle Tom Goldstein, „Death Penalty Opponents Embittered by Execution", in: New York Times, 26. Mai 1979, in: Vila/Morris, 189–191.

11. Von John Spenkelink bis zum Jahr 2000

1 Death Penalty USA Pages, *http://agitator.com/dp/*, 15. Juni 2001.

2 Haines, 73–76; Vila/Morris, 170, 177–179, 185–188, 198–199; vgl. die Beiträge von Marla Sandys und William J. Bowers/Benjamin D. Steiner in: James R. Acker/Robert M. Bohm/Charles S. Lanier (Hg.), America's Experiment in Capital Punishment: Reflections on the Past, Present, and Future of the Ultimate Penal Sanction. Durham, NC 1998.

3 Haines, 76–79; McCleskey v. Kemp, 481 u. S. 279 (1987); David C. Baldus/Charles Pulaski/George Woodworth, „Comparative Review of Death Sentences: An Empirical Study of the Georgia Experience", in: Journal of Criminal Law and Criminology 74 (1983), 706–710.

4 Zimring/Hawkins, 107–113; siehe insg. auch die Beiträge in Austin Sarat (Hg.), Pain, Death and the Law. Ann Arbor, MI 2001.

5 Philippe Ariès, Geschichte des Todes. München 1995 (Paris 1978), 747–753; Porter, Die Kunst des Heilens, 699.

6 Morris, Geschichte des Schmerzes, 37–38, 94, 103, 107–108.

7 Zimring/Hawkins, 113–115; Physicians for Human Rights u. a., Breach of Trust: MD Participation in Executions in the United States. Boston 1994.

8 Zimring/Hawkins, 110, 115–119; Marquart u. a., 132–133; Trombley, The Execution Protocol, 70.

9 Austin Sarat, When the State Kills: Capital Punishment and the American Condition. Princeton, NJ/Oxford 2001, 187–208; Wendy Lesser, Pictures at an Execution. Cambridge, MA/London 1993.

10 Marquart u. a., 142, 147; Zimring/Hawkins, 119–121; Trombley, 74–80; Denno, 654–674.

11 Herb Haines, „Flawed Executions, the Anti-Death Penalty Movement, and the Politics of Capital Punishment", in: Social Problems 39,2 (1992), 125–138; Fitzgerald ist zitiert in: Michael Lüders/Andrew Lichtenstein, „Endstation Todestrakt", in: ZEITmagazin 48 (22. Nov. 1996), 26–35.

12 Clyde Wilcox, Onward Christian Soldiers? The Religious Right in American Politics. Boulder, CO 1996, 17; Martin Sterr, Lobbyisten Gottes: Die Christian Right in den USA von 1980 bis 1996 – zwischen Aktion, Reaktion und Wandel. Berlin 1999.

13 Martin, With God on Our Side, 322/323; Wilcox, Onward Christian Soldiers, insb. 59–91.

14 Jonathan Simon, „Gewalt, Rache und Risiko: Todesstrafe im neoliberalen Staat", in: Trutz von Trotha (Hg.), Soziologie der Gewalt. Opladen/Wiesbaden 1997, 279–301; Stephen B. Bright, „The Politics of Capital Punishment: The Sacrifice of Fairness for Executions", in: Acker u. a. (Hg.), America's Experiment in Capital Punishment, 117–135; Sarat, When the State Kills, 33–59; Booth v. Maryland, 482 U.S. 496 (1987), und Payne v. Tennessee, 501 U.S. 808 (1991).

15 Vila/Morris, 209–210, 230, 259–260, 285–286; Robert M. Bohm, „American Death Penalty Opinion: Past, Present, Future", in: Acker u. a. (Hg.), 25–46.

16 Vgl. u. a. Jonathan Alter, „The Death Penalty on Trial", in: Newsweek (12. Juni 2000), 20–31; Bohm, „American Death Penalty Opinion", in: Acker u. a. (Hg.), 25–27; Bright, „The Politics of Capital Punishment", in: Acker u. a. (Hg.), 117–135.

17 Mumia Abu-Jamal, ... aus der Todeszelle. Bremen ³2000 (1995); Mumia Abu-Jamal, „Teeterin on the Brink: Between Death and Life", in: Yale Law Journal 100,2 (1990/91), 993–1011; „A Life in the Balance", *http://web.amnesty.org/ai.nsf/print/AMR510012000?OpenDocument,* 25. Juni 2001.

18 Michael Mello/Paul J. Perkins, „Closing the Circle: The Illusion of Lawyers for People Litigating for Their Lives at the Fin de Siècle", in: Acker u. a. (Hg.), 245–284; Donald A. Cabana, Death at Midnight: The Confession of an Executioner. Boston 1996; 14 Days in May. BBC 1987; Vila/Morris, 260–263, 294–299.

19 Carol S. Steiker/Jordan M. Steiker, „Judicial Development in Capital Punishment Law", in: Acker u. a. (Hg.), 47–75, insb. 64–67; Bright, in: Acker (Hg.), 130–131; Greenberg in: Vila/Morris, 291–292; Timothy V. Kaufman-Osborn/Renée Heberle/Barbara Cruikshank, Symposium: Gender and the Death Penalty, in: Signs 24 (1998/1999), 1097–1129.

20 Herrera v. Collins, 506 U.S. 390 (1993); Callins v. James on Writ of Certiorari to the United States Court of Appeals for the Fifth Circuit No. 93–7054, *http://laws.findlaw.com/us/000/u10343.html,* 22. Juni 2001.

21 Alter, „The Death Penalty on Trial", in: Newsweek (12. Juni 2000), 20–31.

22 James S. Liebman, „A Broken System: Error Rates in Capital Cases", 12. Juni 2000, *http://justice.policy.net/jpreport/finrep.PDF,* 22. Juni 2001; „A Broken System", in: Washington Post (12. Juni 2000); „Broken Justice", in: Washington Post (18. Juni 2000); *http://www.tdcj.state.tx.us/stat/grahamgarylast.htm,* 16. Januar 2001.

23 Lesser, Pictures at an Execution; Sarat, When the State Kills, 187–208; vgl. den Dokumentarfilm: Procedure 769. Niederlande 1995.

24 „Karla Tucker Is Now Gone, But Several Debates Linger", New York Times, 5. Feb. 1998; vgl. Timothy V. Kaufman-Osborn u. a., „Symposium: Gender and the Death Penalty", 1119.

25 Jackie Hallifax, „State Death Goes Online: Florida Execution Photos Shock Some, Please Others", Ass. Press, Tallahassee, FL, 28. Okt. 1999; vgl. zu den Fotografien Austin Sarat, „Killing Me Softly", und Timothy V. Kaufman-Osborn, „What the Law Must Not Hear: Capital Punishment and the Voice of Pain", in: Sarat (Hg.), „Pain, Death, and the Law", 43–102.

26 Sarat, When the State Kills, 209–245; Austin Sarat (Hg.), The Killing State: Capital Punishment in Law, Politics, and Culture. Oxford/New York 1999, 226–256; Lesser, 42.

27 Mörder und Moralapostel: Todesstrafe in Texas. WDR 2000.

12. Epilog: Der Fall Timothy McVeigh

1 Lou Michael/Dan Herbeck, American Terrorist: Timothy McVeigh & the Oklahoma City Bombing. New York 2001; Brandon M. Stickney, All-American Monster: The Unauthorized Biography of Timothy McVeigh. Amherst, NY 1996.

2 http://www.cnn.com/2001/LAW/04/columns/fl.sarat.mcveigh.04.05/, 30. April 2001.

3 Ron Steffey, „Witness for the Condemned", in: The Virginia Quarterly Review 69 (1993), 607–618.

Literatur und Quellen

Das folgende Verzeichnis soll eine tiefer gehende Beschäftigung mit der Todesstrafe in den USA und ihrer Geschichte ermöglichen. Es umfasst eine Auswahl von Texten, Textsammlungen und Internetseiten zum Thema. Das Verzeichnis ist in chronologische Abschnitte gegliedert. Aufsätze in Textsammlungen sind nicht einzeln aufgeführt, nur der jeweilige Sammelband ist angegeben. Schriften mit autobiografischem Charakter und Quellensammlungen sind mit einem * gekennzeichnet.

Überblicksdarstellungen und allgemeine Texte:

Berger, Raoul, Death Penalties: The Supreme Court's Obstacle Course. Cambridge, MA/London 1982.

Blumenwitz, Dieter, Einführung in das anglo-amerikanische Recht. München 1998[6].

Bohm, Robert M., Deathquest: An Introduction to the Theory and Practice of Capital Punishment in the United States. Cincinnati, OH 1999.

Bowers, William J., Death As Punishment in America, 1864–1982. Boston 1984.

Denno, Deborah W., „Is Electrocution an Unconstitutional Method of Execution? The Engineering of Death Over the Century", in: William and Mary Law Review 35 (1994), 551–692.

Espy, M. Watt, Executions in the United States, 1608–1987: The Espy File. Ann Arbor, MI 1987.

Friedman, Lawrence M., Crime and Punishment in American History. New York 1993.

Grossman, Mark, Encyclopedia of Capital Punishment. Santa Barbara, CA/Denver 1998.

Mackey, Philip E. (Hg.), Voices Against Death: American Opposition to Capital Punishment, 1787–1975. New York 1976.*

Madow, Michael, „Forbidden Spectacle: Executions, the Public, and the Press in Nineteenth-Century New York", in: Buffalo Law Review 43 (1995), 461–562.

Monkkonen, Eric H. (Hg.), Crime & Justice in American History: Historical Articles on the Origin and Evolution of American Criminal Justice; 12 Bde. Westport, CT/London 1991.

Schwartz, Bernard, A History of the Supreme Court. Oxford/New York 1993.

Sellin, Thorsten, The Penalty of Death. Beverly Hills, CA/London 1980.

Vila, Bryan/Morris, Cynthia (Hg.), Capital Punishment in the United States: A Documentary History. Westport, CT 1997.*

Kolonialzeit:

Brown, Kathleen, Good Wives, Nasty Wenches, and Anxious Patriarchs: Gender, Race, and Power in Colonial Virginia. Chapel Hill, NC/London 1996.

Cohen, Daniel A., „In Defense of the Gallows: Justifications of Capital Punishment in New England Execution Sermons, 1674–1825", in: American Quarterly 40 (1988), 147–164.

Cohen, Daniel A., Pillars of Salt, Monuments of Grace: New England Crime Literature and the Origins of American Popular Culture, 1674–1860. Oxford/New York 1993.

Daniel E. Williams (Hg.), Pillars of Salt: An Anthology of Early American Criminal Narratives. Madison, WI 1993.*

Greenberg, Douglas, „Crime, Law Enforcement, and Social Control in Colonial America", in: American Journal of Legal History 26 (1982), 293–325.

Hall, David D. (Hg.), Witch-Hunting in Seventeenth-Century New England: A Documentary History, 1638–1692. Boston 1991.*

Hoffer, Peter C., The Salem Witchcraft Trials: A Legal History. Lawrence, KA 1997.

Hull, N.E.H., Female Felons: Women and Serious Crime in Colonial Massachusetts. Urbana, IL/Chicago 1987.

Karlsen, Carol, The Devil in the Shape of a Woman: Witchcraft in Colonial New England. New York/London 1998[2].

Powers, Edwin, Crime and Punishment in Early Massachusetts, 1620–1692: A Documentary History. Boston 1966.*

Preyer, Kathryn, „Penal Measures in the American Colonies: An Overview", in: American Journal of Legal History 26 (1982), 326–353.

Scott, Arthur P., Criminal Law in Colonial Virginia. Chicago 1930.

Spindel, Donna, Crime and Society in North Carolina, 1663–1776. Baton Rouge, LA 1989.

Revolution bis Bürgerkrieg:

Ayers, Edward L., Vengeance and Justice: Crime and Punishment in the Nineteenth-Century American South. Oxford/New York 1984.

Beccaria, Cesare, Über Verbrechen und Strafen: Nach der Ausgabe von 1766 übersetzt und hg. v. Wilhelm Alff. Frankfurt/M. 1966.*

Bradford, William, An Inquiry How Far the Punishment of Death Is Necessary in Pennsylvania with Notes and Illustrations. Philadelphia 1793.*

Christianson, Scott, With Liberty For Some: 500 Years of Imprisonment in America. Boston 1998.

Finzsch, Norbert/Jütte, Robert (Hg.), Institutions of Confinement: Hospitals, Asylums, and Prisons in Western Europe and America, 1500–1900. Cambridge/New York 1997.

Foucault, Michel, Überwachen und Strafen: Die Geburt des Gefängnisses. Frankfurt/M. 1994 (1975).

Halttunen, Karen, Murder Most Foul: The Killer and the American Gothic Imagination. Cambridge, MA/London 1998.

Livingston, Edward, Remarks on the Expediency of Abolishing the Punishment of Death. Philadelphia 1831.*

Mackey, Philip E., Hanging in the Balance: The Anti-Capital Punishment Movement in New York State, 1776–1861. New York 1982.

Maestro, Marcello T., Cesare Beccaria and the Origins of Penal Reform. Philadelphia 1973.

Masur, Louis P., Rites of Execution: Capital Punishment and the Transformation of American Culture, 1776–1865. Oxford/New York 1991 (1989).

Meranze, Michael, Laboratories of Virtue: Punishment, Revolution, and Authority in Philadelphia, 1760–1835. Chapel Hill, NC/London 1996.

Preyer, Kathryn, „Crime, the Criminal Law and Reform in Post-Revolutionary Virginia", in: Law and History Review 1 (1983), 53–85.

Rakove, Jack N. (Hg.), Declaring Rights: A Brief History with Documents. Boston/New York 1998.*

Rush, Benjamin, An Enquiry into the Effects of Public Punishments upon Criminals and upon Society. Philadelphia 1787.*

Rush, Benjamin, Consideratons on the Injustice and Impolicy of Punishing Murder by Death. Philadelphia 1792.*

Spear, Charles, Essays on the Punishment of Death. Boston 1844[5].*

Bürgerkrieg bis Erster Weltkrieg:

Allen, James u. a., Without Sanctuary: Lynching Photography in America. Santa Fe, NM 2000.*

Brandon, Craig, The Electric Chair: An Unnatural American History. Jefferson, NC/London 1999.

Brundage, Fitzhugh, Lynching in the New South: Georgia and Virginia, 1880–1930. Urbana, IL/Chicago 1993.

Finzsch, Norbert, „Rassistische Gewalt im Süden der USA: 1865–1920", in: Kriminologisches Journal 26 (1994), 191–209.

Galliher, John F./Ray, Gregory/Cook, Brent, „Abolition and Reinstatement of Capital Punishment During the Progressive Era and Early 20th Century", in: Journal of Criminal Law and Criminology 83,3 (1992), 538–576.

Martschukat, Jürgen, „‚The Art of Killing By Electricity': Das Erhabene und der Elektrische Stuhl", in: Amerikastudien/American Studies 24,3 (2000), 325–347.

Neustadter, Roger, „The ‚Deadly Current': The Death Penalty in the Industrial Age", in: Journal of American Culture 12,3 (1989), 79–87.

Royster, Jacqueline Jones (Hg.), Southern Horrors and Other Writings: The Anti-Lynching Campaign of Ida B. Wells, 1892–1900. Boston/New York 1997.*

Tolnay, Stewart E./Beck, E. M., A Festival of Violence: An Analysis of Southern Lynchings, 1882–1930. Urbana, IL/Chicago 1995.

Erster Weltkrieg bis Gegenwart:

Abu-Jamal, Mumia, … aus der Todeszelle. Bremen [3]2000 (1995).

Acker, James R./Bohm, Robert M./Lanier, Charles S. (Hg.), America's Experiment in Capital Punishment: Reflections on the Past, Present, and Future of the Ultimate Penal Sanction. Durham, NC 1998.

Baldus, David C./Pulaski, Charles/Woodworth, George, „Comparative Review of Death Sentences: An Empirical Study of the Georgia Experience", in: Journal of Criminal Law and Criminology 74 (1983), 706–710.

Barry, Rupert V., „Furman to Gregg: The Judicial and Legislative History", in: Howard Law Journal 22 (1979), 53–117.

Bedau, Hugo Adam (Hg.), The Death Penalty in America. New York 1967.

Bedau, Hugo Adam, The Courts, the Constitution, and Capital Punishment. Lexington, MA/Toronto 1977.

Cabana, Donald A., Death at Midnight: The Confession of an Executioner. Boston 1996.*

Chessman, Caryl, Mein Kampf ums Leben: Tatsachenbericht. München 1961 (1955).*

Chessman, Caryl, Todeszelle 2455: Ein Bericht. München 1960 (1954).*

Drehle, David von, Among the Lowest of the Dead: The Culture of Death Row. New York 1995.

Elliott, Robert G., Agent of Death: The Memoirs of an Executioner. New York 1940.*

Frasier, David K., Murder Cases of the Twentieth Century: Biographies and Bibliographies of 280 Convicted or Accused Killers. Jefferson, NC/London 1996.

Gillespie, L. Kay, Dancehall Ladies: Executed Women of the 20th Century. Lanham, MD 2000.

Gilmore, Mikal, Shot in the Heart. New York u. a. 1994.*

Gottlieb, Gerald H., „Testing the Death Penalty", in: Southern California Law Review 34 (1961), 269–278.

Guest, David, Sentenced to Death: The American Novel and Capital Punishment. Jackson, MS 1997.

Haines, Herbert H., Against Capital Punishment: The Anti-Death Penalty Movement in America, 1972–1994. New York/Oxford 1996.

Henson, Burt/Olney, Ross R., Furman v. Georgia: The Death Penalty and the Constitution. New York u. a. 1996.

Kaufman-Osborn, Timothy V./Cruikshank, Barbara/Heberle, Renée, Symposium: Gender and the Death Penalty, in: Signs 24 (1998/1999), 1097–1129.

Latzer, Barry (Hg.), Death Penalty Cases: Leading U. S. Supreme Court Cases on Capital Punishment. Boston u. a. 1998.*

Lawes, Lewis E., Life and Death in Sing Sing. Garden City, NY 1928.*

Lawes, Lewis E., Man's Judgement of Death. New York 1924.*

Lawes, Lewis E., Twenty Thousand Years in Sing Sing. New York 1932.*

Lesser, Wendy, Pictures at an Execution. Cambridge, MA/London 1993.

Liebman, James S., A Broken System: Error Rates in Capital Cases, Juni 2000, *http://justice.policy.net/jpreport/finrep.PDF*, 22. Juni 2001.

Mailer, Norman, Gnadenlos. München 1979.

Marquart, James W./Ekland-Olson, Sheldon/Sorensen, Jonathan K., The Rope, the Chair and the Needle: Capital Punishment in Texas, 1923–1990. Austin, TX 1994.

Meltsner, Michael, Cruel and Unusual: The Supreme Court and Capital Punishment. New York 1973.

Michael, Lou/Herbeck, Dan, American Terrorist: Timothy McVeigh & the Oklahoma City Bombing. New York 2001.

Miller, Arthur S./Bowman, Jefferey H., Death By Installments: The Ordeal of Willie Francis. New York 1988.

Prejean, Helen, Dead Man Walking. New York 1993.*

Radelet, Michael R./Bedau, Hugo A./Putnam, Constance E., In Spite of Innocence: Erroneous Convictions in Capital Cases. Boston 1992.

Reid, Don, Eyewitness: I Saw 189 Men Die in the Electric Chair. Houston, TX 1973.*

Sarat, Austin (Hg.), Pain, Death and the Law. Ann Arbor, MI 2001.

Sarat, Austin (Hg.), The Killing State: Capital Punishment in Law, Politics, and Culture. Oxford/New York 1999.

Sarat, Austin, When the State Kills: Capital Punishment and the American Condition. Princeton, NJ/Oxford 2001.

Sellin, Thorsten, Capital Punishment. New York 1967.

Sellin, Thorsten (Hg.), The Death Penalty. Philadelphia 1959.

Simon, Jonathan, „Gewalt, Rache und Risiko: Todesstrafe im neoliberalen Staat", in: Trutz von Trotha (Hg.), Soziologie der Gewalt. Opladen/Wiesbaden 1997, 279–301.

Stack, Steven, „Publicized Executions and Homicide, 1950–1980", in: American Sociological Review 52 (1987), 532–540.

Steffey, Ron, „Witness for the Condemned", in: The Virginia Quarterly Review 69 (1993), 607–618.

Trombley, Stephen, The Execution Protocol: Inside America's Capital Punishment Industry. New York 1992.

Wolfgang, Marvin E./Riedel, Marc, „Race, Judicial Discretion, and the Death Penalty", in: Annals of the American Academy of Political and Social Science 407 (1973), 119–133.

Wright, Richard, Native Son. New York 1940.*

Zimring, Franklin E./Hawkins, Gordon, Capital Punishment and the American Agenda. Cambridge/New York 1986.

Internetseiten:

http://agitator.com/dp: allgemeine Informationen, Statistiken, Links etc.

http://justice.policy.net: allgemeine Informationen, Statistiken, Links etc.

http://www.amnesty-usa.org: allgemeine Informationen, Statistiken, Berichte, Links etc.

http://www.findlaw.com: u.a. sämtliche Entscheidungen des Obersten Gerichtshofes

http://www.moratorium2000.org: Homepage der „Moratorium 2000"-Kampagne

http://www.schr.org: Homepage des „Southern Center for Human Rights", u.a. mit Bibliographie und sehr guter Volltextsammlung

http://www.tdcj.state.tx.us: Homepage des „Department of Corrections" des Staates Texas mit Verzeichnissen der Hingerichteten, ihrer letzten Worte und Mahlzeiten, der Menschen im Todestrakt etc. – ähnliche Seiten gibt es von zahlreichen US-Staaten.

Abbildungen

S. 60: Andie Tucher, Froth Scum. Truth, Beauty, Goodness, and the Ax Murder in Americas First Mass Medium, Chapel Hill-London 1994, S. 29, © The University of North Carolina Press 1994

S. 76: James Allen/Hilton Als/Congressman John Lewis/Leon F. Litwack, Without Sanctuary. Lynching Photography in America, Santa Fe/New Mexico 2000, Abb. 25 u. 26, © Twin Palms Publishers 2000

S. 114: Sandra S. Phillips/Mark Haworth-Booth/Carol Squiers, Police Pictures. The Photograph as Evidence, San Francisco 1997, S. 102 (No. 63), © San Francisco Museum of Modern Art, Tom Howard

S. 158: © Associated Press, Ron Barker

Register